西方哲学研究丛书

大卫·查尔莫斯的自然主义二元论思想研究

刘晓青 著

中国社会科学出版社

图书在版编目(CIP)数据

大卫·查尔莫斯的自然主义二元论思想研究 / 刘晓青著. —北京：中国社会科学出版社，2017.9
ISBN 978-7-5203-1033-8

Ⅰ.①大…　Ⅱ.①刘…　Ⅲ.①大卫·查尔莫斯—哲学思想—研究　Ⅳ.①B712.6

中国版本图书馆 CIP 数据核字（2017）第 229931 号

出 版 人	赵剑英
责任编辑	冯春凤
责任校对	张爱华
责任印制	张雪娇

出　　版	中国社会科学出版社
社　　址	北京鼓楼西大街甲 158 号
邮　　编	100720
网　　址	http://www.csspw.cn
发 行 部	010-84083685
门 市 部	010-84029450
经　　销	新华书店及其他书店
印刷装订	北京君升印刷有限公司
版　　次	2017 年 9 月第 1 版
印　　次	2017 年 9 月第 1 次印刷
开　　本	710×1000　1/16
印　　张	17
插　　页	2
字　　数	275 千字
定　　价	78.00 元

凡购买中国社会科学出版社图书，如有质量问题请与本社营销中心联系调换
电话：010-84083683
版权所有　侵权必究

序

大卫·查尔莫斯是当代最有影响的心灵哲学家之一，他对意识"难问题"的分析以及自然主义二元论解释方案的提出，在当代心灵哲学界可谓独树一帜，产生了广泛而深刻的学术影响。全面、系统地分析和探索查尔莫斯意识理论的内在逻辑和思想内容，对我们深入认识意识的本质、理解当代心灵哲学的最新进展具有重要的理论意义和实践意义。

查尔莫斯基于心理学概念和现象学概念的不同，第一次明确地将意识问题划分为"易问题"和"难问题"，突出强调了意识问题的多样性和复杂性。在他看来，要想从本质上分辨意识问题的难易，必须要以还原问题为抓手，明确"易问题"可以运用物理学、心理学、认知神经科学、信息科学等学科的研究方法加以还原解释；"难问题"则与主体的内在体验紧密相关，其研究超越于功能性方法之上，是形而上学意义上解释性鸿沟的集中体现，可简单概括为：主观的意识经验为什么以及如何从大脑的某些物理的或神经的特殊构型中产生出来？

面对意识"难问题"，本书考察了还原主义、神秘主义（无解论）、取消主义这三种解释方案，指明正是基于对这些理论观点的批判性考察，才促使查尔莫斯诉诸非还原论来说明主观意识经验的产生机制及其属性特征，并最终形成自然主义二元论思想。

具体来说，查尔莫斯通过意识的认知分析阐明了意识与功能性组织之间的结构融贯性和因果关联性，说明意识认知机制的科学研究需要计算功能主义，并进一步通过结构一致性原则分析了意识与认知之间的重要联系，提出组织恒定性原则对其计算功能主义立场进行了辩护。然而，塞尔的"中文屋"思想实验说明计算功能主义解释面临意义难题，容易遭受感受性质疑，对意识的主观性来说是失效的，不能为意识的本体论地位提供明确的说明，只是简单地将意识添加到对功能主义的一般性诉诸之上。

为了推进问题的解决，查尔莫斯诠释了意识"难问题"的解释性问题，通过"无心人论证"充分说明了意识的不可还原性，将意识视为与质量、时空、电荷相类似的，自然随附在功能性组织之上的基本属性，这就是他的属性二元论的核心内容。当然，这一理论也引发了副现象论与因果相关性问题，不可避免地陷入了逻辑分析的困境。

自然主义二元论思想包含两个方面，即"自然主义"和"二元论"：一方面，意识理论的整体结构具有自然主义特征，查尔莫斯承认经验是一种添加的新元素，可以运用自然科学的概念和方法进行说明，同时他也承认意识理论需要通过信息双面论原则加以诠释，并对该原则的核心概念（信息）进行了本体论说明和解释性分析，澄清了表征的机制；另一方面，查尔莫斯从二元论视角出发，结合疼痛案例分析了信息的两面性（物理学方面和现象学方面），阐述了对信息双面论的基本认识，明确了意识在自然界中的本体论地位。

一个独特的理论必然会引起学术界的高度关注和激烈讨论。查尔莫斯的意识思想一提出便受到塞尔与丹尼特的质疑，他们围绕泛心论、意识"难问题"以及无心人这几个焦点问题与查尔莫斯展开了激烈的争论。书中专门研究了争论双方的核心观点，并在此基础上陈述了自己的看法。

查尔莫斯意识思想体现出明晰的自然化色彩、较强的包容性和严密的逻辑性，其思想的实质是计算功能主义与属性二元论的结合。查尔莫斯关于意识"难问题"的自然主义二元论解释方案为意识理论提供了一个独特的研究视角，产生了广泛的影响；但这一意识理论也存在一些问题，很多人认为这种理论缺乏实证性，具有反直觉性、不确定性和不一致性等问题。

意识"难问题"的确是一个难问题，但是对它的研究尚未终结。书中最后一章以认知科学革命萌生的4E认知理论为主线简述了人工智能与人类智能的关系，试图阐明意识问题研究的"反计算"特征。最后的结语部分结合克瑞斯勒的观点指出意识经验面临两方面的解释性挑战，即意识问题与特征问题，前者以"知道为什么"为核心内容，后者回答"知道怎么样"的问题，二者相互关联，共同诠释了作为认识论问题的意识。

目 录

第一章 导论 …………………………………………………… (1)
 第一节 关注的问题与研究的主旨 ……………………… (2)
  一 关注的问题 ……………………………………… (2)
  二 研究的主旨 ……………………………………… (5)
 第二节 国内外研究现状 ………………………………… (6)
  一 国内研究情况介绍与分析 ……………………… (6)
  二 国外研究情况介绍与分析 ……………………… (13)
  三 国内外研究的特点及其存在的问题 …………… (26)
 第三节 本书的写作思路、框架结构和写作目的 ……… (28)
  一 本书的写作思路 ………………………………… (28)
  二 本书的框架结构 ………………………………… (29)
  三 本书的写作目的 ………………………………… (34)

第二章 查尔莫斯的意识"易问题"与"难问题" ………… (36)
 第一节 意识的研究视域 ………………………………… (36)
  一 心灵的两个方面 ………………………………… (37)
  二 两种身心关系问题 ……………………………… (41)
  三 查尔莫斯关于意识"易问题"与"难问题"
   的区分 …………………………………………… (44)
 第二节 问题的分析 ……………………………………… (46)
  一 意识"易问题"的实质 ………………………… (47)
  二 意识"难问题"的实质 ………………………… (49)
  三 意识"难问题"的例示：疼痛状态 …………… (50)
  四 形而上学意义上的解释性鸿沟 ………………… (53)

第三节　当代科学中的意识 ………………………………（55）
　　一　意识与认知科学 ………………………………………（55）
　　二　科学地研究意识问题 …………………………………（56）

第三章　对意识经验的分类及其不同解释 ………………（58）
第一节　意识经验的分类 …………………………………（58）
　　一　感觉经验 ………………………………………………（58）
　　二　情绪经验 ………………………………………………（60）
　　三　思想经验 ………………………………………………（61）
　　四　自我经验 ………………………………………………（61）
　　五　梦是一种意识体验吗？ ………………………………（62）
第二节　对意识"难问题"的不同解释及查尔莫斯
　　　　　观点的提出 …………………………………………（63）
　　一　意识"难问题"的还原解释 …………………………（63）
　　二　意识"难问题"是无解的 ……………………………（72）
　　三　不存在所谓的意识"难问题" ………………………（74）
　　四　查尔莫斯非还原论解释方案的提出 …………………（76）

第四章　意识"难问题"的认知机制 ………………………（78）
第一节　物理主义与功能主义 ……………………………（79）
　　一　物理主义 ………………………………………………（79）
　　二　心脑同一论 ……………………………………………（80）
　　三　功能主义 ………………………………………………（81）
　　四　计算功能主义解释及其质疑 …………………………（83）
　　五　"中文屋论证"解释 …………………………………（87）
　　六　查尔莫斯的非还原性计算功能主义立场 ……………（97）
　　七　意识的认知机制需要计算功能主义 …………………（99）
第二节　意识与认知的关系：结构一致性原则 …………（100）
　　一　意识与认知的差异性与一致性 ………………………（101）
　　二　意识与觉知的结构同形性：结构一致性原则 ………（102）
　　三　案例分析：色觉 ………………………………………（104）
　　四　结构一致性原则的解释作用及其局限性 ……………（105）
第三节　查尔莫斯对计算功能主义的辩护：组织恒定性原则 …（106）

一　组织恒定性原则的具体内容 …………………………… (107)
　　二　"渐退感受性"与"跳跃感受性"论证 ……………… (107)
　　三　案例分析：硅回路替代神经元回路 …………………… (110)
　　四　组织恒定性原则对计算功能主义的辩护 ……………… (112)
　　五　组织恒定性原则的解释意义及其局限性 ……………… (114)

第五章　意识的不可还原性论证："无心人论证" ………… (116)
第一节　意识"难问题"的解释性问题 ……………………… (116)
　　一　现象意识的本质特征 …………………………………… (116)
　　二　意识"难问题"的问题域及其深层次问题 …………… (118)
第二节　反对物理主义的模态论证："无心人论证" ……… (119)
　　一　无心人假设与可想象性论证 …………………………… (120)
　　二　查尔莫斯运用二维语义学对"无心人论证"
　　　　的重新诠释 ………………………………………………… (124)
　　三　查尔莫斯关于"无心人论证"的结论及其重要意义 … (129)
第三节　意识"难问题"不可还原的主观性 ………………… (131)
　　一　还原解释的本质 ………………………………………… (131)
　　二　自然随附性 ……………………………………………… (133)
　　三　随附性与物理还原解释 ………………………………… (141)
　　四　意识"难问题"不可还原的主观性 …………………… (143)
　　五　意识是物理世界的随附属性 …………………………… (146)
　　六　副现象论与心灵因果性问题 …………………………… (147)

第六章　意识的本体论解释：自然主义二元论 ……………… (151)
第一节　自然主义的视角：意识作为一种基本性质 ………… (151)
　　一　意识的解释诉诸新元素的增加：经验 ………………… (152)
　　二　新元素需要基本原则：信息双面论 …………………… (153)
　　三　基本原则的核心概念："信息" ………………………… (154)
　　四　"信息"的解释性意义：发现意识理论 ……………… (156)
第二节　二元论的视角：意识作为信息的现象学实现 ……… (158)
　　一　"信息"的两面性 ……………………………………… (158)
　　二　物理学意义上实现的信息 ……………………………… (158)
　　三　现象学意义上实现的信息 ……………………………… (159)

四　案例分析："疼痛"的双重信息意义 ……………………（161）
　　五　对信息双面论原则的基本认识 ……………………………（162）
　第三节　信息与表征 …………………………………………………（163）
　　一　机制的解释及其表征机制 …………………………………（163）
　　二　表征的含义及其种类 ………………………………………（165）
　　三　心理表征问题 ………………………………………………（166）
　　四　语义内容难题 ………………………………………………（168）
第七章　关于查尔莫斯意识理论的典型争论 ……………………………（169）
　第一节　关于泛心论的反驳与回应：查尔莫斯 VS 塞尔 …………（169）
　　一　查尔莫斯的泛心论立场 ……………………………………（170）
　　二　塞尔对查尔莫斯泛心论的反驳 ……………………………（171）
　　三　查尔莫斯对塞尔反驳的回应 ………………………………（172）
　　四　小结：泛心论存在一定问题 ………………………………（174）
　第二节　关于意识"难问题"的否定与回应：查尔莫斯 VS
　　　　　丹尼特 ……………………………………………………（175）
　　一　丹尼特对意识"难问题"的否定 …………………………（176）
　　二　查尔莫斯对丹尼特反驳的回应 ……………………………（178）
　　三　小结：意识"难问题"的确是一个难问题 ………………（179）
　第三节　关于无心人的责难与回应：查尔莫斯 VS 丹尼特 ………（179）
　　一　丹尼特对无心人的责难 ……………………………………（180）
　　二　查尔莫斯对丹尼特责难的回应 ……………………………（182）
　　三　小结：具体分析无心人的解释效力 ………………………（183）
第八章　关于查尔莫斯意识思想的系统思考 ……………………………（185）
　第一节　查尔莫斯意识思想的几大特点 …………………………（185）
　　一　明晰的自然化色彩 …………………………………………（185）
　　二　较强的包容性 ………………………………………………（187）
　　三　严密的逻辑性 ………………………………………………（188）
　第二节　查尔莫斯意识思想的核心：计算功能主义与属性
　　　　　二元论结合 ………………………………………………（189）
　　一　计算功能主义与属性二元论相结合的哲学分析 …………（189）
　　二　计算功能主义与属性二元论相结合的主要难题 …………（190）

第三节　关于查尔莫斯意识思想的辩证评价 …………（192）
　　一　查尔莫斯意识思想的理论意义 …………………（192）
　　二　查尔莫斯意识思想存在的问题 …………………（196）
第九章　有待进一步思考的问题：4E 认知 ……………（200）
　第一节　涉身认知 …………………………………………（201）
　第二节　嵌入认知 …………………………………………（203）
　第三节　生成认知 …………………………………………（204）
　第四节　延展认知 …………………………………………（206）
　第五节　4E 认知的情境交互性 …………………………（209）
　第六节　4E 认知与意识问题 ……………………………（210）
　第七节　4E 认知走向未来：人工智能与人类智能 ……（211）
结语：作为一个认识论问题的意识 ……………………（215）
参考文献 ……………………………………………………（219）
　　一　外文期刊论文 ……………………………………（219）
　　二　外文著作 …………………………………………（233）
　　三　中文期刊论文 ……………………………………（239）
　　四　中文著作 …………………………………………（244）
　　五　中英文网络文献 …………………………………（247）
名词索引 ……………………………………………………（249）
人名译名对照 ………………………………………………（255）
后　记 ………………………………………………………（259）

第一章 导 论

"在心灵的科学研究中，意识引发了最让人辗转反侧而始终不得其解的问题。意识体验是我们再熟悉不过的东西了，但同时它也是最难以解释的东西。"[①]

——大卫·查尔莫斯

从本质上来说，现象意识指称经验本身，与我们的内心体验直接相关，属于第一人称研究范畴，其产生问题已经超出了自然科学层面功能还原的解释范围，"它为心灵的科学研究带来了令人最为困惑的难题，这也可能是我们在对宇宙进行科学解释时遇到的最大障碍。也就是说，意识问题是当代身心问题研究历程中的一个十字路口。最近有些研究者在其工作中试图采用还原论的方法来解决意识问题，但是这并未抓住问题的关键"[②]。正如查尔莫斯所言："如果有人真的想成为如此彻底的一名还原论者，那么，他将没有一个可以最终停下来的地方。"[③]

根据查尔莫斯[④]的观点，意识[⑤]问题的难易之分是由于意识所具有的

[①] Chalmers, D. J. "The puzzle of conscious experience", *Scientific American*, 1995, 273 (6), pp. 80–87.

[②] 刘晓青：《意识"难问题"的本质及其深层次问题研究》，《自然辩证法研究》2012年第8期，第22—26页。

[③] ［澳］大卫·查尔莫斯：《查尔莫斯哲学访谈录》，叶峰、陈嘉映等译，载程广云主编：《多元·2010分析哲学卷》，上海三联书店2010年版，第53页。

[④] 关于"Chalmers, D. J."学术界有多种译法，就目前来看，文献中使用了"查尔莫斯""查莫斯""查默斯""查尔默斯"几种译法，除引用文献外本书统一采用"查尔莫斯"这一译法。

[⑤] 维基百科指出意识是一个不完整的、模糊的概念。本书后面提及的意识都是专指现象意识，如果使用心理学层面或"易问题"范围内的含义会另加修饰语加以区别。

"存在论的独特性"决定的：即它既具有存在的客观实在性，又具有经验主观性。前者属于第三人称研究的"易问题"，它与神经生理学机制相关联，显现为一种具体的生物神经活动，需须要借助认知神经科学的发展逐步加以解决；意识"易问题"仅仅服从物理世界的因果封闭性，人们不可能从物理世界以外诸如上帝、灵魂等神秘之处为其寻找因果解释。后者属于第一人称研究的"难问题"，又称现象意识或现象学性质，它总是与个别主体在特定时刻经历的第一人称存在论事件相关联，从本质上说它是无法还原的。意识研究之"难"就在于难以找到将第三人称的解释性认识论事件与第一人称的经验性本体论事件统一起来的模式，这就是查尔莫斯所意指的解释性鸿沟。为了从根本上解决意识"难问题"，查尔莫斯提出了非还原性的"自然主义二元论"解决方案，主张凭借与"支配神经生理活动的物理规律"不同的、跨层次的"心理物理原则"来解释意识经验如何产生的问题。

第一节 关注的问题与研究的主旨

一 关注的问题

意识问题已成为当代心灵哲学讨论的核心问题之一，近几十年来，许多科学家和哲学家都致力于分析和论证意识在自然界中的本体论地位，但遗憾的是他们尚未达成共识。而本书主要从意识"难问题"的分析入手，研究查尔莫斯解决"难问题"的非还原论解释方案——自然主义二元论。综合来说，本书主要关注了下述六个问题：

（一）什么是查尔莫斯的意识"难问题"？

查尔莫斯研究意识问题的切入点是关于"易问题"与"难问题"的区分。"易问题"是指那些适合直接用认知科学标准方法加以研究的现象，它们可以依据计算或认知神经机制来解释；"难问题"是意识经验问题，无法以功能还原的方式加以诠释，只能诉诸主体的内省经验和口头报告来加以呈现，但这些并不是合理的科学方法，由此得出的心理描述并不可靠。因此，就会出现一个问题：大脑中的物理过程究竟是如何引起主观意识感受的？也就是功能解释与意识经验之间的解释性鸿沟。而本书关注这一问题就是想寻找填补这一鸿沟的合理路径，彻底澄清"难问题"的解释机制，对现象意识的本质特征进行重新定位和判断。

（二）查尔莫斯如何采用计算功能主义解释意识的认知机制？

查尔莫斯在计算功能主义的阵营中独树一帜，他充分认识了计算与认知之间的关系，以"功能主义方式分析心理状态，将心智功能等同于计算机的信息处理，认为信息以及它所内含的经验，不一定依赖于某种生物的、神经的过程，甚至不依赖于人脑"[①]。也就是说，查尔莫斯在解释意识的认知机制的过程中，主要依托的不是系统的物理化学构成，而是其功能性组织[②]。同时，为了进一步丰富意识理论所需的论证材料，他还通过结构一致性原则阐明了意识与认知之间的关系，并提出组织恒定性原则对其计算功能主义立场进行辩护。然而，他所主张的计算功能主义只能在较弱意义上发挥作用，不能为意识的实存性提供明确的本体论说明，只是在传统笛卡儿式认知科学背景下解释了意识与功能性组织之间的因果关联性，简单地将意识添加到自然世界之上，这也是本书着力分析查尔莫斯计算功能主义立场的重要原因。

（三）查尔莫斯重提"无心人论证"的主要意图是什么？

查尔莫斯认为意识来源于细微的功能性组织，但意识并不是一种功能状态，他指出要想为意识经验提供合理的解释，单纯的功能分析是无济于事的，意识"难问题"已经完全摆脱了自然科学层面的束缚。因此，为了进一步诠释"难问题"的解释性难题，充分论证意识的不可还原性，查尔莫斯运用认知二维语义学重新修正了"无心人论证"，找到了认知领域与模态领域之间的联系。他试图通过无心人的可想象性明确意识在自然世界中的位置，证明意识是一种自然随附在物理世界之上的基本属性。由此来看，"无心人论证"直接维系着意识"难问题"的哲学命运，在本书写作中起着纽带作用：一方面，"无心人论证"是查尔莫斯意识理论逻辑推演的理论前提；另一方面，"无心人论证"能否驳倒物理主义直接与意识能否成为世界新属性的问题相联系。

---

① 刘晓青：《意识"难问题"的本质及其深层次问题研究》，《自然辩证法研究》2012年第8期，第22—26页。

② 功能性组织是指开始于输入刺激、终结于输出行为的物理性起因和结果的模式，简单地说就是一种因果关系模式。

（四）查尔莫斯属性二元论的基本内容是什么？

随着物理世界与经验世界之间的差异日益明显，二元论思想开始复兴，人们开始探究意识的本体论地位问题，查尔莫斯就是一个代表，实际上他对这一问题的思考直接源于对上一问题的探讨。查尔莫斯主张的二元论是一种自然随附的属性二元论，他关于"随附性"概念的引入和"无心人论证"的阐述就是为这一理论服务的。自然随附性是指两种属性在自然世界中系统地发生联系时产生的依赖、协变关系。意识经验是在本体论意义上独立于或区分于物理属性的一种新属性，它与物理属性处于同等地位，它的出现离不开世界的物理属性，但又不能被基础的物理属性还原。具体来说，他的这一观点主要通过信息双面论原则加以诠释，因为该原则是查尔莫斯意识非还原论解释方案的论证核心。

（五）查尔莫斯为什么称自己的意识理论为自然主义二元论？

长期以来，心灵哲学家都将自然主义等同于物理主义，他们认为自然主义与二元论完全对立，二者是无法融合在一起的。然而，查尔莫斯意识理论中的自然主义不同于一般意义上的物理主义，他所谓的自然主义主要是指把意识看作一种具有独立存在地位的自然随附性质，而这同时也明确了他的二元论立场，即物理层面的东西与意识现象是二元并存的。可以说在查尔莫斯看来，自然主义与二元论是相互支撑的，二者的结合并非是不可理喻的"混血儿"[①]。

（六）4E认知理论的核心思想和解释性价值是什么？

查尔莫斯的自然主义二元论思想在传统笛卡儿式认知科学理论背景下拓宽了自然世界的图画，在论证过程中计算功能主义发挥了应有的认知解释作用，但也受到了赤裸裸的挑战。时移世易，伴随认知科学革命产生的4E认知理论在人工智能、认知动力学、现象学等问题的解释过程中提出了新的创见，主张将主体的大脑、身体与环境看作一个认知系统，打破了关于心灵状态、属性、进程的传统认识，有助于对人工智能与人类智能之间的界限问题做出合理解释，为意识"难问题"的解释提供了新的思路。

---

① 参见高新民：《心灵哲学中二元论和自然主义发展的新趋势——以查默斯自然主义二元论为线索》，《学术月刊》2011年第9期，第43—50页。

二　研究的主旨

本书主要围绕查尔莫斯的意识"难问题"展开研究，写作主旨体现在下述五个方面：

（一）本书尝试着对查尔莫斯意识思想进行全面系统的理解。目前关于"难问题"的争论呈现百家争鸣的局面，但是本书并没有将重心放在不同观点的梳理方面，而是集中篇幅、重点、细致地研究了查尔莫斯的意识"难问题"及其非还原性解释策略，即通过桥接原理①充分说明了经验如何凭借其在物理世界中的内在本质特征而拥有因果相关性，并进一步分析了他的意识思想的理论根据及其内在逻辑，指出其意识理论的实质就在于计算功能主义与属性二元论的巧妙结合。

（二）围绕查尔莫斯关于意识"难问题"的解决方案，本书分析了当今国际学术界的典型争论，进一步明确了该思想在心灵哲学界的重要影响。查尔莫斯在理论阐述过程中使用了许多新概念、新理论，引发了塞尔和丹尼特的质疑，他们之间展开了批评与反驳的"混战"局面，其争论视角主要集中在泛心论、意识"难问题"和无心人②这几大主题上。

（三）从整体上说明了查尔莫斯意识思想体现出自然化色彩明晰、包容性强、逻辑严密这三大特点，指明了自然主义二元论在当代心灵哲学史上的重要地位和理论意义，揭示了该理论存在的一些主要问题，即缺乏实证性、反直觉性、不确定性和不一致性，基本上完成了对概念和问题的融贯理解，实现了对其意识思想的辩证认识。

（四）补充介绍了4E认知理论的核心观点和研究现状，借此试图回

---

① 桥接原理是内格尔模式的核心，内格尔认为桥接原理具有足够的数量和能力来保证从基础理论定律到被还原理论定律之间的可推导性，但问题在于没有普遍性的桥接原理可以说出两个理论谓词或者两个理论域内的属性如何必定相互关联以保证一个理论还原到另一个理论，这也意味着桥接原理只有在两个明确和完备的理论之间才能真正发挥作用。参见［美］金在权：《物理世界中的心灵：论心身问题与心理因果性》，刘明海译，商务印书馆2015年版，第111页。

② "无心人"一词来自安哥拉的班图语，它们从外表看与正常人一样，但缺乏内在意识，没有记忆，表情僵硬，行为死板，只是一味地机械性服从控制者的命令。见于其上述特点，在哲学分析中，"zombie"一词通常被译为"无心人"、"怪人"、"僵尸"、"障瘭"、"行尸走肉"、"活死人"等，意指一种与人类具有相同物理功能状态（或行为输出），但却没有感觉经验或反省能力的特殊生物。基于使用习惯，本书统一采用"无心人"这一译法。

答"心灵始于何处、终结于何处"的经典问题，说明了认知活动不仅存在于主体的大脑中，还可能存在于身体和身体之外的环境中，为分析身心关系和认知界限问题提供了独到的视角，突显了意识作为科学问题的复杂性和重要性，开启了新的意识理论的研究进路，在一定意义上拓展了认识论的研究视域。

（五）通过阐述查尔莫斯关于意识问题的定性研究，"难问题"逐渐形成了一个基本的问题域。"难问题"是一条贯穿全书的线索，书中每一个问题的提出、分析和解决都是围绕这一概念展开的，自始至终，本书一直都在强调"难问题"的重要性，结语部分还从意识经验面临的解释性挑战出发对其进行探索性分析，可见意识"难问题"支撑了本书的主体结构，它直接决定着子问题之间内在逻辑关系的命运。

第二节 国内外研究现状

一 国内研究情况介绍与分析

（一）国内心灵哲学的研究成果大多依据某一独特视角，以问题归纳和理论综述等方式加以展现，这些著作对当代物理主义各种理论形式的主要观点、基本问题和演变进程做出了较为详尽的概括和总结，从而为查尔莫斯意识"难问题"的背景研究提供了丰富的理论资源，下面进行具体介绍：

心灵自然化是本书写作首先需要思考的重要问题。田平教授梳理了心灵哲学的传统问题与当代视域，系统地关注了心灵自然化的本体论问题和方法论问题，指出"将心灵自然化就是将心灵纳入到自然的秩序之中（自然主义的本体论方面的要求），并对心灵的本质和作用等提出一种自然主义的解释，一种与自然科学相一致的解释（自然主义的方法论方面的要求）"[①]。此外，她还提及了心身随附原则，说明该原则具有协变性、依赖性和非还原性这三个基本内涵，指出心身随附原则必然会引起属性二元论中的副现象论问题，即将心理现象视为附加在大脑物理过程之上的一种副现象，只强调由身到心的单向因果作用，忽视了由心到身、由心到心

[①] 田平：《自然化的心灵》，湖南教育出版社2000年版，第13页。

的相互作用。

高新民和刘占峰在《心灵的解构：心灵哲学本体论变革研究》（中国社会科学出版社，2005）一书中按照心灵哲学发展历史中本体论变革的激进程度，详细梳理了各种功能主义对民间心理学的自然化进程，并试图在解构的基础上，运用脑科学、哲学本体论和西方心灵哲学的有关成果，重塑关于心灵的本体论、地理学和动力学。

解释性鸿沟是查尔莫斯遇到的核心问题，在对其进行分析的过程中必然会思考物理世界的因果封闭性原则。彭梦尧在《人心难测：心与认知的哲学问题》（生活·读书·新知三联书店，2006）中详细阐述了这一原则，认为该原则会与心物差异原则和心物因果交互作用原则共同构成心物难题。同时，为了更好地分析意识的解释性问题，他还专门介绍了心理现象具有的独特性质，即私密性、透明性、意向性、质性以及主体性。其实，这五个性质完全可以分析整合为两大类：个人私密性和主体意向性。

"无心人论证"是查尔莫斯属性二元论立场的集中体现，这一分析主要基于对物理主义二维论证的发展与讨论。程广云主编的《多元·2010分析哲学卷》（上海三联书店，2010）中的前四篇文章主要收录了查尔莫斯2008年到北京访问期间的报告内容以及他关于二维语义学的新近研究成果。特别是，书中彭天璞的《查尔莫斯的二维语义学中的模态立场及其相关难题》一文清晰地考察了查尔莫斯关于两个维度内涵的构造与解释，为人们全面理解查尔莫斯的认知二维语义学提供了文献依据。具体来说，查尔莫斯关于二维语义学的研究建立在卡普兰、埃文斯、杰克逊等学者的工作之上，卡普兰研究了先天必然性，埃文斯深入分析了深层必然性与表层必然性的本质区别，为发现现实世界和可能世界提供了基础，杰克逊提出了先验蕴含命题，运用二维语义学的逻辑结构论证了先验物理主义的真理性。此外，陈吉胜的《查莫斯型二维语义学研究述评》（《湖南科技大学学报（社会科学版）》，2014年第2期）与《"金三角"的断裂与重建——查莫斯型二维语义学的批判性考察》（《自然辩证法研究》，2014年第9期）、广西大学谢鉴的硕士学位论文《查尔莫斯的二维语义学》（2013年）都对这一核心问题进行了文献综述，具有重要的参考价值。

从整体视角来看，高新民和储韶华主编的《心灵哲学》（商务印书馆，2002）、高新民和沈学君所著的《现代西方心灵哲学》（华中师范大学出版社，2010)、郭贵春、殷杰主编的《爱思唯尔科学哲学手册·心理学与认知科学哲学卷》(北京师范大学出版社，2015) 可以堪称国内心灵哲学研究的"百科辞典"，文献中介绍了身心关系问题、功能主义、感受性、附随性、表征、计算神经科学以及意识经验等核心内容，为本书写作提供了丰富的学术资料。

(二) 国内与查尔莫斯及其意识"难问题"相关的学术论文并不是很多，为了进一步明确本书的研究意义，下面就不同主题分别加以概括：

1. 国内以查尔莫斯意识"难问题"及其自然主义二元论思想为主题的研究较为全面，但是大家似乎都在自说自话，尚未形成一种交锋论战的学术氛围。

国内学术界主要着眼于对查尔莫斯意识理论进行概述性分析，学者们对意识问题的思考较为系统。曾向阳指出要将意识问题放入自然科学背景中进行考察，直接抓住了查尔莫斯意识理论的关键，高度肯定了"难问题"的理论研究价值，突出强调了意识经验的非还原性地位，对本书主体部分的写作有很大的借鉴作用；但同时也指明了该观点缺少一定的理论支撑。李恒威对"难问题"持涌现论看法，揭示了意识经验的复杂性，这集中体现在三篇文章中，即《意识的"难问题及其解释进路"》(《自然辩证法研究》，2004 年第 12 期)、《如何处理意识研究中的"难问题"》(《自然辩证法通讯》，2007 年第 1 期) 和《意识经验的感受性和涌现》(《中共浙江省委党校学报》，2006 年第 1 期)，三篇文章都以意识"难问题"的解释方案为主题，特别是后两篇文章一问一答，指明"难问题"除了与神经生物学、物理学等自然科学相关联之外，更重要的是依托于人们的认知观念对其现象学特性的理解。同时，他还指出查尔莫斯的自然主义二元论忽视了认识论层面的解释问题与本体论层面的存在问题之间的区别。在此基础上，为了更好地调和物理主义与二元论之间的矛盾，他独树一帜地提出了"两视一元论"的解释方案，将意识的物理学方面和现象学方面视为意识在不同视角下的两种呈现，这一解释既肯定了物理世界的因果封闭性，又阐明了意识经验的因果非还原性，体现出较强的解释力。

过去人们常常在笼统的意义上讨论意识问题，致力于建构宏观的意识理论，但是如此一来就会难以切入具体的问题域，对意识问题的研究造成很大困惑。于是，国内学者开始直指意识"难问题"，认为查尔莫斯的属性二元论能够较好地解释"难问题",使"难问题"受到了学术界的广泛关注,但遗憾的是研究仅止于此。本书所做的工作就是在此基础上进一步深入思考"难问题",揭示查尔莫斯意识理论的实质,梳理该理论引发的争论,并对这一理论进行辩证评价。

国内部分学者还就心灵哲学中的自然主义与二元论问题进行了综合研究,表明学术界对查尔莫斯的自然主义立场和属性二元论观点有着较为深刻、全面的认识:(1)有的学者条理清晰地阐述了查尔莫斯的意识理论是如何将自然主义和二元论这两大思潮融为一体的,并对其持肯定态度:一方面,意识问题实现了自然化,找到了自身在自然界中的独特位置;另一方面,意识的产生源于它与功能性组织之间的协变关系。(2)有的学者粗略地将自然主义与物理主义相等同,阐明自然主义与二元论相互矛盾,认为查尔莫斯将它们结合在一起是极为怪异的。

基于现象意识为物理主义提出的"难问题",现在国内很多学者都将研究视域转向了二元论,尽管他们的形式不同,但基本上都肯定了意识的存在特性。吴胜锋就是一个代表,他专门对查尔莫斯的意识思想进行了阐述。紧随其后,他又与高新民一起探讨了新二元论在当代大脑与认知科学中的影响,指出了当代自然科学领域中颇具戏剧性的一种现象:一向标榜实验客观性的脑科学家也开始步入二元论的阵营,提出了自己关于意识问题的二元论分析。此外,刘晟光受到查尔莫斯意识理论的影响,就身(专指大脑)心关系给出了自己的看法,他认为笛卡儿的实体二元论已经退出了历史舞台,还原物理主义已经难以满足当代心灵哲学的需要,由此呼吁一种能够表明心灵独立存在的心—脑非还原论。

与前面的分析相比,李楠找到了一条新的研究路径,她深入地探讨了罗森塔尔和卡拉特斯的高阶信念理论,批判性地分析了实在主义和倾向主义高阶信念理论对意识"难问题"的还原解释,再次说明了还原解释对意识而言是无效的,进一步诠释了"难问题"之难,说明"难问题"的解释任务是一项未竟的事业。

在国内学位论文中,以意识"难问题"和感受性为主题的论文有三篇:一篇是对"难问题"及其相关理论的综述性研究,内容全面但缺乏一定的深度;一篇是从自然主义视角出发分析感受性问题,指明了这一研究路径的困境和出路,其中查尔莫斯的自然主义二元论思想就被视为一条重要出路；一篇是对丹尼特异现象学理论及其切入点感受性问题的分析和研究，直面问题展开分析，为本书的写作提供了有益的启示。

2. 国内关于查尔莫斯"无心人论证"的研究主要集中在对认知二维语义学的分析上，学者们对查尔莫斯的论证基本上都持反对意见。

广西大学谢鉴在硕士论文《查尔莫斯的二维语义学》（2013年）中就二维语义学的问题源起、基础概念、研究概况及其可能的发展方向进行了综合概述。山西大学科学技术哲学研究中心的魏屹东和陈敬坤对查尔莫斯的认知二维语义学进行了详尽的探究，指出可想象性论证是心灵哲学中的一个重要问题，认为传统的可想象论证集中于物理主义与反物理主义之争，用无心人假设来反对物理主义会导致许多问题，如"CP论题"的前提解释能否成立以及先天性与必然性之间的模态关系等，基于此，查尔莫斯运用二维语义学对传统的可想象性论证进行修正，试图重新肯定"CP论题"的合理性。但是他们认为查尔莫斯试图通过预设意识经验属性与物理属性的根本二分来论证自然主义二元论的合理性，但实际上这种解释方案并没有彻底解决问题，并不能在真正意义上驳倒物理主义，很难被学术界真正接受。

浙江大学的任会明对二维语义学进行了全面的考察，指出"它（二维语义学）的理论框架是否真的能给我们提供一个新的语义学——这个语义学一方面可以避开传统语义学的困境；另一方面又可以保留传统语义学中的一些基本面"[①]，可见他对查尔莫斯的认知二维语义学持有一种怀疑态度，揭示了其语义学困境。

武汉大学的李楠也对查尔莫斯的观点进行了质疑，她认为认知二维语义学并不能应对来自后天必然性[②]的挑战，关于无心人可能性的论证尝试实际上只是在为物理主义进行辩护。诚然，从某种意义上说，查尔莫斯的二维语义学为心灵哲学与语言哲学的研究提供了一个广阔的问题域，促进

---

① 任会明：《二维语义学如何重建"金三角"》，《哲学研究》2009年第3期，第92—102页。

② 参见 Chalmers, D. J. "Two‐dimensional semantics". In Chalmers, D. J. (ed.), The Character of Consciousness. Oxford University Press. 2010, p.548. 后天必然性在二维语义学框架下被定义为："任意表达式 S 是后天必然的，当且仅当 S 的第二内涵在所有世界中为真，而第一内涵在某些情形中为假"。

了学术界对此问题的深入认识与理解。

此外，国内学术界还阐述了二维语义学在语言哲学中的重要意义及其方法论价值。作为一种语义分析的新实践，二维语义学是推动当代科学实在论发展的战略核心，表现出重要的方法论价值，具体可参见郭贵春的《语义分析方法与科学实在论的进步》（《中国社会科学》，2008年第5期）一文。

3. 从理论上讲，心理表征发挥了媒介作用，它要求信息在认知系统与外部环境之间实现双向传递，关于信息与表征的研究是国内心灵哲学和信息哲学关注的重要问题。

中国社会科学院哲学研究所刘钢在《信息哲学探源》（金城出版社，2007）一书中专门阐述了信息的哲学语义分析，从语言学和词源学两大角度分析了信息的具体含义，并在此基础上揭示了信息的本质。北京师范大学李建会围绕计算主义取得了一系列研究成果，在他看来，信息是构成世界的基本粒子，要想捍卫计算主义，就必须正视德雷斯基、福多、密立根等人信息表征理论的难点，即意识"难问题"与意向性问题、功能不确定性问题等，而这也是程炼、郦全民等教授力图要澄清的困境问题。对此，郭贵春、殷杰主编的《爱思唯尔科学哲学手册·心理学与认知科学哲学卷》（北京师范大学出版社，2015）与《爱思唯尔科学哲学手册·信息哲学卷》（北京师范大学出版社，2015）专门介绍了博登、迪特里希、哈德卡斯尔、所罗门等学者的基本观点，概述了认知逻辑的深层问题、人类与机器如何实现有效交互、神经元群如何对信息进行编码加工（即认知神经科学如何为知觉、记忆等认知过程提供解释）、不同表征方式如何在解释心灵工作过程中发挥作用等问题，为本书的写作提供了详尽的文献资料。

表征主义作为传统认知科学的重要支撑，其实质是要阐明信息表征在人类认知活动过程中的关键作用，而这无疑会受到现象学的挑战。现象学主张人的大脑、身体及其外部世界共同构成了一个完整的认知系统，由此将国内学者的目光引入了4E认知问题的研究视域之中，这也是学界研究主体认知与计算表征系统信息加工之间差异的动力所在。

4. 20世纪80年代出现的4E认知理论顺应了第二代认知科学背景下人工智能迅猛发展的大趋势，巧妙地将认知范围扩展到了人的大脑之外，试图通过认知模型建立关于意识的科学解释,在一定程度上缓和了身心二元对立问题,对信息表征构成了严峻挑战,促使人们重新评判机器的认知水平,即人工智能的实现层次,思考人工智能与人类智能的界限及其相互关系。对此,近年来国内学者大量译介国外研究成果,不断阐述4E认知的具体内涵,丰富了认知科学与心灵哲学的文献基础。

综合来看,国内学界关注最多的是涉身认知[1],费多益、孟伟、徐献军等都是代表人物,他们详细阐述了涉身认知的基本观点、哲学基础、研究意义和争论焦点,研究相对成熟,主要文献有费多益的《寓身认知心理学》(上海教育出版社,2010)、叶浩生的《身心二元论的困境与具身认知研究的兴起》(《心理科学》,2011年第4期)、《心智具身性:来自不同学科的证据》(《社会科学》,2013年第5期)、《"具身"涵义的理论辨析》(《心理学报》,2014年第7期),孟伟的《如何理解涉身认知?》(《自然辩证法研究》,2007年第12期)以及何静的《具身心智的物理主义困境》(《自然辩证法通讯》,2011年第3期)、《具身认知研究的三种进路》(《华东师范大学学报(哲学社会科学版)》,2014年第6期)等,几位学者虽然采用了不同译法,但是都精准而全面地分析了涉身认知的核心思想、现象学来源、神经生物学基础、对笛卡儿式身心关系的发展及其面临的挑战。

国内关于嵌入认知与生成认知的研究较少,特别是嵌入认知至今尚未有专门文献出版,只是在阐述4E理论时被提及,如孟伟、刘晓力的《认知科学哲学基础的转换——从笛卡儿到海德格尔》(《科学技术与辩证法》,2008年第6期),刘革、吴庆麟的《情境认知理论的三大流派及争论》(《上海教育科研》,2012年第1期),董云峰、任晓明的《论人工生命理论在认知科学范式转换中的作用——从"涉身—嵌入"到"涉身—情境"》(《科学技术哲学研究》,2015年第2期)等,这些成果提及了嵌入认知的基本观点,为4E认知理论的综合概述奠定了基础。相比之下,国内近五年在生成认知方面取得的研究成果比较突出,概述了生成认知的理论背景、基本观点和作用机制,值得一提的是国内生成认知研究领域的

---

[1] 由于理解问题,国内学术界对"embodied"一词主要有涉身、具身、体化、寓身几种形象化译法,本书采用的是"涉身"这一译法。

领军人物李恒威教授，他与肖云龙在《论生命与心智的连续性》(《中国社会科学》，2016 年第 4 期) 一文中探讨了生命与心智之间的蕴含关系，将生成认知视为生命现象的一个方面；与陈巍、徐燕等人在《心智科学时代的"赫尔墨斯"：弗朗西斯科·瓦雷拉》(《自然辩证法通讯》，2012 年第 2 期) 一文中高度概括和评价了瓦雷拉的涉身心智和生成知觉理论，由此启发北京师范大学董英英和南京大学张茗在攻读博士学位期间开启了知觉生成理论研究，为知觉研究开启了新的路径，具有一定的创新性。

关于涉身认知的研究往往会提及延展认知理论，刘晓力、孟建伟在《认知科学前沿中的哲学问题：身体、认知与世界》(金城出版社，2014) 中关于第二代认知科学视野下心智研究的集中论述就是围绕交互认知与现象心灵、延展认知与延展心灵展开的。作为集大成者，刘晓力教授早在《延展认知与延展心灵论辨析》(《中国社会科学》，2010 年第 1 期) 一文中就详尽地剖析了延展认知论题与延展心灵论题，并给出了质疑后者的理由，思想观点可谓新颖独特。在此基础上，廖德明梳理了学术界关于认知界限的争论，给出了延展心灵论题的修正方案，主张人类的大脑、身体与外部物理世界共同构成一个认知整体。南开大学董云峰围绕延展心灵问题也进行了深入研究，主张将心灵与现象经验相同一，说明身体、认知与世界之间的交互作用是心灵延展实现的关键，心灵状态随附于有机体内在的神经机制，这也是其博士论文《自然化的延展心灵问题研究》(2014 年) 的核心思想。此外，北京师范大学李建会、于小晶对延展认知进行了再审视，试图维护大脑认知的权威性。

国内关于 4E 认知动态的单独研究仍居于主流，但总体来看又表现出不均衡的特点，关于涉身认知和延展认知的研究相对成熟，关于嵌入认知和生成认知的研究有待不断强化。从其具体运用来看，国内研究还较为薄弱，关于意识与意向性的 4E 理解才刚刚起步，未能很好地在其基础上分析人工智能与人类智能的界限问题，对于 AlphaGo 与李世石人机大战背后的热议与思考尚处于就事论事的解释层面，这也是本书在最后一章试图抛出的话题。

二　国外研究情况介绍与分析

(一) 查尔莫斯是一个多产的学者，围绕意识问题，他出版了四部书籍，撰写了大量文章，其中《有意识的心灵》(*The Conscious Mind*: in

Search of a Fundamental Theory, 1996) 堪称一部经典之作, 下面围绕这部著作及其相关研究进行概述性分析:

查尔莫斯认为意识问题可能是人们在对宇宙进行科学理解中遇到的最大障碍。近期认知神经科学与脑科学的研究工作使人们更好地理解了人类行为的产生及其因果性,从而也就有更为充分的理由相信意识来源于诸如大脑之类的物质性东西,对此,查尔莫斯确信意识经验的独立存在性,并采用非还原性路径解决意识"难问题",将其视为添加在物理世界之上的新元素,这就是他的自然主义二元论思想。

查尔莫斯的意识思想集中体现在这部经典著作中。该著作逻辑结构严谨,环环相扣,为本书的写作提供了翔实的文献资料和清晰的论证思路。查尔莫斯先从心灵的两种概念入手,给出了意识"易问题"与"难问题"的区分,提出了形而上学的解释框架,并在还原解释的基础上关注了随附性问题,将意识视为自然随附在物理世界之上的一种新属性。为此,查尔莫斯还介绍了最为明显的反物理主义论证——"无心人论证",在此基础上明确了意识不可还原的主观性,进一步建构了自然主义二元论思想。在理论建构的过程中,他详述了该理论所依赖的三大原则,特别关注了意识与功能性组织之间的关系以及意识与信息之间的关系。此外,在该著作的最后部分,查尔莫斯论证了"强人工智能"论题,即一个恰当计算机程序的执行将会产生有意识的心灵,这就为他的计算功能主义立场提供了证据。由此足以说明此著作是本书写作最为重要的参考资料,它如同整座大厦的"根基",没有它该书的写作将成为"空中楼阁"。

查尔莫斯的意识思想构思精妙,受到了心灵哲学领域众多学者的关注。其中,布莱克摩尔在其著作《关于意识的对话》(Conversations on Consciousness, 2006)中专门梳理了她与查尔莫斯的谈话记录,提及了意识"易问题"与"难问题"的区分、第一人称研究方法的重要性、"难问题"与身心问题之间的关系(查尔莫斯主张"难问题"是身心关系问题的核心)以及自然主义二元论思想等话题。查尔莫斯认为人们可以了解全部物理事实,但是无法理解意识经验,由此主张通过一些具体原则系统化大脑进程与意识经验之间的联系,从而把意识带入科学的世界。然而,意识是不可还原的,人们只能将其看作物理世界的基本特征,它的存在是世界深层次的属性。这样一来就引出了解释性鸿沟、泛心论、"无心人论证"等问题，对此查尔莫斯在访谈中也给出了清晰的观点。更为重要的是，在这次访谈中，查尔莫斯辩证地说明了自己的立场，表明从某种宽泛的意义上说，自己是一个计算功能主义者，主张行为、功能与意识之间是紧密联系的，一旦人死后，意识也就停止了；但从所有有意识的存在都具有计算功能主义色彩这一强意义上说，他又不是一个计算功能主义者，这也是他后来说明自己走向弱计算功能主义的原因。总的来说，在这次访谈中查尔莫斯用简短的话语澄清了自己的观点，有利于我们更准确地把握他的意识理论。

（二）《有意识的心灵》刚一问世，就成为学术界的一大研究热点，西方学者纷纷发表看法，对该著作给予了高度评价，给出了自己的认识：

查尔莫斯的著作刚一出版，物理主义者科赫就发表了题为《精明的二元论》（Hard-headed dualism, 1996）的书评，他认为意识"易问题"与"难问题"的提出反映的是布洛克关于"通达意识"[①]与"现象意识"的二分，查尔莫斯一书的核心部分是以随附性概念为基础，结合"无心人论证"推出纯粹经验是一种副现象的结论，但这似乎是进化生物学难以接受的。

继科赫之后，巴尔斯从整体上肯定了查尔莫斯的工作，认为他是研究人类意识经验的新成员，《有意识的心灵》是近几年研究心灵与大脑关系的最系统的、论证最充分的著作。具体来说，巴尔斯简述了查尔莫斯关于意识"易问题"与"难问题"区分的历史背景，并对这一区分给予了高度肯定；指出"无心人假设"貌似经验论证，实际上它却不以现实世界中的观察事实为基础，在形式上等同于19世纪达尔文主义者的极限论证。在此基础上，他进一步考察了主体性"难问题"的不可触及性，把意识当作一个变量，给出反对意识经验的禁忌，阐明有意识与无意识的区分既是身心二分的唯一方面，又是当代科学与传统哲学的基本差异。最后得出结论：意识是一种理论建构，查尔莫斯眼中的"易问题"和"难问题"可能仅仅是同一困惑的两个方面。可以看出，巴尔斯的理论旨在揭示意识经验的功能性联系，但其终究无法解释意识。

巴德学院的科维尔认为该著作的出版之所以在学术界引起巨大的轰动，

---

① 通达意识指与思考、推理及其语言和行为的理性控制相关的心理状态。

是因为查尔莫斯在当时的学术背景下独树一帜地反对物理主义，宣称尽管意识物理地依赖于物质世界，但世界的物理结构却不能逻辑地蕴含意识；并且他期待出现一种将现有知识融入主体综合价值的意识发展的辩证逻辑。布莱克利则强调概念分析是解决身心问题的关键，他简要地分析了著作中提到的思想实验（黑白玛丽和无心人），为本书第五章的写作提供了思考的方向。

《有意识的心灵》影响深远，在其出版十余年后，国内外学者重拾这一经典，朱建平完成了中文版的翻译工作（中国人民大学出版社，2013年），汉金斯围绕查尔莫斯的意识思想发表了题为《意识的特征》（The character of consciousness，2010）的书评。他指出书中的解释给人留下了深刻而又温和的印象，指明查尔莫斯不满足于将主观经验视为不可解决的神秘问题，他通过二维语义学以及可能性、可想象性等复杂概念进一步证明了现象意识是物理主义的真正难题，说明修正的"无心人论证"能够驳倒物理主义，并通过桥接原理将意识经验解释为"信息"的第二个方面。然而，汉金斯却持有物理主义观点，他对信息的形而上学地位持有怀疑态度，他坚持将步伐停留在信息的物理学意义之上。近期，曼彻斯特大学的麦克莱兰在《意识问题：易、难或者微妙？》（The problem of consciousness: easy, hard or tricky？，2017）一文中明确指出意识问题极其微妙，它部分是容易的，部分是困难的。

（三）由于第三章第二小节考察对意识"难问题"的各种解答，第七章集中讨论关于查尔莫斯意识思想的典型争论，因此在写作过程中有必要关注心灵哲学领域的一些经典著作（下面提到的著作基本上都有中译本），了解心灵哲学家们的不同思想观点。

塞尔将意识看作自然生物现象，即神经生理事件的突现，其特征存在于神经生理事件之中，这种特征是某些有机体的生物特征，就像光合作用、细胞核分裂、消化和繁殖一样。他主张生物自然主义，并将其概括为四个论题，即意识的实存性、意识的因果还原性、意识的系统整体性以及意识的因果功能性。此外，要想了解塞尔的意识理论及其研究进路，还需关注其《心、脑与科学》（Minds, Brains and Science，1984）、《心灵的再发现》（The Rediscovery of the Mind，1992）、《心灵导论》（Mind: a Brief Introduction，2004）等著作。塞尔明确指出二元论和唯物论都是极端错误的，因为它们都接受笛卡儿传统的一套特定词汇以及随之而来的一系列假定。由此他得出结论：人们必须打破传统唯物论和二元论的区分，在承认意识物理特征的基础上接受它的主观性，意识的不可还原性并不具有深刻的形而上学意义。

同时，塞尔在《意识的奥秘》（The Mystery of Consciousness，2009）中对一些著名科学家和哲学家的意识理论进行了评述：（1）阐述了克里克和科赫的意识还原论策略，克里克以"视觉意识"为突破口，试图运用纯粹神经生物学的模式来解释意识，把意识问题还原为典型的现代神经科学问题。为了理解物理的、客观的神经元如何引起私有的、主观的经验这一问题，他主张神经行为引起整个心智生活，把意识看作神经元系统的突现性质，他谈到了相互结合的神经元如何充当整体并发挥作用的捆绑问题。以此为依据，他推测40赫兹的神经元同步放电是引起意识的重要关联物，但其错误在于几乎没有涉及感受性问题。关于克里克的观点，也可以从他的《惊人的假说：灵魂的科学探索》（湖南科学技术出版社，2007）一书中得知。（2）指明了彭罗斯关于意识问题的观点，他推出涉及意识的物理过程是不可能被模拟的，表明在数学推理层次上不可能存在计算性的模拟，同时哥德尔定理表明存在着不可计算的心智过程，进而说明意识是不可计算的，经典物理学的可计算性特征不能用来解释心灵的非计算性特征。在此基础上，彭罗斯指出某种不可计算的量子力学可以解决意识问题。（3）论述了丹尼特的意识理论，为本书全面了解他与查尔莫斯的争论提供了理论依据。丹尼特认为不存在像感受性、主观经验等第一人称现象，大脑是一种维持意识计算或者信息处理的工具，意识是一种特定的软件，是大脑中的一种"虚拟计算机"。在论证过程中，丹尼特具体说明了四个概念，即冯·诺依曼机器、联结主义、虚拟计算机和觅母[①]，并以行为主义传统和证实主义传统为基础，高度肯定了第三人称现象，反对"笛卡儿剧场"[②]，将疼痛感解释为一种假象，对此，塞尔认为丹尼特

[①] 丹尼特对觅母的解释建立在道金斯的定义之上，他将觅母视为一种文化传承的基因。

[②] 该剧场是笛卡儿物理主义思想的体现，他认为存在某种经验将其自身呈现给主体心灵之眼的屏幕或舞台，换言之，存在某一地方，在这里，经验在主体面前呈现出来，这就是所谓的"笛卡儿剧场"，而且"自我"就是存在于剧场之内观看意识所规定演出东西的观察者。丹尼特对此加以明确否定，他认为不存在作为观察者的"自我"，指出对似动现象（视觉混乱的心理现象）解释的事后修改方案和经验前修改方案（Stalinedque）都不科学，因为"多重草稿模型"无需解决谁先谁后的问题，无需关注似动现象，正因如此，布洛克、施耐德等学者认为丹尼特的新模型并没有很好地说明现象意识，没有提供令人满意的答案。

的观点缺失了本质的东西。（4）围绕《有意识的心灵》一书分析了查尔莫斯的意识思想。查尔莫斯认为意识是不可还原的，他试图把意识纳入自然主义和经验科学的框架之内，将意识视为一种实存的自然属性，确立了意识在自然世界中的位置；同时说明了计算功能主义与属性二元论相结合的有效性，提出了非还原性计算功能主义，这也正是其理论的独特之处。其中，为了更好地说明意识与功能性组织的关系，查尔莫斯还运用了"无心人论证"，并通过"疼痛"一例表明行为和功能性组织本身不足以产生意识，意识只是添加给物理世界的一种新性质。在此基础上，他最终通过信息双面论原则全面地阐述了自然主义二元论思想。不幸的是，这一理论走向了泛心论的深渊，带有副现象论色彩。此外，这一部分内容还附加了此章在《纽约书评》出版之后查尔莫斯和塞尔的对话内容，这为本书梳理二人的争论提供了翔实的一手资料。

内格尔的"蝙蝠论证"和泛心论观点在学术界影响深远，他的这些思想主要来自于两篇文章，即《作为一只蝙蝠是什么样子？》（*What is it like to be a bat?*，1979）和《客观性自我》（*The objective self*，1983）。前一篇文章主要指出了当且仅当一个有机体具有作为那个有机体有什么样的经验（感觉起来是什么样子）时，它才具有有意识的心理学状态，否则完全没有办法去思考经验；也就是说，相信蝙蝠具有主观意识的实质在于存在某种作为蝙蝠的感觉经验。内格尔由于意识问题而拒斥计算功能主义，他的论证实际上就是所谓的"解释性鸿沟"。此外，内格尔的泛心论指出宇宙的基本物理成分不管其是否属于生命有机体，都具有心理属性。本书第七章第一小节的争论就是建立在对此概念的认识上。

对丹尼特思想的理解也是本书写作的一个基本要求，尽管《意识的奥秘》中专门有一章介绍他的思想，但那只是塞尔的一种转述，要想客观全面地对此加以理解，还需阅读丹尼特的集大成之作《意识的解释》（*Consciousness Explained*，2008）。丹尼特坚持走功能主义道路，他反对意识的"笛卡儿剧场"，提出了"多重草稿模型"[①]，并通过借鉴认知科学中的联结主义、全局工作空间理论模型建立了自己的意识理论，最后得出

---

① 丹尼特为了批评笛卡儿的剧场理论，提出了"多重草稿模型"，他使用多重草稿隐喻认知信息加工的并行发生，主张大脑中不存在产生意识的核心区域。

意识是觅母复合物的结论,从而否定了主观意识的存在。在《否定感受性》(Quining qualia,1988)一文中,他认为根本不存在不可言说的、第一人称的感受性,并对其主要特征进行彻底消解,本书第七章第二小节就是在此观点的基础之上展开分析的。此外,为了不断强化思想理论,丹尼特近几年不间断发表相关文章来阐述他的功能主义立场,如《意识离不开功能》(Consciousness cannot be separated from function,2011)、《知觉经验的带宽是什么?》(What is the bandwidth of perceptual experience?,2016)等。

保罗·丘奇兰德在《科学实在论与心灵的可塑性》(Scientific Realism and the Plasticity of Mind,1986)中也提出了与丹尼特较为接近的观点,他将民间心理学视为带有欺骗性的问题,认为由民间心理学断定的意识经验问题不具有客观实存性,主体的心理学状态完全可以还原为大脑的神经元活动。可见,他从根本上取消了心灵和意识在心灵哲学中的本体论地位。

达玛西奥的属性二元论对查尔莫斯的思想具有重要的启发意义,他认为心灵、行为与大脑都是同一有机体的不同组成部分,它们在正常的运行情况下是不可分割的,身心是同一实体的两个属性,彼此以不同的表现相互模拟对方。当大脑不对身体进行映射时,心灵也就不再存在了,因此可以把意识看作是身体的一种正常属性,看作生命有机体的一种活动方式。

布莱克摩尔肯定了意识的本质及其作用,她的《人的意识》(Consciousness:an Introduction,2003)内容极为广泛,具有重要的参考价值。书中主要通过一些思想实验介绍解释性鸿沟、主观性和感受性、哲学无心人以及与意识"难问题"相关的解决方案。其中,还特别提到了副现象论、泛心论等重要理论问题。

不可否认,斯蒂克和沃菲尔德主编的布莱克韦尔哲学指导丛书《心灵哲学》(The Blackwell Guide to Philosophy of Mind,2003)是一部较为全面的论文集,书中谈及了身心问题、物理主义、心理因果关系、人工智能、人格同一性和自由意志等问题,是本书写作的重要资源。

综合来看,上述一系列中文译著详细介绍了当前学术界关于意识问题的基本观点,特别是查尔莫斯、塞尔、丹尼特、内格尔等人的观点为本书写作提供了重要的文献资料,在一定程度上丰富了本书的写作内容。

(四)要想科学地理解查尔莫斯的思想脉络,还必须提到三部重要的论文集，特别是论文集中收录的查尔莫斯本人的学术成果：

1. 威尔曼斯与施耐德共同汇编的论文集《意识手册》（The Blackwell Companion to Consciousness，2007）。这一手册是不可多得的写作资料，搜集了查尔莫斯的两篇重要论文，即《意识的难问题》（The hard problem of consciousness）和《自然主义二元论》（Naturalistic dualism）。在后一篇文章中他提出了自然主义二元论：一个物理过程的描述可能说明意识的某些关于认知功能解释的"易问题"，但是它不能解决意识经验的存在，即"难问题"，因此需要重新考虑意识的非还原论。为了解释意识理论，需要为外部世界添加某些新属性，如将经验看作是世界的一个基本特征，并将与之相对应的基本法则称为心理物理法则，这些法则不仅不会与物理法则发生冲突，而且是对物理法则的补充，并且依据这些法则我们可以解释物理进程与意识经验之间的协变关系。此外，论文集收录的泰尔的《意识的哲学问题》（Philosophical problems of consciousness）可以被视为我们全面理解意识概念的理论依据。

2. 查尔莫斯的《心灵哲学：当代经典读本》（Philosophy of Mind: Classical and Contemporary Readings，2002）一书收集了心灵哲学领域的大量经典论文，呈现了解决意识"难问题"的多种尝试，有助于人们全面了解当代意识研究的重大问题，特别是查尔莫斯意识思想的论证思路。

3. 森剪编著的论文集《解释意识：难问题》（Explaining Consciousness: the Hard Problem，1997）收录了以意识为主题的大量文章，针对性强。其中几篇专门以意识"难问题"和解释性鸿沟为主题，如罗宾逊的《难问题之难》（The hardness of the hard problem），这篇文章明确给出了"难问题"不能在现有概念框架中得到解释的原因。

综上所述，这三部论文集较为全面地搜集了与查尔莫斯意识"难问题"和自然主义二元论思想相关的重要文献，系统地说明了"难问题"之难以及查尔莫斯解决"难问题"的新尝试，为本书核心内容的写作提供了明确的思路和翔实的论证材料。

（五）查尔莫斯认为意识"难问题"是当今学术界真正的难题，它已经超出了认知神经科学解释的范围，因此他提出了一种新的解决方案，即自然主义二元论，并对这一思想的基本结构和理论特点进行了分析与说明。

1. 查尔莫斯意识"难问题"的提出及其相关分析在学术界引起了重大争论,围绕"难问题"这一核心概念,查尔莫斯从本体论、方法论等层面进行了论证和解析。

1994 年,查尔莫斯给出了意识"易问题"与意识"难问题"的区分。意识"易问题"可以通过认知科学的标准方法加以解决,可以用计算或神经机制的术语加以解释;而对于意识"难问题",这些方法都无济于事,因为它超出了功能还原的层面,涉及的是心灵的现象学属性。

在《直面意识的难题》(Facing up to the problem of consciousness,1995)一文中,查尔莫斯首先说明了这些"难问题"难以解决的原因。他认为最近有些研究者采用的还原论方法难以说明意识"难问题"的本质,因而不可避免地走向了失败。在文章的后半部分,他提出自己的方案:假如抛弃还原论方案,选择一种新的非还原论方法,就可以在意识问题上获得某种自然主义的解释。他的候选方案是一种建立在结构一致性、组织恒定性以及信息双面论这三条原则上的非还原论方案。可以说,这篇文章是查尔莫斯《有意识的心灵》一书的缩略版,是关于意识"难问题"最为全面的概述。此外,他的《意识经验的难题》(The puzzle of conscious experience,1995)、《意识问题》(The problems of consciousness,1998)也是按此思路完成的。

之后,为了回应学术界对于《直面意识的难题》的评论,查尔莫斯写了《推进意识难题》(Moving forward on the problem of consciousness,1997)一文。这篇文章延伸了之前论述中的某些观点,并为其思想提供了更为翔实的解释和论证,比如说对副现象论的说明。

此外,查尔莫斯还在《心灵与意识:五个问题》(Mind and consciousness: five questions,2009)中依次具体论述了如下问题:你为什么首先被心灵哲学吸引?你认为自己对该领域的最重要贡献是什么?在涉及心理学、人工智能以及神经科学时,哲学的恰当角色是什么?可能形成意识科学吗?当代心灵哲学中最重要的开放性问题是什么?最有希望的研究前景是什么?通过对这些问题的分析,查尔莫斯深信意识问题是他的"初恋",期望由此启发更多的哲学思考。在这之前,查尔莫斯还围绕第二个问题,就其方法论层面发表了《概念分析与还原解释》(Conceptual analysis and reductive explanation,2001);围绕第四个问题完成了《我们如何建构意识科学?》(*How can we construct a science of consciousness?*, 2004),明确地将意识视为一个重要的科学问题,从而为"难问题"的不断推进提供了新的思想空间。

为了更好地说明意识"易问题"与"难问题"的区分,查尔莫斯还从方法论层面分析了第一人称方法与第三人称方法相结合的必要性,阐明意识科学的工作在于将第三人称数据与第一人称数据结合起来,前者涉及大脑进程和行为等客观资料,后者直接关联意识经验;并且表明主观经验不能还原为第三人称数据,它是意识解释的核心内容。毋庸置疑,这一观点为他的意识理论提供了方法论依据。

意识与意向性是心灵哲学的两个核心问题,要想解决意识问题,首先需要澄清意向性问题。查尔莫斯指出:人们的具体心理学状态(如知觉和思想)都具有现象学特征,并且这些心理学状态经常具有表征世界的意向内容,即最重要的有意识的心理学状态就是意向状态,最重要的意向状态也就是有意识的状态,意识与意向性之间紧密相连。

近几年,国外学术界开始从认识论层面研究意识"难问题",学者们将意识问题归为一项解释性工程。如怀特指出意识"难问题"中讨论的解释形式与科学无关,特别是在解释形式中起关键作用的"理解的意义"无法为科学解释提供必要条件和充分条件;而某些知识和道德问题却可以充分应对意识"难问题"的解释性挑战。也就是说,关于什么是意识"难问题"的解答应着眼于理智进程,而不是本体论层面的形而上学思考。

2. 关于意识认知机制的研究是查尔莫斯意识理论中的重要组成部分,他明确说明在认知问题的分析中自己坚持的是计算功能主义立场。

查尔莫斯在《认知研究的计算基础》(*A computational foundation for the study of cognition*, 2011)中直接表明自己的计算功能主义立场,集中探讨了计算与认知的关系,给出了关于组合状态自动机[①]和组织恒定性的详细介绍,说明了"实现"概念在解释抽象计算与具体物理组织之间产生功能联系这一问题中的重要性,表明自己正在走向弱计算功能主义,由

[①] 组合状态自动机是一种实现计算的物理系统,在宽泛意义上与物理实现相关,但它不是通常意义上的计算模型,因为它不能清楚地表征算法。

此避免了来自感受性的质疑，但同时也降低了其理论论证的力度。

信息、计算与认知科学的关系问题一直以来都是学术界关注的热点问题，认知科学作为前沿性学科，其主要任务是带领我们走向一种计算主义心灵哲学，将大脑和心灵看作信息处理器，从本质上把认知过程视为计算任务的实现过程。受信息论启发，佩纳等学者指出计算与认知问题的一个重要指向是意识经验和意向性问题，计算任务的不断增多会使主体向高阶意识发展的意向日益明显，信息处理与认知逻辑和信念状态之间的关系会变得难解难分，这也是本书要呈现的难点问题之一，即感受性对计算功能主义的质疑。对此，可参照布洛克和福多的《心理学状态不是什么?》(*What psychological states are not?*, 1972)，在这篇文章中两位作者提出了感受性倒置和缺失的假说。他们认为，可能存在着功能状态同一而感受性倒置和缺失的可能，因为感受性倒置论证了功能状态相同而感受性不同的情况，但这与计算功能主义的主旨不相符，也就是说计算功能主义不能说明心理学状态的"原感觉"构成成分，或它们内在的现象学特征。进一步说，如果感受性倒置是可能的，那么就会有感受性缺失的可能，感受性倒置和缺失共同证明了计算功能主义的不充分性。对此，查尔莫斯在《缺失的感受性、渐退的感受性、跳舞的感受性》(*Absent qualia, fading qualia, dancing qualia*, 1996)一文中通过思想实验的逻辑分析，主张缺失的感受性与跳舞的感受性都是现实不可能的，坚持捍卫其计算功能主义立场。

塞尔反对计算功能主义解释，对心灵的计算理论持批判态度。他认为一味坚持计算功能主义立场，会使人们忽视大脑对意识的关键作用，他明确指出查尔莫斯论证过程中的为难之处，认为查尔莫斯的意识理论是计算功能主义与属性二元论的奇特结合，《有意识的心灵》是当今认知研究陷入困境的具体表现：一方面，放弃计算机功能主义立场是困难的，因为认知科学研究需要计算功能主义纲领；另一方面，没有人能提出一个合理的计算功能主义意识观。

3. 除计算功能主义之外，属性二元论是查尔莫斯意识理论的另一个重要组成部分，依据随附性理论，他把意识解释为自然世界的一种新属性，将其与物理属性并列，但指明两种属性不能相互还原。当然，这一理论的提出必然会引起学术界关于身心问题的热议，特别是对其二元论立场的评述。

围绕查尔莫斯的属性二元论,布拉彻在《大卫·查尔莫斯对"属性二元论"的论证》(David Chalmers' arguments for "property dualism",1999)中直接挑战了查尔莫斯的两种直觉(心理学状态直觉和可想象性直觉)。心理学状态直觉依赖于查尔莫斯关于心理学属性和现象学属性的区分,而正是两种属性的区分构成了他关于"属性二元论"的积极论证;可想象性直觉重在说明"CP 论题"的有效性,直接关系查尔莫斯"无心人论证"的结论能否成立。可见,布拉彻承认查尔莫斯的论述依赖于人们的直觉,其立场是常识性的,但同时他又辩证地指出这些直觉在回答心灵是什么的哲学问题上无法给出决定性指导,这就说明查尔莫斯的属性二元论难以得到人们在直观上本能接受的信念的支持。此外,莱瑟姆则将矛头指向了较弱意义上的自然随附性,从属性的关系层面对该观点进行了质疑。

4. 查尔莫斯提出的"无心人论证"旨在说明意识"难问题"具有不可还原的主观性,这是其意识理论形成的关键性前提,但是这一论证并不是无懈可击的,它遭到了学术界的不断质疑,然而从某种意义上说,正是该论证的不完善之处促使学者们围绕无心人的可想象性和可能性做出了许多重要的研究。

先从查尔莫斯的个人研究来看,围绕这一主题他发表了数篇文章,主要有《可想象性蕴含可能性吗?》(Does conceivability entail possibility?,2002)、《意识及其在自然中的位置》(Consciousness and its place in nature,2002)、《二维语义学的基础》(The foundations of two-dimensional semantics,2006)、《反对物理主义的二维论证》(The two-dimensional argument against materialism,2009)、《二维语义学与嵌套问题》(Two-dimensional semantics and the nesting problem,2014)、《内涵与不确定性:对索姆斯、特纳、威尔逊的回应》(Intensions and indeterminacy: Peply to Soames, Turner and wilson,2014)、《指称主义与信任对象:对布劳恩的回应》(Referentialism and objects of credence: a reply to Braun,2016)等。这些文章都在为查尔莫斯的反物理主义立场进行解释和辩护,强调无心人的可想象性,集中说明运用认知二维语义学修正"无心人论证"的合理性,即"CP 论题"的有效性,从而通过这一论证阐明他的属性二元论。

查尔莫斯运用认知二维语义学重新修正了"无心人论证"（又称"可想象性论证"），但由于二维语义学涉及认知领域与模态领域、指称主义和描述主义等问题，因此在语言哲学中面临着诸多挑战。关于"CP论题"的讨论更多地搜集在钱德勒和霍桑合编的论文集《可想象性与可能性》（*Conceivability and Possibility*，2002）中；此外，加西亚-卡宾特洛和马西亚编著的论文集《二维语义学》（*Two-dimensional semantics*，2006）也收录了近几年的主要研究成果。

5. 相比之下，国外学界关于4E认知的研究更为系统、更为深入、更为复杂，涌现出了大量的研究成果，既有关于涉身认知、嵌入认知、生成认知和延展认知的专门性研究，也有主张将4E认知归为一体的整合论观点，当然也不乏有推翻4E认知理论的釜底抽薪者。

涉身认知研究的主要代表人物是瓦雷拉、汤普森、罗施，他们三人合著的《涉身心灵：认知科学与人类经验》（*The Embodied Mind*: *Cognitive Science and Human Experience*，1991）[1]是这一研究领域的权威之作，夏皮罗出版的《涉身认知》（*Embodied Cognition*，2011）就是在此著作的基础上融合新近研究动态成果完成的；更为具体来说，克拉克依据人们的反表征程度，将涉身性分为激进涉身性与温和涉身性两类，施洛瑟在其基础上进一步明确了学术界对激进和温和反表征主义的态度，认为前者面临严峻挑战，后者表现出不确定性色彩。瓦雷拉、汤普森、罗施也是生成认知的主要提倡者，诺伊、赫托和麦因是这一阵营的重要成员。诺伊在《知觉中的行动》（*Action in Perception*，2004）中明确了生成知觉的研究进路，主张知觉作为一种感知能力，是由感觉运动知识构成的；赫托和麦因在《生成主义的激进化：无内容的基本心灵》（*Radicalizing Enactivism*: *Basic Minds without Content*，2013）中捍卫了生成主义思想，但其对生成的理解与诺伊有着重要分歧；嵌入认知的代表人物是赫钦斯，他的思想主要体现在《荒野中的认知》（*Cognition in the Wind*，1996）一书中；克拉克和查尔莫斯《延展心灵》（*The extended mind*，1998）一文开创了延展认知的先河。诚然，4E认知问题的提出也受到了学者们的质疑，引发了一系列

---

[1] 该著作已有中译本，即[智]瓦雷拉、[加]汤普森、[美]罗施：《具身心智：认知科学和人类经验》，李恒威、李恒熙、王球、于霞译，浙江大学出版社2010年版。

争论，正在逐步调和完善，情境认知与 4E 认知的关系便是其中呈现出来的一大难题。

可见，尽管涉身认知、嵌入认知、生成认知和延展认知之间存在着细微的差别，但从整体上把握认知是近几年学者们研究的一大思路，2007 年在美国佛罗里达大学召开的认知科学会议是心灵认知理论发展的里程碑事件，这次会议是 4E 认知理论历经 20 多年发展第一次被正式作为统一主题受到普遍关注和深刻分析。会议之后学术界涌现出了大量关于 4E 认知整体及其内在关系的研究成果：梅纳里明确指出："4E 被整合在一起的一个原因就在于它们都反对或至少重新组合了传统的认知主义和方法论的个体主义"[1]；沃德和斯泰普尔顿在 4E 认知的基础上补充提出了情感认知，并就生成认知、涉身认知、嵌入认知、情感认知与延展认知这 5E 问题进行了集中论述；此外，罗兰茨的整合论观点也是学术界强有力的声音，他的观点集中体现在《心灵新科学：从延展心灵到涉身现象学》（*The New Science of the Mind: from Extended Mind to Embodied Phenomenology*，2010）一书中。

三 国内外研究的特点及其存在的问题

纵观国内外研究现状，学者们的论述几乎覆盖了查尔莫斯意识理论的方方面面，呈现出研究的综合性，具体表现在：（1）从整体上把握查尔莫斯意识思想的核心观点：从近几年的研究成果来看，人们主要采用综合述评的方式，集中分析查尔莫斯的自然主义立场、属性二元论立场以及两种立场的相互融合。（2）重点思考与意识"难问题"相关的分析：大多学者都是从"难问题"的本质特征及其还原论分析入手，给出认知神经科学、心理学、物理学和生物学等框架下的解决方案；同时基于"难问题"的复杂性，更多的学者倾向于探究意识问题的产生机制，研究"难问题"表现出来的解释性鸿沟，并试图为意识找到适当的"栖息地"，其中影响较大的有物理主义、突现论和二元论；"难问题"之所以难，在很多人看来主要是因为它超出了计算功能主义的解释范围，对此国内外学者

---

[1] Menary, R. "Introduction to the special issue on 4E cognition". *Phenomenology and the Cognitive Sciences*. 2010, 9 (4), pp. 459 – 463.

进行了明确阐述，但是也有部分学者持小心谨慎的态度，他们肯定了计算功能主义对意识认知机制的解释作用，这就为本书第四章的写作提供了佐证。（3）关注身心问题的解释，特别是随附性问题的研究：查尔莫斯将意识视为自然随附在物理世界之上的新属性，彻底转换了以往的研究范式，引起了学术界的热议，特别是掀起了一股"随附性"之风，由此，学者们围绕心灵与随附性的关系做了大量研究，澄清了许多概念之间的区分，比如强弱随附性、整体与局部随附性、逻辑与自然随附性等。（4）研究二维语义学的核心论题与意义：由于查尔莫斯运用认知二维语义学重新修正了"无心人论证"，因此学术界诸多学者开始围绕二维语义学与反物理主义、认知模态与形而上学模态之间的关系等问题对这一理论进行述评，分析这一理论在重建"金三角"（康德论题、卡尔纳普论题和弗雷格论题）的过程中发挥的作用。（5）思考4E认知框架下意识的解释问题：4E认知理论超越了传统笛卡儿式认知科学的研究纲领，打破了主客二元对立的思维模式，丰富了认知科学的研究进路，主张不能将认知活动单纯理解为符号表征的计算过程，强调主体与外部环境之间耦合互动生成的交互认知系统是理解心灵活动的关键，形成了包括涉身认知、嵌入认知、生成认知和延展认知在内的基本研究范式，为当代意识解释提供了新的思路。综合来说，这些研究成果较为全面地阐释了意识"难问题"的问题域，为本书深入研究查尔莫斯的意识思想提供了"他山之石"。

查尔莫斯意识理论的关键在于给出"难问题"的非还原性解释方案，因此围绕这一主题，学者们分析了其思想发展的逻辑脉络及其理论影响，但同时也表现出了一些研究缺陷：（1）国内学者考虑到了意识"难问题"对计算功能主义造成的挑战，但几乎没有认识到计算功能主义在查尔莫斯自然主义二元论思想中的重要作用，几乎没有从认知机制的视角系统分析查尔莫斯的非还原性计算功能主义立场，特别是没有提及结构一致性原则对意识与认知关系的分析以及组织恒定性原则对其立场的辩护。（2）国内外部分学者希望采用认知的方法来分析意识问题，但是如何彻底解释意识"难问题"及其深层次问题仍然面临很多争论，尚未形成统一的意识理论。（3）意识"难问题"作为一个多学科和跨学科研究的综合问题，在一定程度上使得国内外学者的研究受到了学科门类界限的束缚，因此，关于意识问题的跨学科研究还有很大的成长空间。（4）从目前的研究来看，国内外学者大多倾向于立足自然科学，将意识问题视为一个科学问题，如此一来，哲学本体论层面的意识探究工作就被慢慢搁浅了，这就使原本关键的本质问题形式化了。(5) 国内关于查尔莫斯自然主义二元论思想的研究还处在跟踪译介阶段，缺乏系统化研究，研究内容不够丰富，学者们基本上都将研究视域集中在"难问题"的解释和意识思想的综述方面，尚未形成成熟的理论分析模式；研究文献也较为有限，到现在为止只搜集到了少量文章和几篇学位论文，几乎没有找到以此为主题的博士论文和学术专著。

第三节 本书的写作思路、框架结构和写作目的

一 本书的写作思路

本书的写作始于意识"难问题"，终于意识"难问题"。"难问题"是查尔莫斯在《有意识的心灵》一书中提出来的，是他整个意识理论的核心概念。"难问题"与"易问题"相对应，二者主要源于对心灵两种概念（心理学概念和现象学概念）的思考。为了探究"难问题"，书中考察了几种不同的解释方案，但由于这些方案本质上都未能超出功能解释的范围，因此它们都无法诠释主体经验的产生问题，难以跨越形而上学意义上的解释性鸿沟。

于是，查尔莫斯给出了他的非还原性解释方案，由此进入了分析问题的环节。为了详述查尔莫斯的意识思想，本书按照逻辑推演的思路，依次介绍了意识的认知机制、意识的不可还原性论证和自然主义二元论，并且这三部分内容层层推进。具体来说，从意识的认知机制入手，本书着力分析了查尔莫斯的计算功能主义立场，说明了意识与功能性组织之间的因果关联性，阐明了意识与认知之间的结构一致性，并通过组织恒定性原则捍卫了其计算功能主义立场；但是这一立场并不能为意识的属性特征提供明确说明。由此，查尔莫斯立足于意识"难问题"的解释性问题，通过"无心人论证"进一步明确了意识的不可还原性，说明意识是自然随附在功能组织之上的一种新属性，表明了其二元论立场。至此，本书开始集中建构查尔莫斯的意识理论——自然主义二元论，其中信息双面论原则在建构过程中发挥了重要作用。

本书清晰地阐述了围绕这一思想展开的多方面争论（关于泛心论、意识"难问题"以及无心人的争论），并试图给出自己的认识。为了做到述评结合，对查尔莫斯的意识思想进行整体把握，书中还从整体上对其思想进行了系统思考：一方面，主要分析其意识思想的三大特点和理论实质；另一方面，着眼于对自然主义二元论思想的辩证评价，分析其理论意义和存在的难题，表明这一理论终究未能从根本上阐明意识"难问题"。

鉴于当今社会对人工智能与人类智能之间界限的热议，本书最后进一步考察了第二代认知科学背景下4E认知理论的基本思想，预示了人类智能的强适应性，表明"智能的来源不限于计算装置，还来自周围环境、来自机器人多感应器间的交互作用以及主体与环境的交互作用"[①]，为解开"世界之结"提供了新的认知策略，启迪人们重新思考身心关系。

二 本书的框架结构

本书由九章主体内容和结语组成。第一章导论主要介绍了研究的基本问题和总体思路，为本书的写作提供了一个基本的研究框架。丹尼特说："人类意识几乎是唯一幸存下来的不解之谜"[②]，第二章正是基于这一谜题，从纷繁复杂的意识问题中找到了讨论的缺口，即查尔莫斯的意识"难问题"。"难问题"作为一个核心内容，近几年引起了国内外大量学者的关注与研究，他们分别从问题的提出、分析以及解决等多方面进行论述，不过影响较大的应该是查尔莫斯的自然主义二元论意识思想。他认为要想解释意识"难问题"，就应该在物理世界之外添加新的基本性质，就像添加磁现象一样，即把意识看作自然世界的新性质，这样意识性质就和基本的物理性质共同构成了世界的两大特征，由此也就澄清了意识不可还原的主观性。然而，这种观点也会因此面临一些困难：尽管将意识添加为世界的基本属性，但依然会面临物理世界的因果闭合问题，即主观的心理学状态如何影响外在的客观行为而不违背物理世界的基本规律，要遵守物理规律它就是副现象的，但似乎又能明显感觉到意识对人们的物理行为产

[①] 刘晓力、孟建伟：《认知科学前沿中的哲学问题：身体、认知与世界》，金城出版社2014年版，第89页。

[②] Dennett, D. C. *Consciousness Explained*. Little, Brown and Company, 1991, p.21.

生了因果作用，这就容易出现思维困惑。那么，将意识视为非物理属性到底能否解决身心关系问题？是否可以把感受性看作一种随附属性？

在分析问题的过程中，主要讨论查尔莫斯关于意识"易问题"与"难问题"的区分，并试图解答以下疑问：心灵的两种概念是什么？意识"易问题"和"难问题"的实质是什么？形而上学意义上的解释性鸿沟指什么？意识的认知神经科学解释能否跨越这一鸿沟？

查尔莫斯清晰地区分了心灵的两个概念，即心理学概念和现象学概念。在心理学方面，心灵是充当人类直觉、信念、意志、欲望、情绪等的系统；在现象学方面，心灵被想象为经验本身，这种经验通常被视为感受性、现象意识或现象学性质。

查尔莫斯认为与心灵心理学方面紧密联系的是意识"易问题"，与心灵现象学方面相关的是意识"难问题"。其中"难问题"的关键在于经验问题，正如内格尔所言，存在某种"感觉起来像什么的东西"，比如说人们听到贝多芬的命运交响曲、看到黄色外套时的主观感觉等。但是为什么物理过程伴随着一种内在感觉体验？

由此，第三章考察了意识经验的分类和相关解释路径，就分类问题而言，主要举例说明了感觉经验、情绪经验、思想经验、自我经验和梦境体验；从其解释路径来看，主要介绍了还原论、无解论和取消论三大方案，并在分析的基础上得出结论：这些方案都是无效的，目前如何在自然主义框架内对意识"难问题"进行科学解释已经成为学术界的一大难题，因此需要引入非还原论，这也就是查尔莫斯解决"难问题"的新尝试。

遵循逻辑思路，本书第四章分析了意识"难问题"的认知机制问题，即查尔莫斯的计算功能主义方案。本章开始依次阐述了物理主义、心脑同一论、功能主义和计算功能主义，提出计算功能主义是分析身心关系的最有力武器。查尔莫斯认为要想解释大脑与主观经验状态之间的解释性鸿沟，探索大脑"黑洞"，就需要采用计算功能主义分析认知的因果机制，对此他还通过结构一致性原则说明了意识与认知之间的关系，并提出组织恒定性原则对其计算功能主义立场进行辩护。下面进行具体说明：

查尔莫斯认为通过对心灵概念进行功能性分析，物质世界就会把一种不可还原的、非功能主义的意识神秘地添加给自己。对于心灵来说，最重要的是其信息处理能力，而现代计算机作为自适应的高度复杂的非线性机器，最终将给予我们一种理解心灵信息处理能力的正确模式。但意识"难问题"是一项巨大的概念工程，关于功能性组织产生经验的问题会出现概念性错误，计算功能主义只能解释认知层面的神经生理事件，实现对意识心理学层面问题的充分解释。为了更好地体现计算功能主义在其思想中的重要性，本章第二小节进一步运用结构一致性原则分析了意识与认知状态之间的关系，即意识与觉知的结构同形性，为意识理论的建构提供了丰富的理论材料。本章第三小节则通过组织恒定性原则为其计算功能主义方案进行了有力的辩护，指出运行恰当的计算形式对相关功能组织的存在而言是充分的。

在上一章内容的基础上，为了明确意识在自然界中的本体论地位，第五章指出单纯的认知计算解释虽然在发挥作用，但终归只是铺垫性工作，要想为意识寻找恰当的自然主义说明，需要进一步诠释意识"难问题"的解释性问题，通过反物理主义的模态论证——"无心人论证"——充分阐述意识的不可还原性。

首先，如何认识所谓的"铺垫性工作"？尽管心理层面和神经生理层面的研究无助于对现象意识质性特征的理解，但其又是极为必要的，可以将物理学与现象学相联系，充分说明关于现象意识的分析离不开通达意识指涉的心理学状态。同时，意识"难问题"的深层次问题更加突出了主体的心理学状态与其现象学特征之间的关系问题，为"难问题"不可还原的主观性做了很好的铺垫。举例来说，当你坐在办公桌前全神贯注地撰写文稿时，楼前施工的高强度噪音并不会干扰你；只有当你中午想卧床休息时才会有意识地注意到这一直存在的刺耳噪音，这就说明噪音一直在刺激你的听觉器官，你一直拥有某种现象意识，只是到中午时你的通达意识（特定的心理学状态）才与现象意识建立了沟通桥梁。

其次，如何解释所谓的意识"难问题"？查尔莫斯通过无心人思想实验说明了意识与功能性组织的关系，但是在解释过程中，他遇到了一些逻辑困难。对此，他运用认知二维语义学对"无心人论证"进行修正，重新给出了反物理主义的二维论证。最终得出结论：如果查尔莫斯的无心人是可想象的，尽管它没有任何感觉，但它仍能够表现出与人类完全相同的言行举止，那么其存在就是逻辑可能的，由此说明在缺乏意识的情况下，物理世界可以始终保持同一，意识只是从外部添加给物理世界的随附性特征,当然,这也是他陷入副现象论困境的主要表现。

在此问题的基础上,本书第六章重在介绍查尔莫斯的自然主义二元论思想。面对第二章提出的解释性鸿沟,查尔莫斯别出心裁地概述了意识可能采用的非还原论的一般形态,讨论了意识与功能性组织之间的因果联系以及意识问题的自然主义解释,提出了以"信息"概念为基础的非还原解释方案。

查尔莫斯认为自己能够做的最大事情就是为其提供支持性论证。本章明确从自然主义和二元论两个视角进行阐述:他的理论之所以是自然主义的,一是因为他主张现象意识具有不可还原性,明确了意识在自然界中的地位,并给出了信息概念的自然主义说明,认为信息状态需要通过自然科学规律加以解释;二是因为这一理论结构完全是自然主义的。他的理论之所以是属性二元论的,因为他认为从形而上学的角度来说,现象意识具有独立的地位,它是随附在物理属性之上的新属性。其中,查尔莫斯在论证过程中指明意识的解释需要增加一种新元素——经验,并强调特定经验与物理进程之间的联系可以通过一整套心理物理法则加以说明。也就是说,要想解释意识"难问题",首先需要明确第一人称研究方法的重要性,强调主体感觉的不可通达性;其次需要借助一整套心理物理法则来填补物理行为过程与主观意识之间的解释性鸿沟,而信息双面论原则就是这一整套法则中的基本原则。概括地说,查尔莫斯选定"经验"作为新元素,给出了解释的基本原则,并对基本原则的核心概念——信息——进行了本体论说明和解释性分析,指明所有信息都有两个方面,即物理方面和经验方面。其中,物理方面的构成单元具有功能分析的作用,经验方面的构成单元具有主体认知的作用,这样一来,更加明确了其理论的自然主义特征和属性二元论特征。

第七章力图分别澄清查尔莫斯与塞尔和丹尼特围绕自然主义二元论意识思想展开的典型争论,并在其基础上给出作者关于泛心论、意识"难问题"以及无心人的观点,以此来突显查尔莫斯意识理论在学术界的重要影响。

查尔莫斯将计算功能主义与属性二元论结合的观点很容易遭到其他哲学家的反对。首先,塞尔认为如果查尔莫斯的意识含义来源于信息的经验层面,就会导致泛心论这一荒谬的看法,因为信息具有普遍性。面对塞尔的诘难，查尔莫斯进行了详细的回应。其次，丹尼特对查尔莫斯的意识思想进行了根本性颠覆，他彻底否定意识"难问题"，认为根本不存在现象意识，并在此基础上进一步否定了无心人的存在性；对此，查尔莫斯坚决予以回击，与丹尼特展开了针锋相对的辩论。同时，基于对这些争论的分析，本书直接陈述了作者的看法。

在分析了哲学家之间的争论之后，第八章开始对查尔莫斯自然主义二元论意识理论进行系统思考：首先，综合概括该思想体现出来的三大特点，即明晰的自然化色彩、较强的包容性和严密的逻辑性。其次，从整体上分析这一意识思想的实质，即计算功能主义与属性二元论的结合，同时指明这种结合的哲学分析和内在困境。在此基础上，本章最后以纯粹客观的视角辩证评价了查尔莫斯的思想体系和分析过程：一方面，查尔莫斯关于意识"易问题"与"难问题"的区分确实为意识科学研究作出了重大贡献，迎合了当前意识科学发展的主流方向，具有重要的理论意义；同时，他的意识思想的论证过程及其逻辑分析为从事心灵哲学研究的工作人员提供了重大的哲学启示。另一方面，尽管查尔莫斯通过三大原则系统地建构了自己的意识理论，但由于他在论证过程中多次诉诸思想实验，暗含了泛心论立场，表现出过强的思辨性；他的属性二元论没有得到人们直观上本能接受的信念的支持，陷入了副现象论困境，但由于人们更倾向于承认意识的因果效力，这就使得他的理论具有一定程度的反直觉性；他的思想体系只是一种尝试性建构，不可避免带有猜测性和不确定性；他关于自然随附性的解释与最初引入随附性的说明之间存在不一致性。因此，查尔莫斯最终未能彻底解释意识"难问题"，他的自然主义二元论只是一种新探索。

随着第二代认知科学的出现，主体与生活世界之间的内在关联性不断增强，4E认知理论为意识问题的解释提供了新的建构方法，使得认知与心灵问题的研究有了新的探索方向。然而，与此同时塞尔等人指出的"现象学幻象"也启示我们要重新思考现象学与认知科学和心灵哲学之间的关系，这是本书在最后一章试图阐述的内容。

要想继续前进，还需从整体上深刻分析作为认识论问题的意识，这也是本书结语部分的重要内容。意识经验面临两方面的解释性挑战：一是意识问题，意在回答主体为什么正在经历意识经验的问题，与其自身的自然属性相关；二是特征问题，意在回答经验主体所感觉的东西是如何被冠以这样而非那样的特征，与主体的感知觉能力紧密相关。

三 本书的写作目的

关于意识"难问题"的讨论遍布于哲学、心理学、认知神经科学等领域，因此目前关于"难问题"的争论呈现百家争鸣的局面，但是本书并没有将重心放在观点的梳理方面，而是集中篇幅，围绕查尔莫斯的意识"难问题"，重点阐述了他的自然主义二元论思想及其影响，重新审视了心灵现象、生命现象乃至整个世界的复杂性与深奥特征。具体来说，主要研究目的如下：

（一）澄清问题

范·戈尔德曾经提到，哲学家在自然科学中的一个重要角色就是档案管理员，即记录传统观念和研究方案（无论好坏）。查尔莫斯关于意识"难问题"的非还原性解释方案是什么？如何把心理性质与物理性质结合起来？这种方案对当代心灵哲学贡献了什么，需要我们澄清。

（二）勾画领域

哲学家在心灵问题研究中的重要角色就是"制图师"，即理解和描述自然科学是如何被恰当地组织起来以至形成大规模概念图谱。哲学在更高的层次可以为自然科学提供方向的指引和方法论的指导。也就是说，通过哲学思考，我们可以对认知主义的本质与发展做出全景式勾画。

（三）提炼观点

意识"难问题"是近年来西方讨论最为激烈的话题，本书打算从"难问题"的提出及其含义入手，重点论述查尔莫斯的非还原性解释方案及其主要争论，系统阐明意识"难问题"的本体论地位和历史性困境，从而给出自己的认识：泛心论作为自然主义二元论的必然结果，是一种危险的倾向，始终受到类似于物理主义者所面临的产生问题的困扰；二维语义学和无心人论证作为查尔莫斯意识理论的论证核心，始终面临现象学和解释学挑战，无法揭示意识"难问题"的深层次问题，所以无论从哲学还是从自然科学的角度来说，意识"难问题"依然是一个谜。

（四）分析评价

目前关于意识"难问题"的研究有各种不同路径，本书希望在系统、辩证地介绍和梳理哲学和其他学科关于意识"难问题"的研究成果及其解释分歧的基础上，将研究视域限定在自然主义框架内，深入探究查尔莫斯的自然主义二元论，阐明意识经验的本质。然而，最终落脚点却在于：尽管查尔莫斯用二维语义学重新修正了无心人论证，但依然未能揭开意识"难问题"的神秘面纱，无法从根本上揭示意识的深层次奥秘，这似乎带有不可知论的色彩，做到了评判公允。

（五）创新观点

冯友兰先生曾经提到学术创新要做到"照着讲"和"接着讲"，通过澄清问题、勾画领域、提炼观点和分析评价，本书的最终目的是同时做到"照着讲"和"接着讲"，总结、提升查尔莫斯意识理论的价值，澄清其哲学意义，启迪人们建构关于心灵本质问题的权威理论和思想体系。

第二章　查尔莫斯的意识"易问题"与"难问题"

"在心理科学中提及意识是需要的、合理的以及必要的。它之所以是需要的是因为意识是心智生活的一个核心方面（如果不是唯一的那个核心方面的话）。它之所以是合理的合法的是因为鉴定意识有着与鉴定其他心理学概念一样的合理根据。它之所以是必要的是因为它具有解释的价值，同时也因为有理由假定它拥有因果地位。"[1]

——安东尼·马塞尔

第一节　意识的研究视域

为了揭示意识的奥秘，哲学、认知科学、心理学、逻辑学等领域的学者进行了不间断的尝试性研究：有的从纯思辨的角度入手，围绕意识问题展开抽象分析与争论；有的结合认知神经科学研究成果，将意识视为一种类似神经关联物的自然生物现象；有的则明确肯定意识是一种内在的主观经验状态，但却赋予其玄妙色彩……澳大利亚著名哲学家大卫·查尔莫斯回到概念本身，重新明确了问题研究的切入点，将意识分为"易问题"与"难问题"。为什么"易问题"是易的，"难问题"是难的？"易"仅仅是因为这些问题关注认知能力与功能解释，尽管目前人们还未发现所有的功能解释机制，但是发现它们只是时间问题，没有实质性困难；"难"则是因为它们已经不是功能解释所能驾驭的问题了，即使所有现象的功能机制都得

---

[1] Marcel, A. J. "Phenomenal experience and functionalism". In Marcel, A. J. & Bisiach, E. (eds.), *Consciousness in Contemporary Science*. Clarendon Press, 1988, p. 121.

到解释,"难问题"依然存在,无法得到解决。换言之,功能解释在自然科学领域中极为寻常,但它并不能解释感觉层面的主观经验现象,功能与经验之间存在形而上学意义上的解释鸿沟。因此,查尔莫斯思考了意识状态与自然科学之间的关系及其内含的复杂性反映,主张科学地研究意识,在《有意识的心灵》中区分了心灵的两个方面,即"心理学方面和现象学方面"①,并以此为出发点采用非还原论方案完成意识的本体论解释。

一 心灵的两个方面

究竟应该将具有思考功能的心灵看作复杂矛盾的结合体还是一个独立矛盾体呢?查尔莫斯的答案是作为一个有意识的存在者,心灵是主体之核心,应将其视为一个具体矛盾,其内含两个基本方面,即心理学方面和现象学方面,这两个方面从不同层面阐释了意识问题:前者关注心灵在认知神经科学中所起的作用,主要运用了第三人称分析法;后者关注心灵主体的内在感觉经验,强调了第一人称体验的重要性。

心灵的心理学方面说明心灵是一个包含直觉、意志、信念、欲望等心理因素在内的系统,它揭示的是复杂系统中关于动力学和信息处理的事实,但这并不能揭示心灵的本质和内在状态。与心理学方面相关的认知功能解释大体只会在行为活动的描述过程中起作用,揭示心灵"做什么"的问题,也就是说心灵被视为行为的内在基础,心理学状态是与主体行为的因果作用相关的状态,这些状态可能是也可能不是有意识的。从自然科学的角度来说,对行为因果性负责的内在状态可以等同于心理学状态。

心灵的现象学方面表明从主观性视角来看心灵的内在方面就是意识经验,这种意识经验是自然界中最熟悉的要素,亦被称为感受性或现象学性质,是人类心灵最复杂的方面,揭示心灵"是什么"的问题,这也说明主观性必然伴随着"智力、感知、思维、自我概念、语言或其他进化而来的能力"②,意识与主体的精神世界紧密相连,其内容渗透着主体的行为经验、逻辑思维、情感态度以及实践目的等。换言之,思考难以形容的

---

① Chalmers, D. J. *The Conscious Mind: in Search of a Fundamental Theory*. Oxford University Press, 1996, pp. 11–16.

② [英]苏珊·布莱克莫尔:《意识新探》,薛贵译,外语教学与研究出版社2007年版,第264页。

现象学特性的最直接方式是描述性的感觉方式。然而，心灵的现象学特性并不能单独充当心灵的全部内容，它只是再现了意识状态在内省方面的明显特征，它无法穷尽所有的心理学状态，它与日常语言表达之间不存在直接的语义联系。

综合来说，认知神经科学模型适用于解释意识的心理学方面，一个恰当的功能解释可以说明意识心理学属性的方方面面，但是真正困难的问题是意识的现象学属性，因为无论多么复杂的物理认知系统都无法反省其内在主观状态，无法理性地处理来自于外部环境的信息，无法完全澄清主体大脑内部的解释性活动，无法找到将两种属性融为一体的恰当方式。

当前支持二元论的人们从根本上肯定心物二分，坚信心灵的现象学特性在本质上不会是物理的或功能的，他们认为关于有机体的物理—功能描述无法满足了解它拥有什么经验以及拥有经验是什么样子的需要，意识经验或现象学事实永远不能等同于物理—功能事实。明确地说，现象学事实与物理—功能事实之间存在很大差异，前者似乎是非还原的，自然科学层面的任何功能描述都无法告诉人们为什么剧痛（比如被毒蛇咬到的刺痛感、被截肢的阵痛感等）感觉起来是其本来应该呈现的那个样子，疼痛具有特定的私密性。

因此，这就表明现象学属性是物理—功能属性之外的东西，以物理—功能术语构想的知识不能先验地成为以现象学术语构想的知识的前提条件。二者不能单独完成关于心灵的全面分析，它们涉及不同层面的心灵现象，给出了不同层次的解释研究，其中心理学状态扮演一种恰当的因果角色，现象学状态关注一种特定的感觉方式，但它们彼此之间又有着紧密联系，都可以归为"心灵"这一整体。

然而，心理学属性与现象学属性之间的界线似乎又不那么清晰，当面对特殊的心理学概念时，这些概念有时可能单独指称某一属性，有时可能同时指称两种属性的结合。比如"学习"，从其本质特征来看，最好视为心理学属性，学习就是某人以特定方式去适应各种环境刺激，并对其做出恰当行为反应的认知能力，但是将其视为具体的行为过程时，学习又融合了主观性感知内容，是心理学属性与现象学属性的结合。再如"感觉"，从其核心意义上讲，最好被视为现象学属性，主体拥有一种感觉就是拥有一种伴有特定意识经验的主观状态，但某种感觉实际上可以更多地解释为一种认知状态,即缺乏现象学的状态。通常来说,心理学属性以行为因果作用的方式为特征,而现象学属性则以主体获得的感觉经验为特征。再来看看"信念"这一心理学概念,信念是较为复杂的心理学状态,通常被称为"命题态度",具有一定的语义内容。在大多数情况下,信念被归为心理学属性,比如在信念状态网中,一个人的认知推理机制反映了该信念与其他信念和欲望之间的恰当交互作用;换言之,当某信念被归因于其他信念时,该信念就能够以正确的方式产生行为。然而,也有一些人指出这种观点忽略了信念的经验层面,在他们看来,论证经验内容对信念而言是极为必要的,其中塞尔就主张信念的意向内容完全依赖于产生信念的意识状态,如果没有意识,现存的一切都不是真正的意向性,可见意识经验经常存在于信念周围,大多数指称心理学属性的信念周围至少会有一个指称现象学属性的信念,但关键问题是这一现象学特性是否是使内部心理学状态成为信念的东西。比如说当你一直坚信姚明是最棒的篮球运动员时,尽管你有一个与之相联系的完全不同的意识经验(比如你感觉姚明跑得不够快),但你仍会坚信姚明是最棒的篮球运动员。可见,信念的现象学特征是相对模糊的,很难理解这一现象学特征如何使得内部心理学状态成为关于姚明是最棒的篮球运动员的信念,对信念内容而言,更重要的是该内容与姚明之间的特定联系以及这一联系在你的认知系统中所起的作用或产生的影响。

需要说明的是,上述关于信念的解释同时适用于其他意向状态,所有这些状态都有心理学方面和现象学方面,心理学和现象学共同构成了心灵的重要方面。在这里,查尔莫斯将心理学概念的使用视为一种规定,原因在于心理学等同于前面描述的认知科学,而与心理学状态相关的日常概念要比它宽泛得多,有时甚至包括现象学状态的内容。

追溯历史,查尔莫斯将心灵划分为两个方面的真正原因实际上是心理学理论的进步,特别是西格蒙得·弗洛伊德与他同时代人研究得出的认识:心灵的许多活动是无意识的,可能存在无意识的信念或欲望。弗洛伊德从因果方面分析了欲望,他大体上把欲望含蓄地分析为产生与欲望对象相关的特定行为的状态形式,当然弗洛伊德并没有将这些分析明确化,他只是指出了意识对行为解释中状态的相关性来说并不是必要的,有意识的感受性并不是构成信念或欲望的东西,可见这些结论依赖于心灵的现象学意义之外的概念。

依据这一观点，心理学概念可以通过功能分析在行为解释中发挥作用。比如，学习的概念可能被分析为某人应对环境刺激的行为能力的适应性。当你怀疑某人是否具有某种色彩体验时，你并不是怀疑他是否正在接受环境刺激，而是怀疑他是否正在经验一种色彩感觉，这是两个完全不同的问题。心理学属性是不带有任何相关经验的、充当因果作用的东西，现象学属性是展示内在经验特性的东西，而功能主义者往往会忽视现象学属性，认为心理学属性能够实现功能分析。可见，与功能主义相关的分析只与心理学属性的定义相符合，能够为心理学属性和行为之间的联系提供恰当的因果解释模式。

通常来说，我们周围的现象可以分为两类：一类是通过第三人称通达的心理学属性，被归结为与环境因素发生作用的神经心理行为；一类是通过第一人称通达的现象学属性，被归结为与主体相关的意识经验。总体来说，心理学属性处理心灵第三人称方面的问题，现象学属性处理心灵第一人称方面的问题。心理学属性与现象学属性之间是相对独立的，一个人关于心灵的研究方法是依据他所感兴趣的心灵的两种不同属性而加以确定的：如果一个人对心灵产生行为的作用机制感兴趣，那么他就会关注心理学属性；如果一个人对心灵的意识经验感兴趣，那么他就会关注现象学属性。反之，如果将现象学概念同化为心理学概念，就会使意识经验问题琐碎化；如果将心理学概念同化为现象学概念，就会极大地限制心灵在行为解释中发挥的作用。

如前所言，尽管在某种意义上心灵具有心理学属性和现象学属性，但这并不妨碍许多日常心灵概念突破两种属性之间的界限，譬如有些概念可以既伴有现象学成分，又带有心理学成分，但是如此一来事情就变得复杂了，疼痛就是一个例子。疼痛的心理学方面与现象学方面之间的界限就是模棱两可的，换言之，二者作为疼痛概念的组成部分，经常混淆在一起，这主要是因为两种属性趋向于共同发生，通常当组织损伤和导致排斥反应的过程发生时，某种现象学特质也就被例示了。简单地说，当心理学疼痛出现时，现象学疼痛通常也会显现，疼痛状态的体验与认知能力的演化之间存在某种一致性。当然，其他心理学概念也具有这种双重特征，包括心理学和现象学属性两大组成部分。以"感觉"为例，尽管在大多数情况下，我们会从其表现出来的知觉特征出发，将其用作心理学术语；但这并不能忽视它所表现出来的经验特征，因为这些特征会驱使我们将其用作现象学术语。

同理，心灵的心理学属性与现象学属性具有共生性，当现象学属性被例示时，心理学属性也会随之被例示。意识经验不会在真空中发生，它总与认知进程相联系，从某种意义上说，意识经验可能来源于某一认知进程。无论人们何时产生一种感觉，都会存在一些正在进行的信息加工，或者说与之相联系的功能作用就会通过内在状态表现出来。但是，没有因果关系的经验似乎只具有逻辑可能性，不具有现实可能性，这就说明经验与因果关系之间的联系是一个经验事实。

在逻辑学意义上，查尔莫斯指明依据语义小前提①（仅仅后验联系在一起的两个论断或概念会引入不同的属性），如果 A 发生时 B 也发生这一点是后验的，那么 A、B 这两个论断或概念就引入了不同的属性。简言之，现象学概念可能在认知上独立于物理—功能概念（或者说二者的认知作用具有相互独立性），但这并不排除现象学概念引入的属性可能是物理—功能属性。

现象学特性或意识经验不是用心理学术语加以描述的，然而意识经验作为某种更为原始的东西，又离不开因果功能分析的支持。换言之，心灵概念中的现象学内容会妨碍以纯粹功能术语完成的心理学分析，但是如果存在关于经验或现象学特性的功能分析，那么这些分析就会成为心灵现象学属性的功能分析。举例来说，主体内部实实在在的绿色感觉并不是仅仅通过草地、树木等事物的功能结构加以解释的，但这种感觉又离不开诸如此类的因果功能分析，它看起来就是像由草地、树木等引起的现象学状态的东西。

二 两种身心关系问题

伴随着 20 世纪中后期心灵哲学与认知科学的崛起和发展，一个新问题逐渐浮出了水面：我们为什么会拥有今天所拥有的心灵系统？对此，笛

---

① 在这个小前提中，允许引入就意味着直接指定，或者意味着成为一个高阶的指称固定者，故该前提无法排除后验属性同一性。

卡儿早在 17 世纪给出了身心二元论解释，产生了广泛影响，使得身心关系成为哲学界长期关注的一个基本理论问题，特别是当代心灵哲学的研究使得该问题变得更加突出。

英国哲学家赖尔明确指出："有一种关于心的本质和位置的学说，它在理论家乃至普通人中非常流行，可以称其为权威的学说。大多数哲学家、心理学家和教士都赞同它的主要观点……除愚人和婴儿外（究竟应否除去他们，尚有疑问），每个人都有一个躯体和一个心灵"①，即身心两个方面。

那么，身心问题到底是什么？其具体的解释理论有哪些？大体上说，身心关系经历了实体二元论——属性二元论——身心同一论——功能主义的突现论——身体主体论——4E＋S②的发展过程。围绕这一问题，众多科学家和理论家以各自的研究为出发点给出了身心关系的不同解释。尽管如此，缘于意识问题③的困扰，至今仍无法恰当解释内部主观经验的存在及其活动机制。

笛卡儿的身心二元论为近现代西方哲学的研究奠定了理论基础。他认为身心关系是哲学研究的重要主题，身心是两种完全独立的实体，身体的本质在于具有空间维度的广延，心灵的本质则在于有意识的灵魂，身心二者是完全独立的；与此相应，二者表现出不同的属性，身体是无限可分，会毁灭的，心灵是可以自我认知的，其存在更为根本，它可以不依赖于身体而得到理解，是永恒的。但这会引出一个问题：既然身心是相互独立的实体，那么二者是如何产生相互作用的？对此，笛卡儿给出了松果腺理论，认为人的灵魂寄居于独一无二的松果腺内，通过松果腺这一媒介，身

---

① ［英］吉尔伯特·赖尔：《心的概念》，刘建荣译，上海译文出版社 1988 年版，第 5 页。

② "4E" 分别是：Embodied（涉身的）、Embeded（嵌入的）、Enacted（生成的或互动的）、Extended（延展的），"S" 指 Situated（情境化的）。2007 年以前，人们关于 4E＋S 理论的研究都是各自独立进行的，但从 2007 年开始，一些人开始把它们整合到一起，作为一个正在兴起的新纲领的各个部分开始综合性研究。这一年在美国中佛罗里达大学召开的一次认知科学会议上，正式把 4E 作为统一的主题展开讨论。也正是在这次会议上，蒂芬大学的美籍华人卢找律教授提出，应当在 "4E" 纲领的基础上再加一个 "S"，认为近年来正在形成的认知革命综合起来就是 "4E＋S" 模型的兴起，并主张应当对几种模型中的共同思想进行整合。

③ 麦金认为意识问题是 "心—身问题的硬核"。参见 McGinn, C. "Can we solve the mind - body problem?". *Mind*, 1989, 98 (391), pp. 349 – 366.

心之间相互作用，松果腺可以向心灵传达身体各部分之间的作用机制，并使其将这些身体运动的物理作用转变为充斥人的精神生活的主观性观念，即感觉、思维、记忆、知觉等，如此一来，可以继续通过松果腺将这些思维与观念传输到人的各项组织和器官，并以行为形式表现出来。但是这一解释遭到了尖锐的批评，很少被人接受，在他死后更是被全盘否定，受到了威利斯、斯汀森等人的嘲笑与抨击。

之后，斯宾诺莎从实体的统一性出发，把自然视为认识的唯一对象实体，提出了属性二元论，即自然实体（等同于神或上帝，自然界与神或上帝是一回事，是万物运动的内在动因）具有广延和思维两种属性。他明确指出"心和身乃是同一的东西，不过是有时借思维的属性，有时借广延的属性去理解罢了"[①]，即思维属性不能等同于物理属性，二者是同一实体的两种最为本质的东西。具体来说，实体的思维属性具有感受性和现象学特征，有感觉起来像什么的某种东西，而其物理属性则不具有这些特征，其主要体现在广延、位置、无限可分等方面。

到了当代，身心关系问题日益成为一个多学科和跨学科研究的复杂问题，特别是现象学理论的发展使其进入了一个新的层面，胡塞尔、海德格尔、梅洛-庞蒂等人明确区分了现象本身与现象以外的世界。塞尔在笛卡儿的分析之上表明了自己对身心关系问题的态度，他反对心物二分的传统术语体系，提出心物并存论，主张心灵是大脑的心智属性，人的心灵的现象学实质是意识，心灵状态是由因果关系确定的，它具有不可还原的主观性特征，并在此基础上提出了生物自然主义的解释方案，将意识这种心智现象视为纯粹自然的生物现象。

查尔莫斯则认为心灵包括心理学方面和现象学方面，这种观点直接导致身心关系问题被分为易部分和难部分。心灵的心理学方面导致了许多认知科学问题，关注物理行为与心理学属性之间的联系，没有造成深刻的形而上学之谜；心灵的现象学方面引发了许多哲学分析难题，要求人们思考一种内在的、极具复杂性的身心问题，即客观的物理行为为什么伴随着特定的感觉经验的问题。

这些问题非常棘手，与心理学属性相关的身心问题针对的是所有已经

[①] ［荷］别涅狄克特·斯宾诺莎：《伦理学》，贺麟译，商务印书馆1981年版，第93页。

实现的意图和目的，但是与现象学属性相关的身心问题却是另一回事情，该问题像往常一样令人困惑，物理学与认知科学的最新进展依然无法阐明认知功能主义如何以及为什么总是伴随着意识经验。换言之，关于心灵认识的进展完全集中在了行为解释方面，从根本上遗留了尚未触及的意识经验问题，这已经在学界达成了共识。

这里，人们甚至可以把心理学与现象学的区分视为身心问题易部分与难部分二分的重要依据。具体来说，身心关系可以解析为如下两个问题：某一特定的物理行为如何揭示心灵的心理学属性？客观的物理过程如何产生意识经验？实际上，这两个问题可以简单表示为物理学和心理学的联系以及物理学和现象学的联系。对于物理系统如何拥有心理学属性的问题（即身心问题的易部分），人们已经通过心灵的认知计算解释、因果功能分析获得了较好的理解；但更重要的是，回答这些物理事件为什么以及如何伴有特定现象学属性的问题（即身心问题的难部分）。按照《意识与计算的心灵》的作者杰肯道夫的说法，人们可以将这两种身心关系称之为计算方面的心灵问题与现象学方面的心灵问题。举例来说，与疼痛相关的两种身心关系可以明晰地表示为：C 神经纤维激活引发一系列心理反应，同时这些行为刺激总是伴随着相关的疼痛经验。

三 查尔莫斯关于意识"易问题"与"难问题"的区分

从现有的分析来看，依然存在困惑的是与现象学方面相关的身心问题，即物理行为与心灵现象学方面之间的联系，并且理解这一联系是现象意识的核心任务。"意识"本身就是一个模棱两可的术语，它意指许多现象：有时专指一种认知能力，比如自省的能力、报告主体心理学状态的能力；有时同义于"觉醒"，意指主体对事物的感受；有时解释为一种经验行为，即主体对某物是有意识的……因此，为了更好地分辨这些现象，理解它们的内在本质，查尔莫斯在关于意识问题的首届图森大会（Tuson conference on consciousness, 1994）上第一次明确将意识的相关问题划分成"易问题"和"难问题"。

到现在为止，查尔莫斯一直在关注意识的现象学方面，该方面包含先前提到的与心灵现象学属性相关的所有问题。在此意义上，"有意识的"恰恰就说明能够例示一些现象学属性，但这并不是意识的唯一含义，它还可以用来指称各种心理学属性，如可报告性或内省通达性，也就是查尔莫斯所说的"易问题"。

举例来说，你，一个正在写心灵哲学书稿的青年教师，写作累了，出门散步，听到鼓号声音，红花和玫瑰映入眼帘，看着迎亲队伍的前行，一种欣喜、愉悦的感觉油然而生。你这时候思忖：鼓、号等乐器通过振动产生了一定频率的声波，这些声波引起了你耳内鼓膜的振动，这种振动传导至内耳使得听觉神经受到刺激，听觉神经进而把听觉刺激传输至大脑皮层的听觉区，大脑再对这些刺激进行反馈、处理，最后完成了整个听觉过程。视觉也与之类似，太阳或其他光源产生的光照射到诸多物体和这一群人的身上，同样的光线再通过散射、反射等形式进入你的眼睛，聚焦于你的视网膜之中，这些光的刺激经过视觉神经的传导，在大脑某个区域形成影像，你就看到了花花绿绿的衣服和饰物，还有形形色色的人。这种通过认知科学解释的属性可划归为查尔莫斯所定义的心灵的心理学属性，即所谓的意识"易问题"。

下面接着解释一下你在此过程中产生的欣喜感和愉悦感。这种感觉不同于对视觉、听觉系统的还原论解读，它是第一人称的、内在的主观体验，是人经历的感觉起来像什么的相关状态。认知科学在描述听觉和视觉行为时无法给出关于这种感觉体验的解释，它们对于这种主观体验而言是不充分的，查尔莫斯把这种感觉经验视为由心灵的现象学属性引起的意识"难问题"。所以，通过视觉、听觉器官完成的神经活动是一回事情，看到迎亲情景、听到鼓号声时的内心感受或知觉经验则是另一回事情。前者可以通过生理学范式得到说明，后者超出了认知神经科学的解释范围，需要诉诸于主体的第一人称体验。

由此可知，"心灵概念的每一方面都存在问题，关于心理学方面，主要是凭借认知科学解释行为的内在基础（因果进程、活动和属性），这是所有心理学家、认知神经科学家和认知生物学家想要提供的功能解释，查尔莫斯认为与心灵心理学方面紧密联系的问题是意识'易问题'。"[①]

在心灵的现象学方面，心灵被当作伴随心理学状态的感觉，这种感觉

[①] 刘晓青：《意识"难问题"的本质及其深层次问题研究》，《自然辩证法研究》2012年第8期，第22—26页。

被称为主观感受性。比如花朵和玫瑰是什么样子与看到花朵和玫瑰时的知觉经验或情感反应紧密相关，当你看到花朵和玫瑰时，就会不自觉地产生一种耀眼、欣喜的感觉，这种感觉就是意识经验或感受性，你内心的愉悦和兴奋正是这一感受性的体现。问题是你如何获得看到花朵和玫瑰时所产生的意识体验过程呢？这种内在的主观体验究竟是如何显现的？它的存在为什么总是伴随着特定的心理学状态？在查尔莫斯看来，"解释这些现象性质的问题恰恰是解释意识的问题，这就是身心关系中的真正困难之处。"[①]

在提出和思考意识"难问题"的过程中，有若干问题需要回答，比如，主观经验或感受性到底是什么？它们为什么存在以及如何产生？心灵的现象学属性与心理学属性的本质差异是什么？它们之间的关系是不断变化的还是恒定不变的……这些困惑都是围绕意识"难问题"萌发出来的。从本质上来说，意识"难问题"超越了它所依赖的功能还原信息（如认知计算信息、生物神经信息等）。

关于意识"易问题"与"难问题"的讨论使得心灵哲学领域出现了两种不同的认识：一部分学者（以丹尼特为代表）否定"难问题"，认为不存在所谓的感受性，主张关于"易问题"的说明足以解释世界的各种现象；另外一部分学者声称意识的真正问题就是"难问题"，只有解释更深层次的经验问题才可以说明意识的本质特征。查尔莫斯就是后一观点的典型代表，他强调主体对外部客观世界的独特感觉，主张用觉知和心理学属性概括所有的"易问题"，用现象意识和主观感受来指代所有"难问题"。

第二节 问题的分析

一般来说，心理意识和现象意识等同于意识"易问题"和"难问题"，它们直接对应心灵的心理学方面和现象学方面，二者的本质区别主要体现在："在心理意识方面，心灵以它所作所为（does）的方式描述；在现象意识方面，心灵以它感觉经验（feels）到的方式描述"[②]。

---

① Chalmers, D. J. *The Conscious Mind: in Search of a Fundamental Theory.* Oxford University Press, 1996, p.4.

② Ibid., p.11.

一 意识"易问题"的实质

所谓"易问题",是指"可以直接用认知科学的标准方法来解释的意识问题,比如,辨别、分类的能力;认知系统对信息的整合;心理学状态的可报告性;系统通达自身内部状态的能力;注意力的集中;对行为的有意控制;清醒状态和睡眠状态之间的差异"[①]。"易问题"可以直接采用认知神经生物学或计算神经科学等功能性手段加以分析。在查尔莫斯看来,解释"易问题"的关键在于说明系统的客观功能,即功能实现的机制,基因的解释机制就是一个例子,他说:"在全部更高层次的科学中,还原解释正是以这种方式(说明功能机制)发挥着作用。例如为了解释基因,我们必须具体说明这样的机制,它储存遗传信息,并把它从一代传递给下一代。"[②]

查尔莫斯将意识"易问题"分为如下七类:(1)醒的状态:这里的心理学意识经常同义于"醒着";但当你睡着时,你还是有意识的,因此醒的状态可通过信息处理加以功能分析,它不同于现象学意义上的意识。(2)内省:内省是通过恰当使用信息以实现对心理学状态通达的过程,借助此过程你能够觉察到内在状态的内容,比如饥饿、疲倦等,显然内省是一个功能状态。(3)可报告性:可报告性的阐述与报告心理学状态内容的能力息息相关,它以内省为先决条件,但比内省更具约束力,想象一只猫可以进行内省,但却无法报告其内省结果。(4)自我意识:这一定义指思考自身的能力,思考你作为个人的存在以及你不同于别人的觉知,这种能力仅仅局限于人类和个别高等动物;自我意识可能在通达自我模型或拥有与我息息相关的表征形式的意义上被加以分析,带有功能主义色彩。(5)注意力:这是心理学家谈论的另一个与意识相关的概念,在某种程度上这一概念通过日常运用体现出来。当你注意到某物时,即当你将大部分认知资源用于相关信息处理时,就可以说你意识到了该物。(6)行为的有意控制:当主体有意完成某种行为时,就可以说该行为动

[①] Chalmers, D. J. "The hard problem of consciousness". In Velmans, M. & Schneider, S. (eds.), *The Blackwell Companion to Consciousness*. Blackwell Publishing, 2007, p. 225.

[②] [澳]查默斯:《勇敢地面对意识难题》,载高新民、储昭华主编:《心灵哲学》,商务印书馆2002年版,第365—366页。

作是有意识的；或者说，当行为由先验思想内容以恰当方式引起时，就可以说该行为是有意识的。(7) 知道：当有人了解某一事实（或事件）时，可以说他对该事实（或事件）是有意识的。①

上述这些概念共同诠释了心灵的心理学方面，它们中的许多或者全部都拥有与之相联系的现象学状态。与心灵相关的心理学和现象学属性趋向于同时发生，但不应该合并在一起，不能将上述定义的现象学状态与意识的现象学意义相混淆，比如说存在与自我意识相关的有趣现象学状态，但是与之相比，意识的现象学范围通常更为广泛。

此外，查尔莫斯认为很可能存在"一种与经验本身直接相关联的心理学属性，他将这样一种属性称之为觉知"②。觉知可以被分析为一种状态，在此状态中人们能够通达某种信息，并在行为控制中使用信息；凭借信息，觉知可能以某种特定方式直接产生理解行为的能力，可见它也是一个功能性概念。

依据查尔莫斯的观点，觉知的定义包括意识概念的上述七个心理学定义："醒的状态可以被认为是主体理性对待周围环境的觉知，内省可以被分析为主体对内在状态的觉知，可报告性能够被视为主体对心理内容呈现的觉知，自我意识能够被理解为主体对自身的觉知，注意力可以被分析为主体对事件（或对象）相当高程度的觉知，行为的有意控制是主体对正在发生的行为活动的觉知，知道是主体对事实（或事件）了解的觉知。"③因此，后面在提及心灵的心理学属性时一般都用觉知来加以概括。

在此之前，美国认知心理学家纽厄尔于1992年已经对觉知与意识做过详细的区分，他将觉知描述为一种行为认知能力。对此也可以参照布洛克关于通达意识与现象意识的区分，前者是指附属于心理学状态的、用于某种信息处理的意识；后者强调主观感受，主要关联内在有意识的心理学状态。从本质上来说，通达意识与查尔莫斯所意指的觉知概念相一致，它

---

① 参见 Chalmers, D. J. *The Conscious Mind: in Search of A Fundamental Theory*. Oxford University Press, 1996, pp. 26 - 27.

② Chalmers, D. J. *The Conscious Mind: in Search of a Fundamental Theory*. Oxford University Press, 1996, p. 28. 由于婴儿与动物也具有觉知能力，因此需要明确的是，下文所讨论的觉知基本上都以人类为预设对象。

③ Ibid., p. 29.

们都表明意识的功能性定义可以通过通达概念进行说明。

比如,经常与心理学意识同义的"醒的状态"可以从功能主义的角度予以分析,分析之后会发现这种状态是意识心理学属性的一种表现,它与现象意识截然不同。还有,诸如内省、可报告性以及自我意识等心理学概念都可以从神经生理学的角度得到充分说明。但即使如此,关于这些"易问题"的解释只能表明大脑状态在神经生理学层面上的因果作用,而无法避免"表征""心脑同一论"等问题所带来的困扰,也无法对意识"难问题"做出明确解答。

二 意识"难问题"的实质

意识"难问题"是指无法通过功能还原解释加以说明的现象学性质,它直接关联主体的意识体验,指向现象学本身。"难问题"试图脱离物理层面的自然科学分析,是一种私密的、无法与他人共享的、难以言说的特性,体现出了不可还原的主观性(详细分析见第五章第三小节)。比如说,当你听到一曲优美的轻音乐时,你关注的不是声音与耳朵里的感受器产生的生理反应,而是你内心深处萌发的愉悦感;当你闻到蛋糕房里淡淡的甜香味时,你关注的不是味觉系统的生理功能状态,而是你心中洋溢着的幸福感;当你看到花店里一束束鲜艳的玫瑰花时,你关注的不是花朵与你视觉系统之间的相互作用,而是它们带给你的欣喜感……这种"感觉起来像什么"的东西(有时也被称为经验的现象学性质)即经验的感受性。[①] 感受性指主体心理经验的、与客观对象相分离的现象或属性,是我们感觉和知觉所特有的性质特征。试想当我们在看一个红色的苹果时,该事物给予我们的独特感觉就是感受性,但是认知神经过程为什么以及如何与一种主观的经验特征相伴随呢?这就是意识奥秘的核心问题,即查尔莫斯的意识"难问题"。

其中,罗森塔尔认为一个心理学状态是有意识的,当且仅当存在关于心理学状态的高阶思想,但他的分析可能是对觉知的说明,几乎没有解释

---

① 参见 Nagel, T. "What is it like to be a bat?". *Philosophical Review*, 1974, 83 (4), pp: 435 - 450. Block, N. "On a confusion about a function of consciousness". *Behavioral and Brain Sciences*, 1995, 18 (2), pp. 227 - 287.

现象意识；丹尼特曾用大量篇幅对"笛卡儿剧场"进行了批判，称其为符号加工的架构，具有串行的特点，并由此重新建构了一个详细的认知模型——多重草稿模型，该模型是一个具有并行特点的联结主义架构：大脑具有许多平行的信息处理流，在时间段上的任意一点都会存在各种叙事的碎片或草稿，它们处于不同的编辑状态，不会被派送在大脑的单独位置中加以观察，也不随着刺激的时间顺序而依次出现，但是在它们需要决定生物体行为特征时，它们中的部分或全部就会集中在一起。在此模型基础上，丹尼特试图运用物理立场、设计立场和意向立场对意识进行功能主义解释，但由于该模型主要是关于主体心理学状态言语报告能力的说明，故其只可能产生关于可报告性、内省以及其他觉知形式的解释，而不会提供关于现象意识的解释；阿姆斯特朗仅仅关注觉知的多样性，区分了知觉意识与内省意识，而并未强调由经验的现象学特性引起的问题……因此，就意识的功能主义理论而言，经验本身是成问题的。

"难问题"之难主要由于它不同于生命问题，对生命而言关键是要阐释结构与功能的关系，而"难问题"则不同，它已经不是单纯的功能实现问题了，即使大脑和身体的所有功能问题都得到解释，这一难题依然存在，但这并不是说意识经验不具有功能性，只是强调它关注的经验问题更多超出了功能层面，需要寻找一种有效的非循环论证。作为头脑之中的信息加工过程，人们的认知活动（如思考和感知）通常伴随着一系列的主观经验特征，即托马斯·内格尔所言的"成为……会是什么感觉"。也就是说，"难问题"的本质在于经验问题，当你的认知系统进行视觉或听觉等信息处理时，你会同时拥有视觉或听觉等感觉经验，比如关于红色苹果的经验或者聆听轻音乐的感觉等。

三 意识"难问题"的例示：疼痛状态

笛卡儿在他的第六沉思中试图通过把"我"与我的身体结合为一个单元，并把二者的关系与观察者和观察对象之间的关系进行对比，以此来分析"我"与我的身体之间极为亲密的本性。也就是说，一个人对其身体拥有优先通达性，我的疼痛允许我优先通达疼痛的原因及其原因所在的位置，我们正是凭借视觉、触觉证实或修正了疼痛的神经机制，并最终确定了疼痛的位置，这在心理学家看来是一个较为容易接受的观点。但从逻辑上讲，受伤者似乎不能通过触觉、视觉等感官确定自己疼痛的位置，比如对于没腿的士兵而言，尽管过去或将来他倾向于把脚确定为疼痛位置，但当他了解到自己的不幸时（所谓的腿仅仅是幻肢），他就会取消疼痛发生在脚上的事实，这也说明疼痛定位的事实揭示了我们感觉证据的不可靠性，宣称疼痛发生在脚上仅仅暗示着从因果角度来说疼痛的关键部位在于脚，实际上疼痛并不发生在无腿的士兵所意指的位置。

然而，如果有些东西迫切需要一种经验解释，那么其就是与疼痛相关的现象学内容；关于疼痛的觉知是一种不同于物理世界的、与主观感觉内容紧密联系的觉知，认知主体能够内省地通达疼痛的现象学内容，疼痛状态的体验与觉知能力的演化之间存在某种一致性，觉知过程可以为疼痛的解释提供证据，但疼痛经验的解释不能还原为生理学解释，因为疼痛本身不是一个生理或物理状态，下面这两个代表性论证可以对其进行说明：

（一）内格尔的"蝙蝠论证"

内格尔认为心灵哲学中关于意识研究的一些理论（如行为主义、功能主义等）都未能提供科学的解释，他们对心理状态及其感受性的说明有些牵强附会，无法真正揭示意识经验的本质特征，结果只能是隔靴搔痒。他认为存在某种"感觉起来像什么的东西"，这一主观特征即经验的现象学特征，而且只有进行彻底的革命才能真正揭示意识的奥秘。于是他选择与人类不大一样的蝙蝠进行分析，试图研究"成为一只蝙蝠会是什么样子"的感觉经验问题。

一般情况下，人们总是习惯于通过类比自己的经验来分析他物，蝙蝠没有眼睛，它主要依靠声呐系统感知外部世界，可见它也有心理状态和疼痛经验。可惜的是，即使我们知道它的生理结构，也无法准确说出成为一只蝙蝠会是什么样子，无法将自己的认识经验及其特征强加于关于蝙蝠的研究，因此也就很难认识到它的结构与经验之间的关系。

因此，得出如下结论："主观感受只能从经验主体的主观观点出发，用这种视角去观察才能得到理解，而此观点受其特定的生理结构、神经联系的制约，即使神经学家知道人或蝙蝠的神经结构，但由于经验主体身上具体的神经构型不同，与经验的联系不同，而且本身又在不断重组和变化,因此主观的观点是超越于神经科学的解释力之外的。"① 这也就说明功能主义等物理主义解释不能说明主观经验的现象学本质,主客关系方面仍然存在不可逾越的解释性鸿沟,叔本华将此称之为"世界之结"。

(二)杰克逊的"知识论证"

为了说明解释性鸿沟问题,说明疼痛的非还原解释,还必须运用杰克逊构想的黑白玛丽的思想实验来反对物理主义的两个基本原则,即本体论原则(世界上有且仅有一种事实,那就是物理事实)和知识论原则(物理知识是关于世界上全部事实的知识)。这一思想实验的主要内容是:玛丽从小就待在只有黑、白两种颜色的房间里,凭借黑白颜色的书籍和电视学习外在世界的物理知识,最终掌握了丰富的理论知识,成为一名科学家,这似乎说明物理主义已经完全能解释外部世界。但是杰克逊对此很是怀疑,他认为除物理知识之外,世界中还内含有非物理的实在和属性。由此他设想有一天玛丽离开这所屋子,接触到五彩斑斓的世界时是否学到了新知识?

杰克逊指出,当玛丽看到红色时,她肯定有需要学习的新知识,比如物理知识之外的红色经验,因而他得出了反对物理主义的结论②,认为除物理知识之外,还存在着"看上去像什么"的感觉,同样这也适用于疼痛经验问题,本体论意义上的疼痛经验是不可还原的,疼痛除了与认知神经过程相联系之外,还包含许多内在体验的新知识。

科格希尔等人提道,"与恰好接收到相同刺激的其他人的主观体验的神经联系相比,没有研究资料能够确定这个人关于疼痛的主观体验的神经联系及其特征化。"③ 几乎世界上的所有一切都能被还原地解释,但是疼痛经验例外。疼痛经验的定性组成部分是身体的一种感觉特性,而不是心灵的特征,从还原中排除疼痛经验的现象学特征是不可能的。牛顿也持有

---

① 高新民、沈学君:《现代西方心灵哲学》,华中师范大学出版社2010年版,第597页。

② 尽管杰克逊后来转变了立场,通过表征主义对知识论证进行摧毁,主张现象经验的内容加上表征可以穷尽现象经验的特性。但其对玛丽走出房间之后状态的正面说明缺乏牢靠的论证基础,故认为其反驳无法达到为物理主义辩护的目的。

③ Coghill R. C., McHaffie J. G. & Yen Ye-Fen. "Neural correlates of interindividual differences in the subjective experience of pain". *Proceedings of the National Academy of Sciences* (*PNAS*). 2003, 100 (14), pp. 8538–8542.

形而上学观点，依据将感觉疼痛特性分析为物理对象从属特性的模型，形成了疼痛的知觉解释。以此来看，疼痛是主体身体部位的感觉从属特性，这些身体部位的结合受到了潜在的破坏性刺激。

（三）疼痛状态是对意识"难问题"的典型说明

一方面，我们接受生物进化论的思想：人和生物界的其他物种之间有种系发生的连续性，人脑是生物演化的结果，因此，疼痛状态是一个演化的神经生物学现象；另一方面，内格尔和杰克逊的论证又强烈地暗示了与认识论对应的本体论意义上的经验的不可还原性，即外在行为不能通达内在的意识经验，意识经验只能由特定的主体加以体验，即第三人称的描述不能替代第一人称的具体经验。不难看出，疼痛状态的丰富程度与认知能力的演化之间存在某种相关性，认知的发展理论和比较心理学关于认知的连续性研究都能为感受性的连续性提供某种证明。问题是疼痛作为一种意识经验，我们应该如何具体说明感觉疼痛这一知觉经验的属性和过程呢？具有现象学特征的经验如何可能从物质的神经活动中产生出来？或者说一种特定的现象意识为什么伴随着一种给定的心理状态呢？依据查尔莫斯的观点，关于疼痛的现象学解释恰恰是身心关系的真正困难之处，即我们看待疼痛问题的一些观念因素和形而上学设定，也就是他所提出的意识"难问题"，"难问题"是无法以还原方式加以解释的意识问题，它超出了功能实现的问题，是一项概念工程。

四　形而上学意义上的解释性鸿沟

像其他自然现象一样，意识经验迫切需要解释，但是这种解释不是还原意义上的解释。经验的定性组成部分是主体的一种感觉特性，体现的是心灵的主观特征，从还原中排除意识经验的现象学特征是不可能的。然而，如果依据将感觉经验特性分析为物理对象从属特性的模型，那么最终完成的只能是与意识经验相关的觉知解释，"即指与感知、认识、相信、想象、记忆和体验等相伴的有意识的心脑活动及其表现特征"[1]，而这只是一个认识论层面的问题，根本无法解释意识经验这一本体论事实。可见

---

[1] 刘晓力、孟伟：《认知科学前沿中的哲学问题：身体、认知与世界》，金城出版社2014年版，第22页。

从形而上学的角度来看,"即使凭借我对大脑功能的所有理解,我仍然不能够明白本质上主观的、个人的和不可言说的体验如何能够从真实存在的铅笔和活生生的脑细胞这样一个客观世界中诞生"[①],简言之,大脑的物理认知模型的功能分析与意识经验的出现与解释之间存在着不可逾越的解释性鸿沟[②],功能主义不会是关于现象意识的真理,我们需要将意识自身与关于意识的判断关联起来。

这可以通过疼痛的例子加以诠释,疼痛意识是身体部位的感觉从属特性,这些身体部位的功能受到了潜在的破坏性刺激。一方面,依据生物进化论的观点,将疼痛状态视为一个演化的神经生物学现象;另一方面,内格尔的"蝙蝠论证"和杰克逊的早期"知识论证"又强烈地暗示了意识经验在与认识论相对应的本体论意义上的不可还原的主观性,即外在行为不能通达内在的意识经验,意识经验只能由特定的主体加以体验,即第三人称的描述不能替代第一人称的具体经验。可以说,疼痛状态作为一种感受性,其感觉强度与刺激强度之间存在某种一致性,认知神经生理学关于认知能力的连续性研究能够为感受性的解释以及感觉阈限的确定提供某种证明。

问题是疼痛作为一种意识经验,我们应该如何具体说明感觉疼痛这一知觉经验的属性和过程呢?具有现象学特征的经验如何可能从神经系统的生理活动中产生出来?面对这些问题,我们必须考虑心灵哲学中内含的一致性和完备性,前者指意识的解释要遵循客观的物理解释,后者是指对意识的解释不应该忽略其最本质的东西。也就是说,我们要想一致并且完备地解释意识问题,必须阐明物理学解释与主观特性之间的相互作用问题。

依据查尔莫斯的观点,关于疼痛的现象学解释(人们看待疼痛问题的一些观念因素和形而上学设定)无法通过功能机制进行说明,它是身心关系的真正困难之处,即关于意识的研究无法实现解释的一致性和完备

---

① [英]苏珊·布莱克摩尔:《人的意识》,耿海燕、李奇等译校,中国轻工业出版社2008年版,第5页。

② 列文于20世纪80年代提出认识论意义上的"解释性鸿沟"概念,意指意识经验无法通过我们对大脑的物理的或功能的解释而得到理解,而查尔莫斯的属性二元论认为意识现象学与物理活动之间的解释性鸿沟存在具有形而上学意义,突出了意识现象独立的本体论地位。

性,"在意识经验与纯粹的还原论之间横亘了一条解释的鸿沟"①,但这并不是说二者之间没有任何联系,它们之间至少存在着系统联系,主体经验与大脑内部的信息处理是系统相关的。对此,查尔莫斯从第一人称解释与第三人称解释的角度进行了如下论证②:

(1) 第三人称数据是关于物理系统结构与机制的客观数据;

(2) 低层次的结构和机制仅仅解释高层次结构和机制的事实;

(3) 结构和机制的说明并不能充分解释(主体经验的)第一人称数据。

因此,第一人称数据不能依据第三人称数据得到完全解释。换言之,第三人称的(功能意义上的)心理学状态与第一人称的(意识本体论层面的)心理学状态之间存在解释性鸿沟,即物理层面的功能解释无法提供充分的理由来保证意识经验的出现。

第三节 当代科学中的意识

一 意识与认知科学

从科学哲学的角度来看,意识问题已然成为一个热点研究问题,表现出明显的认知科学取向,认知科学在探索人类心智之谜的过程中扮演着重要的角色,特别是福多、德雷斯基等人的工作对心灵的解释分析产生了重要的影响。

概括地说,传统认知科学研究基本上可以体现为三大纲领:(1)联结主义纲领:主要体现在神经和逻辑两个主题相融合,其核心假设是以信息网络结构模拟主体神经元活动过程。(2)计算(功能)主义纲领:计算机在认知科学发展中发挥关键作用,"计算机是关于符号因果属性和语义属性之间媒介问题的解答"③,如果没有数字计算机,就不会有认知科学。实际上,从某种意义上讲,狭义认知科学专指 20 世纪 90 年代提出的

---

① Levine, J. "Materialism and qualia: the explanatory gap". *Pacific Philosophical Quarterly*, 1983, 64 (4), pp. 354 – 361.

② Chalmers, D. J. "How can we construct a science of consciousness?". In Gazzaniga, M. (ed.), *The Congnitive Neurosciences* Ⅲ. The MIT Press, 2004, p. 1112.

③ Fodor, J. A. *A Theory of Content and Other Essays*. The MIT Press, 1990, p. 23.

心灵计算理论（CTM）。CTM 追求的是智能的机器，其基本主张是：认知状态呈现出具有内容的心理表征的计算关系；认知过程（认知状态的改变）是具有内容的心理表征的计算操作。（3）自然主义纲领：把认知科学研究的主要对象视为自然界的一部分，认为心理与意向性从根本上说是客观的因果现象。

受惠于认知科学的发展，意识问题可以进行外在功能研究，如对环境刺激的反应、心理状态的报告、认知行为的控制等，但这似乎在感受性问题上产生的成效并不大。例如，关于认知系统对信息的整合能力，只要我们能够找到系统实现这一能力的机制，就会获得对它的解释。而对于感受性，例如疼痛，即便我们找到了与疼痛相关的功能机制和生理条件，如 C 神经纤维的激活，疼痛依然无法得到完全解释，在关于疼痛的功能解释与经验解释之间存在着一条"解释性鸿沟"。

二 科学地研究意识问题

在心灵科学领域，意识问题就是"斯芬克斯之谜"，正如内格尔所言："在世界、生命及我们自己这些问题上，依然存在某些无法依据一种最客观的立场加以充分理解的事物，不管在我们的起点之外它会把我们的理解扩展到多远。大量的东西本质上是与特殊的或特殊类型的观点相联系的，而且试图用超然于这些视角的客观词项对世界做完整的描述，不可避免地会导致错误的还原，或者导致人们完全否认某些明显真实的现象确实存在。"[①] 意识如此神秘，但是我们对其仍须坚持乐观态度，始终坚信不久的未来我们会攻克这一难题。而在向此目标前进时，有一个原则是我们必须要明确的：科学地研究意识问题。

首先，要正视意识是一个科学问题。作为一种自然性质，意识问题要以自然科学为突破口，融入自然世界中探寻其位置和发生机制。其次，要关注当代科学的最新进展。心灵哲学是当前诸多学科交叉、整合后呈现出来的研究领域，意识作为其核心问题，要想得到恰当解释，就必须从各门具体科学中寻找解决之道，关注当代科学理论发展的最新成果。最后，要

---

① ［美］托马斯·内格尔：《本然的观点》，贾可春译，中国人民大学出版社 2010 年版，第 26 页。

做到科学方法与哲学方法相融合。一方面，在展开分析之前做到高屋建瓴，以一定的世界观为依据，确立科学研究的哲学方法，获得对基本原理、观察数据的哲学理解；另一方面，要不断丰富科学方法论，拓宽研究思路，考察意识研究中的科学实践，获得对基本现象的规律性认识。

第三章　对意识经验的分类及其不同解释

"关于它可能是什么，我们不可能形成一个图示化概念。在每一种情况下，这些经验也有独特的主观特征，对之进行设想，超出了我们的主观能力。"①

——托马斯·内格尔

第一节　意识经验的分类

意识经验是主体独特的内心体验，具有丰富性与私密性。关注意识经验如同开启了人生的寻宝之旅，关注越多越发觉得神奇，一心想要看到结果。分析问题先从概念入手，首先有必要对意识经验自身的概念范畴进行大致的梳理，给出一个粗略的、不完整的分类。大体来说，意识经验包括林林总总的感觉经验、与众不同的情绪经验、自然而然的思想经验和超越外物的自我经验。诚然，除此之外，关于梦境体验的定位与认识也需要不断修正和完善。

一　感觉经验

顾名思义，感觉经验是主体凭借身体各器官和组织系统对事物现象进行摆弄、揣度乃至认知而获得的，可描述为"感觉起来会是什么样子"，即谈论意识经验时的主观品质，意在发觉事物现象对主观世界产生的刺激作用与影响。

---

① ［美］托马斯·内格尔：《成为一只蝙蝠可能是什么样子?》，载高新民、储邵华主编：《心灵哲学》，商务印书馆2002年版，第110页。

(一) 视觉经验

视觉经验是最为寻常的一种感官经验，是主体从外部事物的形状、大小和光泽度等方面获取的间接性经验性质，比如书桌上玻璃水杯呈现出来的晶莹透亮感，公园迎春灯展带来的梦幻炫丽感，衣橱里整齐摆放的衣物刺激萌发的舒心惬意感。但是这可能只是某一具体行为者所感受到的，对于不同的主体，当他们面对同一事物时往往会产生不同的视觉经验。比如当人们将镜头对着一盆鲜活的绿植时，一部分人会关注绿植整体的生长状况，会用相机留住它生机勃勃的样子，因为这激发了人们心中内在的生命激情；当然也有一部分人会专注于绿植的一片枯叶，欣赏它略感萧瑟的沧桑美，因为这才更像是真正的人生，与人们索日里的生活体验形成共鸣。为什么面对同样的事物，人们会有截然不同的现象体验？为什么不同的观察者会感觉到绿植代表两种不同的东西？我们怎样才能准确地向别人表达绿植赋予主体的经验价值？除了颜色带来的刺激以外，两个人同时面对有深度的事物也会带来不同的体验，比如当二人同时对着头顶上的星空，其中一人可能会赞叹星空的浩瀚和宇宙的神奇；另一人则可能会始终保持警醒，生怕有飞来横祸，而我们作为旁观者无法真正获得行为主体的内在体验。

(二) 听觉经验

耳朵也是感知世界的重要窗户，但与视觉经验相比，声音似乎没有相应的外在结构，它的呈现更多是一种传输过程。比如最为熟悉的音乐体验，音乐已然成为社会生活的重要组成部分，无论是阳春白雪还是下里巴人。优雅抒情的轻音乐可以净化人的心灵，提升人的精神境界，简明通俗的民乐能够唤醒人们朴素的乡土情怀，发挥娱乐消遣的功能。更有甚者，很多视觉器官受损的主体主要通过听觉来分辨事物、认知世界，他们可以通过声源、强度、频率等信息来把握外部世界，这也是盲人的听觉要比正常人敏锐的重要原因。

(三) 身体经验

身体经验是一种直接的、内在的、难以言说的意识体验，作用机制具有神秘性，无法用物理的东西加以解释，瘙痒、口渴、饥饿、疼痛等身体感觉便是例证。这里以疼痛为例进行说明：疼痛作为一种定性的、特定的感觉，是身体中最明显的直接性感觉，他完全不同于疼痛的日常概念，区别于视觉、听觉等间接性经验。为了更好地区分这两种感觉，我们可以用下述两个句子加以说明：（1）我看到某人右手背上的瘀青联想到了疼痛感；（2）我感觉到了带有瘀青的右手背上的剧痛。表面看来，两个句子具有近似的语义结构，实则二者却指向了不同的经验，前者是关于事物的间接性视觉体验，后者是关于主体的直接性经验报告。就内省经验而言，有机体内在的疼痛感受与外部行为及其反应之间存在认识论意义上的解释性鸿沟，前者不能通过后者来理解，我们无法将 C 神经纤维的激活等同于意识经验层面的疼痛。

（四）其他感官经验

一个正常的人必须能够感知到色、香、味、声、形等多种刺激，而这不能仅凭视觉和听觉器官加以实现，还需调动其他感觉器官形成嗅觉经验、触觉经验、味觉经验等：想象一下满园春色芳香扑鼻，满屋食品腐烂恶臭；想象一下全身放松躺在松软床垫上的感觉，双手伸进热油锅的恐惧；想象一下四川火锅的麻辣鲜香，椰蓉蛋糕的香甜美味……这些定性经验同样说明存在着某种"感觉起来是什么样子"的独特感受。

二　情绪经验

认知科学研究通常有两种基本方式，一种称为"干认知科学"，其主要借助计算机完成认知实践；另一种称为"湿认知科学"，其主要通过真正的大脑完成意识体验，感觉和情绪就是"湿认知科学"策略的具体表现。何为情绪体验？情绪体验是一种心灵状态，是人们如何经验世界以及自我觉知的重要组成部分。具体而言，就是看贺岁片时内心洋溢的喜悦，连续几天加班后的低沉倦怠，运动会进行曲激发出来的热情，上台演讲时显现出来的紧张等，这些情绪渗透了神秘的意识体验，可以概述为精神的意识特性。

一般情况下，情绪与认知紧密联系，二者相互作用并都与世界打交道，这主要缘于二者都体现了意向性特征。布伦塔诺于 19 世纪确立了意向性问题，即关于某人（某事或某物）真实或者想象的说明。一个人直觉到或想到的事情会对其情绪产生作用；反之，一个人的情绪状态会影响他的直觉判断或心理欲望。

三 思想经验

当我们思考或想到某些具体的事物现象时，关注点是事件本身，而并非其蕴含的特定经验，然而，在此过程中事物、事件等外在现象会引导主体的意识流联系到某种主观经验，这就是所谓的思想经验。举例来说，当我们想到元宵节放假这天要去拜亲访友时，除了会想到农历正月十五这一标识，还会联想到种种欢快喜悦的佳节情景，如看到数十架无人机在上空表演时的惊叹，看到五彩烟花在广场上空绽放的欣喜，赶上全家共聚同吃团圆饭的喜悦与满足等，这些就是意识到的思想经验。

四 自我经验

从古希腊时期苏格拉底提出"认识你自己"以来，自我经验问题就成为心灵哲学中历久弥新的话题。自我经验的本质究竟是什么？关于一个人的什么事实使得他在经历了种种变化之后仍能够使得他始终是一个人呢？这类问题困扰了自笛卡儿以来的思想家，他们纷纷依托自身的体验和反思对自我经验问题进行具有时代意义的逻辑分析，共同为现代心灵哲学的发展设定了一个形而上学论题。

笛卡儿是近代哲学史上第一个把目光重新转向"自我"的人。用黑格尔的话说就是，"哲学一下子转入了一个完全不同的范围，一个完全不同的观点，也就是转入主观性的领域，转入确定的东西"[1]。自我经验在某种程度上就是自我现象学，从现实角度来看，当意识到"自我经验"对你的思考会造成哪些困惑时，你就可以体验到一种新的精神觉悟。[2] 例如，所谓冥冥之中对未来的预见，对意识而言，这种自我经验是最基本的组成单元，当其他感觉经验消失以后，它依然会存在。在此意义上，意识经验状态常常会表现出一种"自我性"。

诚然，这几类意识经验并不是泾渭分明的，现实生活中存在的大多是复合经验，思想经验内含着丰富的感觉经验，而感觉经验又常常与情绪经

---

[1] [德]黑格尔：《哲学史讲演录》第 4 卷，贺麟、王太庆译，商务印书馆 1959 年版，第 69 页。

[2] [美]韦恩·戴尔：《神圣的自我：如何释放内在能量、寻求高层次自我》，袁静译，天津社会科学院出版社 2009 年版，第 122 页，有改动。

验相融合。比如，当你回想"交响乐"的定义时，心中往往会联想到欣赏四小天鹅交响乐时内心不由自主萌发的欢快感；当你思考西班牙的民族精神时，心中常会感觉到英姿飒爽的西班牙斗牛士身上蕴含着的热情奔放，这就是不同意识经验之间微妙的相互作用。

一些哲学家还主张存在这样的意识经验，比如突然记起某件事情或者理解一个故事的内心体验，也可将其看作伴随着记忆和理解的多种多样的知觉或体验。

五　梦是一种意识体验吗？

在日常生活中，身心问题的难部分实际上指的是人的意识，也就是说除了把意识归结到心理状态之外，还可以直接将其归结到人。人是意识的唯一主体，那么人在做梦时是否具有意识？

目前关于梦的解释尚未达成共识，粗略地讲，梦是人们在睡眠状态下的行为活动。我们经常会有这样的经历：一觉醒来，我们隐约记得自己做了梦，但仔细想却什么都想不起来。有人解释说这是因为梦根本就不是一种意识经验，主体当时并没有切身体验，所谓梦境只是编造的幻觉；也有人持相反观点，认为做梦本质上就是一次精神体验，做清醒的梦[①]就是最典型的说明，而通常无法回忆起梦境内容只能说明这是对梦的健忘。

梦真的像其本身那样发生吗？心理学研究成果表明："大脑在四个非快速眼动睡眠阶段中循环往复，首先通过阶段一到阶段四，然后回到第一阶段，接着进入快速眼动睡眠时期，这种模式一晚上会重复四五次。"[②] 在快速眼动睡眠阶段，主体会承认自己在做梦，但在非快速眼动睡眠阶段，人们往往会认为自己是在思索或揣摩某件事。因此可以说，目前人们对梦的生理机制与认知过程有着科学、深入的剖析，但就其是否是一种具有私人性的意识状态尚需考察研究，不能过早给出结论。

[①] 清醒的梦是指人在做梦时就知道这是一个梦，而且梦境不会荒诞离奇，因为做梦的人感觉自己处在清醒状态，有时甚至可以凭借自己的意念改变梦境的进程和内容。比如在梦到集体出游时，突然由于外界或自身因素中断梦境，做梦者会处于短暂清醒状态，当再次进入睡眠状态时，做梦者会有意识地按照自己的意愿延续梦境，梦到与朋友们一起在普吉岛上畅快游玩。

[②] ［英］苏珊·布莱克莫尔：《意识新探》，薛贵译，外语教学与研究出版社2007年版，第238页。

第二节 对意识"难问题"的不同解释及查尔莫斯观点的提出

通过对意识"难问题"进行详细分析,我们认识到要想探索意识的本质问题,需要从还原解释开始,因为意识还原解释的几种路径可以展现出富有时代特征的新内容,意识"难问题"是所有自然科学理论形式所必须面对和加以解决的关键问题。就还原解释而言,主要有巴尔斯、丹尼特、菲利普·约翰逊—莱尔德和蒂姆·夏利斯的认知模型解释,克里克和科赫、杰拉尔德·埃德尔曼神经元层次上的解释,罗杰·彭罗斯的量子力学解释。此外,内格尔和麦金的"难问题"无解论,丘奇兰德夫妇、斯蒂克和热文斯克罗夫特关于"难问题"的取消论立场,也都从认知神经科学方面剖析了意识"难问题",对"难问题"解释方案的分析符合当下心灵哲学发展的旨趣——调和科学观念与常识信念,有助于人们澄清有关心灵本质的许多问题,为查尔莫斯提出新的解决思路提供了丰富的理论背景,在本书的写作过程中起着承上启下的作用。然而,他们都未能从根本上解释意识"难问题",只是围绕着"难问题"打转,并没有说明为何会产生意识经验,仅有的区别就是有人走得近一些,有人走得远一些。

一 意识"难问题"的还原解释

(一)意识的认知模型解释

首先,认知模型在解决认知科学的大多数问题时起关键性作用。通过展示与认知进程相关的因果机制的模型,我们能够解释认知主体行为的因果作用,由此为心理学现象(如学习、记忆、知觉、行为控制、注意力集中等)提供有价值的解释。从认知模型可以看到如何实现特定的功能,但功能的实现对于意识的解释而言是极其不充分的。对于每一个认知模型而言,都存在着模型的实现为什么应该伴随着意识经验这样的深层次问题,而这却无法依赖模型的描述和分析来回答。换言之,不管认知模型能否被例示,都始终伴随着意识问题。但是不可否认的是,这些模型只能解释心理学意义上的意识(在这里,意识被视为某种认知或功能性能力),而根本无法从本质上清晰地阐释意识"难问题"。下面以几个认知模型为例进行具体说明：

1. 巴尔斯提出的认知模型

在《意识的认知理论》[①] 中，他把意识解释为一种智能信息处理器分布式系统中的全局工作空间。具体来讲，当处理器通达全局工作空间时，它们为整个系统传达一种信息，使得全局工作空间的内容成为意识内容。巴尔斯使用这一模型去解释人类进程的大量属性，可以说为主体通达信息的解释以及其在注意力集中、可报告性、自发控制、认知系统中对信息的整合，甚至在自我概念形成的重要地位的解释中提供了一种具有启发意义的框架结构。因此，全局工作空间框架适合解释心理学层面的意识，可以说明存在觉知的普遍理论。

但是，在这里我们只能认识到意识经验是可以认知的，而根本无法证实意识经验的还原解释，这些过程为什么应该产生意识经验的问题也完全没有得到强调。依据这一理论有人可能会假设，经验的内容仅仅是工作空间的内容，但是尽管如此，也没有什么内在于理论的东西能够说明全局空间中的信息为什么能够被经验，最好的答案莫过于这些信息是可以全局通达的。但是现在问题会以另一种方式被提出，即全局通达性为什么能够产生意识经验？可惜的是这一衔接性问题在巴尔斯的工作中并未得到强调，他只是给出了以意识为基础的认知过程的有趣路径。

2. 丹尼特的意识认知模型

塔夫茨大学的哲学教授兼认知研究中心主任丹尼特在《走向意识的认知理论》[②] 一文中提出了"盒子—线条"模型：这是一个关于机器人如何识别盒子和线条的模型，它由各种模块之间的信息流解释组成，该模型的关键是：（1）知觉模块；（2）从知觉模块接收信息的短期记忆存储 M；（3）通过问答过程与记忆存储相互作用的、能够把注意力指向知觉模块内容的控制系统；（4）从控制系统中接收语言行为命令，并将这些命令转变为公共语言表达式的"公共关系"单元。这种模型可以提供可报告性解释，即具有报告我们内在状态内容的能力；还可以提供产生与行为控

---

① Baars, B. J. *A Cognitive Theory of Consciousness*. Cambridge University Press, 1988, pp. 88 – 97.

② Dennett, D. C. "Toward a cognitive theory of consciousness". In Dennett, D. C. (ed.), *Brainstorms: Philosophical Essays on Mind and Psychology*. The MIT Press, 1980, pp. 149 – 173.

制有关的、对我们内在状态进行内省的知觉信息的解释框架,但其并没有告诉我们为什么应该存在看起来像经历认知过程的系统那样的东西。

此外,丹尼特还将大脑中发生的一连串信息反应视为论文的"多重草稿"①,通过建构更为全新的认知模型提出了自己的意识理论,该理论涉及了一个重要概念——觅母。"多重草稿模型"否定"笛卡儿剧场"的自我观察者,主张认知系统由许多小行为主体组成,它不存在关键的控制中心,但存在同时产生影响的多重渠道。丹尼特认为,"人的意识本身就是觅母(或更准确地说,是大脑中的觅母效应)的大型复合物,最好把它理解为一台'冯·诺依曼型'虚拟计算机的运作,而这种运作是在并非为任何这种活动而设计的大脑的并联建构中执行的"②。可见,丹尼特试图在功能主义框架下解决问题,指明有意识的心灵是程序性问题,意识是在并联机器中实现的虚拟计算机程序的觅母复合物。

不像提出认知模型的大多数人那样,丹尼特明确主张"多重草稿模型"能够解释与经验相关的被解释的一切;特别是,他认为要想解释意识,一个人仅需解释诸如可报告性和行为控制一类的功能现象就可以了;有时似乎他还承认,有人一旦解释了各种功能,那么他就解释了一切。为此,他通过认知科学、进化生物学、人工智能中的联结主义对该解释进行了补充。无论这一解释多么复杂,都会最大程度地导致与先前解释相同的难题。如果该模型成功了,就会为可报告性等认知活动提供完美的解释,同时也可以提供与注意力相关的更具潜力的解释。然而遗憾的是,这一模型同样未能告诉我们在这些认知能力的作用下为什么应该以及如何产生意识经验。

3. 约翰逊—莱尔德的意识计算解释模型③

约翰逊—莱尔德主张意识经验的来源是一个在平行处理器之上的认知"操作系统",该系统可以获得自我模型,能够在模型之内递归地嵌入其他模型。总的来看,模型的自我塑造似乎非常接近于自我意识的解释,接

---

① 参见[美]丹尼尔·丹尼特:《意识的解释》,苏德超、李涤非、陈虎平译,北京理工大学出版社2008年版,第115—153页。

② Dennett, D. C. *Consciousness Explained*. Little, Brown and Company, 1991, p. 210.

③ 参见 Johnson – Laird, P. "A computational analysis of consciousness". *Cognition and Brain Theory*. 1983 (6), pp. 499 – 508.

近于认识我们内在状态的能力的解释。该模型中"操作系统"的定义为我们的行为控制以及获得正在执行的特定信息提供了非常有趣的框架解释,可惜的是这里也没有说出应该有意识地经验的东西,的确,约翰逊—莱尔德完全搁置了现象意识问题。

4. 夏利斯关于意识的两种认知模型

第一个模型主要体现在《意识的双重功能》① 一文中,设想大脑包含许多行为系统,但仅有其中一个就可以在既定时间内最大程度地激活大脑。每一个行为系统都有一个特定种类的输入,即选择器,这一输入有两个功能:它决定该行为系统是否能成为决定性的,它决定是否可以设置行为系统的目标。夏利斯将意识内容与具有主导性的行为系统的选择输入器等同起来。在《当代科学中的意识》② 和《从神经心理学到心理结构》③ 这两部著作中,夏利斯提出了意识的另一个认知模型,它调用了计算机的监控系统和语言系统,并与各种认知模块紧密相连。这一模型非常适合解释一个主体对信息的选择性获取及其他在行为控制中发挥的作用。因此该模型被认为是对心理学意义上的觉知的解释,或者是对布洛克提出的通达意识的解释。

在第一个模型中,夏利斯通过阐述结构中的特定同构性,间接论证了选择输入器与意识相等同,进而阐明了认知过程中信息加工与意识活动互相耦联的模型。同构性并不奇怪:觉知内容与意识内容之间存在特定的平行关系。但至此仍然无法获得为什么通达过程能够产生意识的解释。到了第二个模型出现时,夏利斯仅仅谈到了信息处理模型中的意识与其状态之间的"对应",并说明了真正建立这一对应的重要性。然而,问题的关键在于这两个模型中的确没有什么可以解释经验存在的根本原因。

通常来说,伴随着这些认知模型,我们可以解释心理学现象(如学习、记忆、觉知等),可能得到特定心理学进程与意识经验之间的对应关系。心理学现象可以被还原解释,但是经验则不能。尽管存在某种对应,但处理过程并未告诉我们这一对应为什么成立;虽然可以明确阐述信息处

---

① Shallice, T. "Dual functions of consciousness". *Psychological Review*, 1972, 79 (5), pp. 383 - 393.

② Shallice, T. *Consciousness in Contemporary Science*. Oxford University Press, 1988.

③ Shallice, T. *From Neuropsychology to Mental Structure*. Cambridge University Press, 1988.

理与心灵心理学方面的关系，但是心灵的心理学方面与现象学方面之间的联系依然成问题，对心理学状态发挥效力的还原解释似乎在现象学状态的解释中并不起作用。

（二）意识的神经生物学解释

意识的神经生物学路径在20世纪末比较流行，像认知模型一样，这一路径也只能更多地为心理学现象（如觉知的不同类型）提供解释，告诉我们一些与意识相联系的大脑进程的事情，而无法阐明这种联系本身，不可能给出大脑进程为什么应该产生意识经验的内在原因。简言之，联系在神经生物学的解释中仅仅是一种无理性的事实。

从方法论的观点看，一个人如何形成神经生物学的理论是不明显的。那么，一个人究竟是如何完成自然进程的发现与意识之间关系的实验呢？经常发生的是，理论家暗中依赖意识的某种心理学标准（如注意力的集中、行为的控制，特别是口头报告内在状态的能力等）。可以说，当一个人关于意识的理论进展非常顺利时，他就会意识到某种神经生理学属性将很快被举例说明。但是即使这样，也无法得到意识的还原解释，一个神经生理学的解释至多能够阐明与意识相关的心理学属性如何被举例说明，而关于讨论中的心理学属性为什么应该伴随意识经验的问题依然被搁置。

1. 克里克和科赫的40赫兹振荡假说

著名科学家克里克和科赫提出捆绑问题说明神经元系统在接收信号的实验过程中能够展现意识，控制整个心智生活。面对意识"难问题"，克里克和科赫表现出同情的态度，他们将其称之为"心灵的神经观点面临的主要难题"，他们非常重视脑部神经层面的研究，认为纯粹认知层次的方法是不成功的，需要神经生物学理论加以补充。

克里克试图把意识问题还原为典型的现代神经科学问题，为此他提出了"惊人的假说"理论，认为"你的喜悦、悲伤、记忆和抱负，你的本体感觉和自由意志，实际上都只不过是一大群神经细胞及其相关分子的集体行为。"[1] 他声称不要给意识下精确的定义，"过早下定义是危险的"[2]，

---

[1] ［英］弗朗西斯·克里克：《惊人的假说：灵魂的科学探索》，汪云九译，湖南科学技术出版社2007年版，第3页。

[2] 同上书，第25页。

主张站在反功能主义立场上，运用纯粹神经生物学的研究模式来对意识进行还原解释。

具体来说，克里克和科赫反对运用内省和思辨的传统方法，坚持用科学的还原论来探索意识经验的产生及其本质。他们选择视觉神经为突破口，以"seeing"的生理学研究为基础，借助捆绑问题解释意识。具体来说，捆绑问题是指神经元系统中的细胞共同充当一个整体并发挥作用，这些神经元放电的节律通常在40赫兹范围内，40赫兹振荡[1]是意识经验具有的基本神经特征，因为证据表明这些振荡在将不同信息捆绑成一个统一体的过程中起着关键作用。一个事件的两种不同信息（举例说一个物体的形状和位置）可能会分别表征出来，但是这一理论主张考虑到信息被捆绑在一起并储存在工作记忆中，那么独立的神经表征在振荡中可能拥有共同的频率和相位。在此意义上，不同类型的信息可能被融入意识的内容之中。据他们分析，"意识主要依赖于丘脑与皮质的连接，仅仅当某些皮质区域具有回响回路并具有足以产生明显的回响的强投射时，意识才可能存在。"[2]

如此看来，尽管该解释通过假设捆绑与意识之间的联系找到了落脚处，但其只提供了部分答案，因为这些振荡只是捆绑的原因，至于为什么捆绑自身应该伴随经验的问题并未得到解决。也就是说，克里克和科赫并未谈及感受性问题，没有说明视觉系统中定量描述的神经元细胞的综合作用如何引起定性的感觉经验，即捆绑如何获得意识经验的细节是难以理解的，知觉信息如何被捆绑在记忆之中，为什么捆绑和存储能够产生经验等问题依然存在。事实上，他们是在假定了捆绑和意识经验的联系的基础上进行理解的，而这与解释这种联系是不相关的，故他们的理论无法就联系本身做出解释，没有给出任何理由让我们相信他们的理论比上述的认知理论更适合处理经验问题，意识"难问题"依旧无法解决。

---

[1] 克里克和科赫推断连接丘脑和皮层神经线路中的40赫兹（每秒40次放电）的神经元放电是解释意识问题的关键所在，参见［美］约翰·塞尔：《意识的奥秘》，刘叶涛译，南京大学出版社2009年版，第21—23页。

[2] ［英］弗朗西斯·克里克：《惊人的假说：灵魂的科学探索》，汪云九译，湖南科学技术出版社2007年版，第300页。

2. 埃德尔曼的再入绘图解释

为了阐明捆绑问题，埃德尔曼基于神经生物学理论，在《记忆中的礼物》[①]中以范畴分类为出发点提出了新神经生理学视角下的意识理论。他最重要的贡献体现在两个方面：一是提出"地图"概念，每一张"地图"都相当于一张精细的大脑解剖图，上面画满了复杂的神经元，这些神经元借助自然选择机制，实现优胜劣汰；二是提出了"再入"思想，也就是神经元信号之间错综复杂的传送过程。大脑要想产生意识，就不得不发展出感知范畴，这些范畴包括大小、形状、颜色、位置以及整个对象。在实验过程中输入多项刺激时，大脑会在给定的"地图"中选择相应的神经元，这些神经元通过再入通道相互传递信息，以便逐渐弄清其特性，比如形状、移动等。久而久之，就会得到埃德尔曼眼中的"全局绘图"，从而指导和协调生物体的感知与行动。按照埃德尔曼的观点，对于初级意识来说，下述三个要素是其充分必要条件：大脑的自我—异物型分类系统、与过去评价范畴相关联的用于评价的记忆系统以及实现分类与记忆之间再入性关联的学习系统。此外，大脑还需在此基础上对各种事件进行时间排序，最终通过"全局绘图"将这些片段连接为整体，形成初级意识。整体来看，埃德尔曼理论的中心内容涉及凹入式神经回路，该回路是一个相互作用过程：一方面，在知觉信息对记忆产生作用之前，通过这一回路可以从概念上将这些知觉信息范畴化，进而通过知觉信息与内在状态之间微妙的相互作用产生初级意识，换言之，"初级意识来源于过去评价—范畴联系与通过全局绘图范畴化的当前世界输入之间的实时交互作用（但是要在这些绘图的组成部分被内在状态改变之前）"[②]；另一方面，这一回路在产生初级意识的同时，不断使自身得到优化，通过"语义学的引导指令"产生新的记忆内容。

从《记忆中的礼物》的大部分内容来看，埃德尔曼指明在初级意识之上存在着高级意识，但他主要致力于在自然科学的背景下阐释初级意识，认为它是"一类特殊的形态结构（丘脑皮层系统的再进入网络）和

[①] Edelman, G. *The Remembered Present: a Biological Theory of Consciousness.* Basic Books, 1989.

[②] Edelman, G. *The Remembered Present: a Biological Theory of Consciousness.* Basic Books, 1989, p. 155.

环境相互作用时表现出来的动态性质"①。而他提出的模型最终也只可能解释：（1）知觉觉知，即与后来的进程及行为控制相关的知觉进程的影响；（2）自我意识，特别是自我概念的起源。正如先前所言，由于这一理论是以联系的假设为基础，所以非常清楚，在大多数时间中，埃德尔曼只是主张解释成为意识基础的过程，而并不主张解释为什么所有过程会产生意识经验。比起克里克和科赫，他能够意识到感受性，但却没有解释为什么这样的大脑具有觉知，能够担负产生意识的重任，可以说他尚未能够提供出经验的还原解释。可贵的是，埃德尔曼非常坦诚地承认现象经验是意识理论中最困难的问题，但是没有任何物理理论能够帮我们解决感受性问题，这就说明了感受性问题是分析意识经验的一个突破口。

（三）意识的量子力学解释

彭罗斯主张借助哥德尔定理和量子力学来解释意识的产生。因为在他看来，只有先剖析这些科学成就，才有资格谈及意识与计算机的关系。他反对强人工智能，主张计算机就是符号控制的装置，尽管它能够模拟神经元，却不可能模拟有意识的主体，也无法具有神经元突现意识的生物学机制。神经元与计算机的符号系统具有决定性差别：神经元是通过特定生物机制因果地行动，从而引起意识和其他心智现象的，而计算机主要依赖于形式化的语法计算，无法模拟人类的意识。

彭罗斯想通过哥德尔定理直接论证"人心超过计算机"，说明计算机不包含任何语义内容，而意识不是形式化的，其内容是充满理解力的，不能简单等同于数学算法，计算机只是强人工智能所钟爱的论证工具而已。对此，他通过"深蓝"的例子说明这种下棋程序并未模拟人类心理，它只不过是一种无意义的符号操控计算，他断定"意识的外在显示当中至少有一些不同于计算的外在显示"②，从而有力地反驳了心脑同一论、计算功能主义等观点。

早在20世纪60年代，牛津大学哲学家卢卡斯就有过论证，人们的真理性认识不可能只是通过计算机算法得到，人们并不是只具有计算机功能

---

① ［美］杰拉尔德·埃德尔曼、朱利欧·托诺尼：《意识的宇宙》，顾凡及译，上海科学技术出版社2004年版，第261页。

② ［美］约翰·塞尔：《意识的奥秘》，刘叶涛译，南京大学出版社2009年版，第46页。

的机器。后来彭罗斯指明人的智力层次不可能仅仅依据于计算机中执行的数学程序，并以此为基础回应了普特南的质疑。换言之，关于人的意识的分析使用了数学算法，但不能以此说明其存在于数学算法之中。

在对计算模拟失望之后，彭罗斯在《心灵的幽灵》①中讨论了大脑和意识的关系问题，提出了新的出路，他极力呼吁可能存在一种新的物理学理论，通过这一理论可能阐明意识的出现。由于几乎所有现存的物理学解释都受到量子力学的困扰，因此量子力学在很大程度上会成为一种新物理学解释。他把意识经验视为一种时空特质，认为量子力学能够对此进行说明。

如此一来，人们就会想看到这样的新物理学理论（量子力学）如何蕴含意识的存在问题？若该理论包括场、波粒子以及相似性结构和机制的描述，那么它将适用于所有一般性问题，关键是量子力学可能会与其他任何形式的物理学理论大相径庭。

回到彭罗斯的观点，哥德尔定理表明了人的心智内含复杂的不可计算性，人的意识无法通过计算获得，只能依附于不可计算的量子力学，理解意识的关键可能在于将量子理论与一般相对论调和起来，坍缩中的非算法元素可能解释数学洞见中的特定方面，这与哈默罗夫的观点有着一致之处。哈默罗夫主张人的认知可能依赖于微小管中的量子坍缩，重叠波功能的坍缩可能有助于解释人类做决定的特定方面。②可见，他们二人都认为微小管中的量子坍缩可能是意识经验的物理基础，这些观点至少能够解释人类认知功能的特定内容。此外，彭罗斯还发现了神经元内部的"细胞骨架"结构，提出了一种理论假说："意识就是对这种涉及量子的内部细胞骨架的状态，以及这种状态与大脑活动的量子层次和经典层次之间的相互作用具有连带关系的某种显示。"③简言之，骨架内部的宏观物质与量子力学的微观方式结合起来会导致意识的出现，人们只有在重新思考微观

---

① Penrose, R. *Shadows of the Mind: a Search for the Missing Science of Consciousness*. Oxford University Press, 1994.

② Hameroff, S. R. "Quantum coherence in microtubules: a neural basis for an emergent consciousness?". *Journal of Consciousness Studies*, 1994, 1 (1), pp. 91–118.

③ Penrose, R. *Shadows of the Mind: a Search for the Missing Science of Consciousness*. Oxford University Press, 1994, p. 376.

物质的运动规律时才能解决"难问题"。

可见，意识在物理理论的机制中占有核心地位，量子力学的非地域性可能是意识理论的关键。但这仅能强调意识的存在，使用意识去解释特定的物理现象。不可否认，量子力学在意识理论中起着关键作用，阐释意识与量子力学之间关系的理论偶尔也会被提出。但是无论是已有的物理学理论，还是量子力学，其基本元素似乎总归结为两点：物理进程的结构和机制。然而如果从结构和机制来看，只会得出更多的结构和机制，这些虽然指出了与所有高层次结构和功能属性相关的令人满意的解释，但是意识经验依旧不可触及，关于物理结构和机制的事实并不能增加现象学的事实，量子力学在现象意识面前仍然无能为力。不管怎样，这样的理论极具抽象性和推测性，几乎没有希望提供一种关于意识的完全物理的解释，似乎无助于意识经验的本体论解释。可以说，当涉及还原解释时，非算法进程与算法进程面临同样的困境，以量子力学为基础的理论并不优于认知模型和神经生物学理论。要想完全解释意识现象，还需要做更多的事情。

二 意识"难问题"是无解的

面对意识"难问题"时，内格尔坚持不可知论，他写道："我们现在完全不知道单个事件或事物是如何既拥有生理学属性又拥有现象学属性，或者若的确如此，也不知道这两种属性是如何相互联系的。"[①] 意识"难问题"是难以驾驭的，它不可能简单地还原为物理世界的物质成分。对于经验问题，人们只能凭借主观体验去把握，为了说明这一点，内格尔提出了"作为一只蝙蝠感觉起来像什么"的思想方案。蝙蝠听觉系统的功能类似于人类的视觉系统，可以肯定蝙蝠具有痛苦、兴奋等主观经验，但是我们无法通过想象加以体会，永远无法感受作为一只蝙蝠会是什么样子，不可能通过人的语言系统来描述蝙蝠经验的产生过程，也就更不会将之还原为一定的生理学进程（比如神经元放电）。内格尔关于意识经验的观点可以概述为：主观经验具有实存性，但是我们没有解决之道来分析意识经验的现象学特征，甚至对经验事件的客观物理描述也没有什么概念，未能清晰地揭示意识的奥秘，反而使意识问题更加神秘化了。

---

① Nagel, T. *The View from Nowhere*. Oxford University Press, 1986, p. 47.

在解决意识"难问题"的过程中,麦金的新神秘主义观点在学术界引起了重大关注,可以简要表述为关于心身关系问题的自然主义的不可知论。过去人们一直困惑于对上帝的理解,现在这种疑惑重新出现在意识问题中,故称新神秘主义。麦金认为意识"难问题"是一个谜题,"之所以存在这样一个谜题,是因为我们的智力不适用于理解意识"①,我们无法通过认知神经科学等自然科学研究来诠释大脑如何产生意识,甚至心灵自身也很难对此加以说明,"这里的困难属于原则性困难。我们无法理解意识如何能从像计算设备这样无意识的元素中产生;所以这些设备的属性不可能解释意识如何产生或意识是什么"②。在麦金看来,以往的看法都高估了大脑和意识之间的关系,事实上,人们所能研究的只是意识的神经关联物,而心灵与大脑之间的关联是一个神秘物。"问题的原因不在于我们缺乏证据,而在于我们缺乏的是相应的概念和知识结构,意识就是我们所面临的认知黑洞。归根结底,意识问题只能是一个神秘问题。"③ 也就是说,就我们目前的知识构成来说,根本无法完成对意识"难问题"的解释。基于此,麦金开始寻求神秘的根源——人类认知封闭性,他认为我们的认知能力存在局限性,即"认知封闭性:当且仅当某一类心灵 M 的概念构造程序在其自由支配下无法应用到对性质 P 的领会(或对理论 T 的理解)之时,对于性质 P(或理论 T)而言,心灵 M 在认知上是封闭的"④。"但这种封闭性并不能用来否认超出其表征能力之外的性质所具有的实存性……P 对于 M 而言是本体性的,这一点没有表明 P 不能出现在某种自然主义的科学理论 T 中——它仅仅表明 M 对于 T 在认知上是封闭的"⑤。与此同时,麦金还进一步指明自己的科学实在论立场,"意识在生

---

① McGinn, C. *The Mysterious Flame*: *Conscious Minds in a Material World*. Basic Books, 1999, p. xi.

② McGinn, C. "Could a machine be conscious?". In Blackmore, C. & Greenfield, S. (eds.), *Mindwaves*: *Thoughts on Intelligence, Identity and Consciousness*. Basil Blackwell, 1987, p. 287.

③ 刘明海:《麦金的新神秘主义研究》,《自然辩证法研究》2010 年第 7 期,第 25—30 页。

④ McGinn, C. "Can we solve the mind-body problem?". *Mind*, 1989, 98 (391), pp. 349-366.

⑤ [英] C. 麦金:《意识问题》,吴杨义译,商务印书馆 2015 年版,第 7—8 页。

物上是原始的、简单的,在某种意义上是我们最古老的生物禀赋的一部分"①,意识具有自然的深度,在智识方面具有重要价值,它就像"一座只有顶层可见的金字塔"②,自身具有可以填平解释性鸿沟的"隐藏结构"。对此,麦金考察了学术界支持意识具有"隐藏结构"的三种理由:(1)解释有意识的思想的逻辑性质;(2)解释意识经验与身体物理性质之间的合理联系;(3)解释某些经验数据资料,尤其是盲视③。在他看来,(3)中所指现象内含的经验结构要深于(1)中思想内含的结构,而主观意识中的"隐藏结构"明显又深于(3)中的结构,可以说与埃德尔曼一样,麦金也承认意识经验具有层级性,只是他剖析的更为深刻,最终将身心之间深层次的联系作为探索表层结构与隐藏结构之间关系的重要通道。然而,面对这种精巧的内在结构,我们的内省能力永远无法通达,表现出神秘主义色彩。可见,对意识理解的关键在于思维方式的运用,在有限的认知范围内诠释意识"难问题"是一种理想主义倾向,作为意识状态这般如此非凡的东西是如何由受到刺激的神经组织产生的问题,就像阿拉丁擦亮神灯后吉恩的出现一样令人费解。

三 不存在所谓的意识"难问题"

取消主义为心灵与意识的本体论研究开启了新路径,这一思想首先由考恩曼提出,到 20 世纪 80 年代,丘奇兰德夫妇对其进行了重新论证。他们采取了一次大胆的举动,主张取消民间心理学,保罗·丘奇兰德说:"民间心理学遭受了大范围的解释失败……迄今为止,它的范畴与作为其背景的物质科学似乎要么是不可通约的,要么是毫不相干的……任何符合这种描述的理论都必须严肃地面对被彻底取消的可能。"④ 此外,他们进一步指明内置于这一错误理论内部的心理学术语(如意识、信念、感觉

---

① McGinn, C. *The Mysterious Flame: Conscious Minds in a Material World.* Basic Books, 1999, p. 62.

② [英] C. 麦金:《意识问题》,吴杨义译,商务印书馆 2015 年版,第 114 页。

③ 一些脑部皮层受损的患者看不到他正常视域内的东西,也就是说他的视觉整合能力出现了问题,但是他却能够辨认这些东西,并给出关于它们位置的准确判断,由于盲视患者的经验是无意识的,故不具有现象学特征。

④ Churchland, P. M. "Eliminative materialism and propositional attitudes". *Journal of Philosophy*, 1981, 78 (2), pp. 255 – 270.

等）并不存在，认为这些心理学术语实际上并不是真的有什么指称，其充其量可以还原为大脑状态。同样，意识的现象学特征也可以通过认知神经科学进行还原解释，根本就不存在民间心理学所断定的第一人称实在，意识实际上是一个"带有欺骗性的问题"。比如说，当解释"某人走向饮水机"这一行为时，持有心灵阅读解释①的民间心理学家主张归属心理状态，会诉诸主体的内心感受，运用过去的心理状态来解释当下的行为，即断定是口渴这一感觉驱使他走向饮水机。然而，取消主义者认为感觉、意识等心理学术语都是空概念，根本就不存在所谓的经验状态，他们依据自身掌握的丰富的神经科学知识，将某人走向饮水机这一行为直接解释为大脑内部神经元活动的结果，这在很大程度上捍卫了物理主义。

对于心智问题，取消主义同意心灵不能物质化（还原）的观点，认为心灵现象根本就是幻觉或错误的指示，斯蒂克就是这一阵营中的一员。他在《解构心灵》中也明确表明自己对意识问题持有取消主义态度："从强有力的表现形式来看，取消主义认为我们在预测、解释和描述过程中提及的信念、欲望以及许多其他心理状态都是不存在的。"② 此外，热文斯克罗夫特也持有这种观点，二者都遵循解构主义纲领，对心灵哲学本体论进行了严格的考察和深入的拆解，惊奇地发现民间心理学与认知科学解释不相容，是一种完全错误的理论概念，因而进一步说明与心理学状态相对应的经验性质很难找到解释空间，是根本不存在的。究其本质来看，他们的理论是本体论意义上激进的理论变革。

从本质意义上说，这些学者从根本上回避了意识"难问题"，试图通过否定问题来解决身心问题，认为根本不存在所谓的感受性，将心理学状态缺省配置的论证前提悬置起来。但是从另一层面来看，关于取消主义的分析反而有利于阐明民间心理学的概念图式，为意识"难问题"的进一步分析提供导向性条件。

---

① 民间心理学主要有两种解释方式：(1) 老生常谈解释：主体的心理学术语的意义是通过相关的老生常谈获得的，民间心理学就是一个简单的粗俗的集合，主要代表人物是刘易斯等；(2) 心灵阅读解释：主体的行为通过人们积累的关于心灵的大量心理表证信息加以解释，主要代表人物是戈普尼克和梅尔佐夫等。而且这两种解释方式并不是孤立的，二者存在着密切的联系。

② Stich, S. P. *Deconstructing the Mind.* Oxford University Press, 1996, p. 3.

四 查尔莫斯非还原论解释方案的提出

在自然科学框架下解释大脑的物理过程为什么以及如何产生意识经验这一问题仍面临多方质疑，这些理论方案在解决意识难题方面都失败了，它们体现的是一种还原性思路，无法解释意识的现象学特征。可见，意识"难问题"的确是一个难问题，尽管这一看法比较悲观，但它确实反映了当今意识研究领域的现实困境。然而，"难"并不能说明人们在意识科学问题的研究中处于走投无路的境地，也正因此，人们一直致力于为意识问题寻找一个完备而又一致的解释方案，这也是学术界研究的共同理想。其中，查尔莫斯的非还原主义解释方案就是一次很好的尝试：他理性地选择了非还原论方案，认为人们需要寻找一种新的基本属性和一系列心理物理法则来为意识现象提供合理的解释说明。

为了更加清晰地阐述上述分析与查尔莫斯自然主义二元论思想之间的关系，本书进行了图示说明（见图1）：中间的弧线说明三种解释方案与意识"难问题"之间存在界限，这些策略均未能突破"难问题"之"难"，它们只是间接地发挥了思维导向作用，为解决"难问题"提供了丰富的理论背景。明确地说，查尔莫斯认为要想找到一条解决意识"难问题"的新路径，建构一个令人满意的意识理论（自然主义二元论），必须转变研究视角，采用非还原论路径建立一座解释桥梁，打破中间的界限，为意识"难问题"提供恰当的自然主义解释。

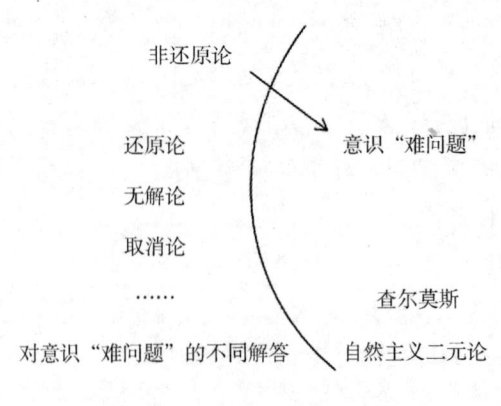

```
          非还原论
                  ↘
还原论            意识"难问题"
无解论
取消论
 ……               查尔莫斯
对意识"难问题"的不同解答  自然主义二元论
```

图1

简单地说，查尔莫斯所谓的新方案就是诉诸可想象论证说明无法对意识进行还原性说明，主张跳出功能实现的范围，从二元论的视角出发，将意识经验看作一种物理世界不可还原的新性质，这个性质拥有与质量、电荷和时空同等重要的本体论地位。

第四章　意识"难问题"的认知机制

> "心灵的现象学与心理学之间的关系不是飘忽不定的,它们具有系统性关联。在开始一种意识理论时,意识与认知之间的合法则关系能够提供给我们许多需要的东西。"①
>
> ——大卫·查尔莫斯

意识问题是心灵哲学研究中的一个复杂问题,关于意识"难问题"的本质人们给出了多种解释:物理主义者强调心灵向行为的还原,但"感受性质是物理主义描述所遗漏的东西"②;心脑同一论主张心灵状态等同于大脑状态;功能主义理论作为分析身心关系的最有力武器,认为"心智状态就是功能状态,而功能状态就是物理状态;但是,心智状态是根据其因果关系而被定义为功能状态的物理状态"③。于是,查尔莫斯立足于对功能主义理论的审视,将认知科学背景下的意识问题视为传统身心问题的现代版本。他认为尽管中文屋实验表明计算功能主义不能解释感受性,但要想解释大脑与主观经验状态之间的解释性鸿沟,探索大脑"黑洞",还需采用新形式的非还原性计算功能主义来分析认知的因果机制,给出意识与功能性组织之间的因果关联性。

---

① Chalmers, D. J. *The Conscious Mind: in Search of a Fundamental Theory*. Oxford University Press, 1996, p. 218.
② [澳] 弗兰克·杰克逊:《副现象的感受性质》,载高新民、储邵华主编:《心灵哲学》,商务印书馆 2002 年版,第 86 页。
③ [美] 约翰·塞尔:《意识的奥秘》,刘叶涛译,南京大学出版社 2009 年版,第 95 页。

第一节 物理主义与功能主义

一 物理主义

20世纪30年代逻辑经验主义代表人物卡尔纳普、纽拉特给出了物理主义的最初形式。作为当代心灵哲学研究中的基础性概念，物理主义与唯物主义、自然主义有着千丝万缕的联系，"唯物主义在当代自然主义的心灵哲学中主要是通过各种具体形式的物理主义表现出来的"①。严格地说，物理主义意在以物理语言描述外部世界的物理对象，该理论明确指出了物理主义研究手段的客观性，主张通过句法分析的方式使物理语言在各门学科中发挥定量作用，同时还将物理对象确立为自然科学研究的基础，即物理学中肉眼看得见和看不见的物质，大到恒星、彗星等天体物质，小到原子、离子等基本粒子，可见当时人们对物理学推崇备至。正因如此，波兰德立足于物理学，明确指出"物理主义是给予物理学以专门特权的统一思想。其目标在于建立一个使得现实的方方面面都能以某种明确的方式在物理学中占有一席之地或与物理学发生关联的知识体系"②。物理学的特权地位如何突显？对此，波兰德专门从本体论、客观性和解释力三方面详细论证了物理对象、事实和真理的基础地位。

学术界将上述观点归为"强物理主义"，这种观点使得物理学跨越于其他科学之上，面临着"亨普尔两难"问题，赫尔曼将其概括如下："当今的物理学显然是不完备的（其本体论），且是不精确的（其定律）。而这造成了一个两难的困境：如果物理主义的原则以当今的物理学为基础，那么它们将有诸多理由被认为是错误的；如果它们不以当今的物理学为基础，那么它们将是难以理解的，因为它们建立在根本不存在的物理学之上——何况我们缺乏任何关于物理对象、性质或定律的独立于物理理论之外的标准。"③

为了提高理论的合理性和解释力，弱物理主义在此基础上扩大了物理

---

① 田平：《自然化的心灵》，湖南教育出版社2000年版，第15页。
② Poland, J. *Physicalism*. Clarendon Press, 1994, p.10.
③ Hellman, G. "Determination and logical truth". *The Journal of Philosophy*, 1985, 82 (11), pp.607–616.

学的领域和范畴，降低了物理语言的标准，主张用"事物语言"代替"物理语言"，如此一来扩大了语言使用的价值，通过"事物语言"不仅可以对外部世界进行定量描述，还可以对事物性质进行定性说明。然而，关键问题是如何以"事物语言"的方式表达心灵现象问题，这也是"事物语言"的还原难题。对此，有人从本体论层面提出行为主义为弱还原主义解围，他们主张主体的内心活动往往会通过行为得以外露，并通过行为完成语言还原，比如当他心急如焚时，他会不停地在屋里走来走去，并且伴有小声嘀咕的声音，人们见此情景可以用日常语言去描述他的心理状态，将心灵科学还原为人的行为科学。然而，主体的行为并不能保真式传递其内心的真正需求，有时这样的情形是主体故意而为的作秀行为，实则他并不是"热锅上的蚂蚁"，这足以说明行为主义也并不是一种能够一劳永逸解决问题的理论。更有甚者，逻辑行为主义者直接指出只有行为，没有心灵，主体拥有的心灵状态或内心活动实际上就是其做出的行为倾向，可见，这一思想的最大问题在于不合情理，因为离开信念根本无法分析，单用行为语言无法恰当描述一个完全的行为，故而招致语言学家乔姆斯基等人的强烈攻击，于20世纪70年代之后被抛弃。

为了悬置解释难题，戴维森在《心理事件》一文中提出"不合法则的一元论"来捍卫其物理主义立场，他指出在本体论意义上只存在物理事态，而且只有在基础物理学中才存在严格的自然定律，主体的心灵现象无法还原为日常语言或行为话语，表现出不合法则性，即"不存在可以解释和预测心理活动的自然定律"[1]。

回到现实，我们应像亨普尔指出的那样："物理主义最好不被理解为一个明确的理论，而应被理解为一个指导科学研究的原则"[2]，即明确不同概念、属性之间内在的蕴含关系。

二 心脑同一论

为了更好地诠释科学实在的本体论地位和还原解释功能，20世纪中

---

[1] Davidson, D. "Mental events". In Davidson, D. (ed.), *Essays on Actions and Events*, Clarendon Press, 1980, pp. 207–224.

[2] Van Fraassen, B. C. *The Empirical Stance*. Yale University Press, 2002, p. 106.

叶，费格尔、斯马特和普雷斯等人相继提出了"心脑同一论"，即"类型同一论"，他们坚信心灵现象与大脑（神经系统）之间是同一的，主张"被我们设想为心灵的东西仅仅是大脑，而被我们设想为心灵状态的东西（如疼痛感或感到瘙痒、叮痒什么的）仅仅是大脑（或是中枢神经系统的其他部分）的状态"[1]，就好像水分子同一于 H_2O。然而，类型同一性理论忽视了普遍类型之下特殊个例的具体情况，为此，理论内部开始转向了个例同一性理论，主张大脑与心灵现象之间只存在个例—个例同一的情况。由此一来，同一性理论的解释力就被大大增强了。然而，需要指明的是，个例同一性理论并不是强调"心灵状态类型的每一个记号就是该大脑状态类型的某一个记号"[2]，这里的个例可以充当不同大脑状态类型的具体对象或事件。

然而总体来看，同一性理论违背了"莱布尼茨律"[3]（两个彼此等同的东西就应该具有完全相同的属性），特别是类型同一性理论还面临普特南"多重可实现性"的反驳，如将疼痛等同为 C 神经纤维激活很可能会排除其他可能性。进一步讲，可多重实现的是功能状态，心灵状态更应表述为大脑的功能状态，即一定环境下的输出。

三 功能主义

"多重可实现性"的提出在一定程度上对心灵的本质研究产生了深远影响，赋予了功能主义以生机。物理主义者给出功能主义[4]解释实际上是转向了因果同一性分析，功能具体可表现为外部世界与内在心灵现象之间的因果联系，具体事物的各要素之间构成了结构性关系，每个要素的输出状态可视为一个功能状态，彼此之间最终以功能的形式耦合为一个整体。

---

[1] ［美］约翰·塞尔：《心灵导论》，徐英瑾译，上海人民出版社 2008 年版，第 48 页。

[2] 同上书，第 53 页。

[3] 参见 Smart, J. J. "Sensations and brain processes". *The Philosophical Review*, 1959, 68 (2), pp. 141–156.

[4] 参见 Van Gulick, R. "Functionalism". In McLaughlin, B., Beckermann, A. & Walter, S. (eds.), *The Oxford Handbook of Philosophy of Mind*. Oxford University Press, 2009, p. 137. 书中指出要想说明心理状态就功能角色和关系而言被理解这一主张，就必须明确涉及哪一种功能定义，就此范·古利克从三个维度进行了总结，即计算功能主义、因果意义上的功能主义和目的论意义上的功能主义。为了澄清意识的认知机制，本书主要论述计算功能主义。

(一) 功能的两种概念

寻找心在自然中的"位置"不是寻找它的物理位置，而是要揭示心在自然中所具有的功能。"功能"一词有两种含义，即目的规律意义上的功能和库冈斯意义上的功能，这两种功能对于不同的认知行为和能力都具有明显的解释作用："第一种功能必须能够对以功能为特征的实体为什么存在的问题做出解释，这种解释必须涉及某种进化过程；后一种是指系统组成部分的能力或效果，这些能力或效果在解释更大系统的能力时具有明显的作用，这种意义上的功能分析不必涉及目标，通常分析为由于某些理由而具有价值的系统的能力或性质。"① 具体而言，两种定义具有完全不同的作用机制，目的规律意义上的功能突出强调行为主体的主观性选择，而这一选择过程实则就是适应性进化过程，其离不开知识获取、文化融合、策略完善等诸多方面，如捕鼠器发挥的就是这种功能，其阐明了以捕鼠为特征的工具为什么存在的问题；库冈斯意义上的功能更多体现为系统的一种存在属性，只要有系统存在，并且该系统表现出较强的解释力，那么这种功能就会体现出来，心脏功能的解释便是对其最为恰当的说明，心脏泵血是为了保证有机体的正常存活，并在更大的系统中发挥作用；反之，就会出现功能失常的问题。其中关于心理状态的分析认知科学家采用的是后一个概念，它不同于目的论意义上的功能，体现的是一种输入与输出的功能，即"心理状态不是大脑或整个神经系统的物理化学状态，而是整个生物有机体的功能状态，即接受感觉输入并在生物的功能组织中扮演一种特定角色的状态"②，其中特定角色专指心理状态的因果或功能角色，可以解释心灵系统的能力。

(二) 功能主义的基本思想

也正是在此意义上，功能主义受到"多重可实现性"的启发，试图更好地解释心之为心的性质。该理论是对传统身心关系的尝试性解释，是当前的一种主流观点，为心脑同一论提供了论证支持。它的一个首要前提是：物理现象与心理现象相互作用，外部环境的物理事件是导致人类机体

---

① [美] 彼得·戈弗雷—史密斯：《心在自然中的位置》，田平译，湖南科学技术出版社 2001 年版，第 17—19 页。

② 田平：《物理主义框架中的心和"心的理论"——当代心灵哲学本体和理论层次研究述评》，《厦门大学学报》(哲学社会科学版) 2003 年第 6 期，第 22—29 页。

各类心理学状态的根源，同时人类身体的行为过程和生理结构也受心理状态的驱使，心理状态可以充当主体行为的原因，二者之间充斥的是一种功能作用，具体表现为：（1）将内在的心理需求外化为具体行为，比如，某人感到孤独郁闷时就会邀请朋友一起喝茶聊天；（2）将外部身体感觉的刺激输入转化为内在的心理输出，这种心灵状态是通过因果关系界定的，是有机体真正的内在状态。比如，"在功能主义看来，疼痛之所以为疼痛就是在于它通常是由组织损伤等引起的，它通常又会引起呻吟等行为和减轻疼痛的愿望等其他内部状态。"[1] 此外，在具体情境下特定的心理状态在因果意义上还会与其他心理状态相互关联发挥作用。

然而，从理智角度看，"多重可实现性"本质上是一个经验问题，不是仅凭自然科学研究能够解释的，牛顿的"简单性原则"对此并不适用，而且从神经科学的角度来看，功能主义与"多重可实现性"并不冲突，因而依托于"多重可实现性"这种直观想法的功能主义理论很难获得经验证据的支持，需要借助统一性原则寻找出路。

四 计算功能主义解释及其质疑

功能主义作为一种指导性原则是可行的，但如果对认知进行功能分析，那么很多细节几乎是不可能得到描述的。随着人工智能的飞速发展，出现了能够战胜国际象棋冠军的计算机程序以及通过运用自然语言的交流来引起心灵状态的程序，"信息"概念被引入，大脑开始被看作计算机，人们试图运用计算机"全"（"1"）和"无"（"0"）的原理来解说心灵，从计算主义的角度思考认知。换言之，"人工智能科学和功能主义的哲学理论聚合成一个观念：心灵只不过是计算机程序，我称这种观点为'强人工智能'，也称为'计算机功能主义'。"[2] 这就说明一个复杂符号系统对一般智能行为来说既是充分的，又是必要的。但是正如前面所提到的，身心问题包括易部分和难部分，计算功能主义几乎无法做到面面俱到。金在权也持同样看法，他给出了两个假设，即心理状态与物理状态在本质上

---

[1] 田平：《自然化的心灵》，湖南教育出版社 2000 年版，第 77 页。
[2] [美] 约翰·塞尔：《心灵的再发现》，王巍译，中国人民大学出版社 2005 年版，第 41 页。

截然不同，因果作用只能发生在物理状态之间，并在此基础上进一步指明身心问题的核心由意识和心理因果性两个问题构成，可见功能还原依然面临感受性问题，二元论困惑依然难解。此外，塞尔也给出了明确的反对意见，提出"中文屋论证"加以反驳，他将大脑视为一个生物机器。

（一）图灵测试

现代计算概念的发明者图灵从理论层面提出了如下观点："用于计算的机器可以看作这样一台设备，它包含一个对磁带进行扫描的大脑，磁带上印着0和1。这台机器刚好能做四种运算。它可以把磁带向左移动一平方，可以把磁带向右移动一平方，可以擦掉一个0印上一个1，可以擦掉一个1印上一个0。"[①] 在他看来，计算就是由人或机器完成的符号变化的机械过程，信息就是通过二进制的形式规则运算加以处理的。作为一种数学模型，图灵机磁带上的方格从左向右可以无限延长，读写头可以在任何时间处于磁带的任意方格处，存在有限的内在状态和带有符号标识的有限字母表。机器通常读出磁带移动格子上的符号就可以按照程序进行下一步操作，使其进入新的计算状态。值得明确的是，图灵所定义的"可计算"具有几大特征：存在一个可计算函数，图灵计算步骤要有限，计算本身与表征无关，特殊情况下要适当进入停机状态。

1950年，图灵在其论文《计算机器与智能》中提出了著名的图灵测试。这个测试从"模仿游戏"开始，整个游戏共有三个人参与，一个不限性别的审问者，一个男人和一个女人，审问者被隔离在另外一间屋子里，对他来说，男人和女人分别标识为"X"和"Y"，他的任务就是通过计算机终端的提问来判断哪个是男人哪个是女人，男人的目标是误导审问者做出错误的判定，而女人的工作是如实回答所提问题帮助审问者完成任务，且提问的主题没有任何限制。在此基础上图灵假设将男人替换为一个计算装置，随机审问者的目的转换为判定对方哪个是人哪个是机器，机器此时被设计用来迷惑审问者将其判定为人。图灵指出，如果在相当长时间的问答交流后，审问者无法通过问答手段判断对方是人还是机器，我们就可以说这个机器通过了图灵测试，进而推断计算机具有与人相当的智能，是可以思维的。

[①] ［美］约翰·塞尔：《意识的奥秘》，刘叶涛译，南京大学出版社2009年版，第6页。

通俗讲，图灵测试就是想表明：如果一台计算机能与人类进行聊天，我们就应该认为它是有智能的，我们的心灵就是一台计算机。但是从我们的经验可以得知输入—输出等效的两个系统并不能被赋予相同的心灵，因为心灵是有语义内容的，而不仅仅是一系列形式符号，"心灵不可能只是一种计算机程序，因为计算机程序所使用的形式符号本身，并不足以保证心灵中所发生的语义内容的存在"[①]，这就引起了大多数学者的质疑："心灵在本质上是一台计算机吗？"

（二）计算功能主义解释及其感受性质疑

由于受到图灵机的影响，普特南早期认为如果从功能层面分析心理学状态，就需要结合计算机的信息处理过程，而这一想法恰好将功能主义与计算主义融为一体，发展出了计算功能主义，该理论将人的大脑等同于计算机（计算机本质上是一个信息系统），并通过计算机来表示人身体内的心理学状态变化，具体来讲，"作为信息处理系统，描述认知和智能活动的基本单元是符号，无论是人脑还是计算机，都是操作、处理符号的形式系统，认知和智能的任何状态都是图灵意义上的算法可计算的"[②]，人类的任何心理活动都可以通过计算机模拟功能来实现。不难看出，计算形式在探究认知与心灵关系的过程中发挥了很大作用，引起了语法与语义问题，揭示了心灵的某种计算特征，试图以特定的算法形式来描述内在的心理活动。其中福多的心理表征理论[③]作为计算功能主义一种颇有影响的形式，抓住了意识经验的功能分析方面。也就是说，关于心灵功能的理解包含两个主题："一个同可内省的精神活动的规律性相关，被称为'软件主题'；一个同精神活动赖以存在的物质基础——身体乃至大脑有关，被称为'硬件主题'。"[④]

众所周知，计算机由软件、硬件两大系统组成。人类通过鼠标、

[①] [美] 约翰·塞尔：《意识的奥秘》，刘叶涛译，南京大学出版社2009年版，第6页。

[②] 刘晓力、孟伟：《认知科学前沿中的哲学问题：身体、认知与世界》，金城出版社2014年版，第55页。

[③] 福多的心灵的表征—计算理论集中体现在"思想语言假说"中，该假说包含心灵的表征理论、心灵的计算理论和功能主义的唯物主义。其中思想语言不同于自然语言，它具有先天存在性和语义完全性等特点，使得命题态度表现出因果效力，表明意向状态与行为之间是计算关系。

[④] [美] 哈尼什：《心智、大脑与计算机：认知科学创立史导论》，王淼、李鹏鑫译，浙江大学出版社2010年版，第iv页。

扫描仪、光笔、键盘等工具输入信息，经过运算器、存储器、控制器等处理后再将信息输出。换句话说，计算机对信息的处理过程可以理解为一种有限规则集的遵循过程，其运行具有极大的抽象性。比如说，我们在自动取票机上取票时，只要一刷身份证，机器就会自动进行信息处理，显示购票信息，并提示用户按照指示完成操作。然而，"如果分析的最小单元就是与整个文化世界相啮合的整个有机体的最小单元，那么，神经网络以及以符号编程的计算机，就还有漫长的道路要走"①，计算功能主义与心灵解释之间存在着鸿沟，计算功能主义不能说明信念与其他心理学状态之间的区别，并且自从感受性登上历史舞台之后，计算功能主义遭受了更加严峻的挑战，许多心灵哲学家、心理学家（如布洛克、杰克逊等）开始质疑计算功能主义，正如休梅克所言，感受性与功能主义之间的关系问题是一场"带有根本性的争论"②。

　　布洛克和杰克逊等人认为计算功能主义不能说明感受性，并通过"感受性颠倒"和"感受性缺失"③进行论证：前者是指不同的主体 A 和 B 在看到同一对象时感受到不同的颜色，比如 A 可能产生了红色体验而 B 可能产生了绿色体验，但从 A 和 B 的言谈举止中又无法觉察到二者所感受到的色彩差异，二者都可能报告说自己看到了红色。可见，在一定环境下具有相同功能状态的有机体产生了不同的感受性。后者主要以疼痛为例，两个有机体可能都处于疼痛的功能状态，但其中某个有机体可能完全没有与疼痛相关的心理学状态。这也可以通过"盲视"现象加以论证，盲视患者与我们在许多方面是功能相似的，他们能够完成口头报告等工作，但他们缺少主观经验属性和意向性，这就证明主体并不能以第一人称的方式获取盲视状态下的经验内容，视觉经验独立于信息处理过程，即相

---

　　① [美]休伯特·德雷福斯、斯图亚特·德雷福斯：《造就心灵还是建立大脑模型：人工智能的分歧点》，载[英]玛格丽特·博登：《人工智能哲学》，刘西瑞、王汉琦译，上海译文出版社 2006 年版，第 359 页。

　　② Shoemaker, S. "Functionalism and qualia". Philosophical Studies, 1975, 27 (5), pp. 291 - 315.

　　③ Block, N. & Fodor, J. "What psychological states are not". Philosophical Review, 1972, 81 (2), pp. 159 - 181.

同的功能状态并不能保证必然存在相同的感觉经验，具体概括如表1[①]：

表1

	日常认识意义上的意识	客观认识意义上的意识	主观定性的意识
正常感觉	√	√	√
盲视	×	×	×

面对上述分析，索伯就断言："功能主义作为对心身问题的一种解决方案，……通常被理解为意指图灵机功能主义"[②]，这种方案往往依据计算机的输入和输出行为来解释心灵问题。"功能主义回答了心做什么，它的状态如何相关，它根据其输入如何产生它的输出，但没有断言它是由何种类型的材料填充、其系统由何物组成。"[③] 就此而言，计算功能主义是科学的，它重在说明大脑生理结构的功能问题和认知过程，适于解释对象性的知觉问题。

五 "中文屋论证"解释

思想实验是用来研究事物本质的想象性工具，其中塞尔的"中文屋论证"就是一个典型代表。这个论证试图表明尽管在某种意义上设计好的程序没有能力去理解语言，但是它们却可以凭借自然语言进行交流。实验中一个仅懂英语的人单独坐在房间里，凭借英文说明操作中文特征的字符串，却可以使房间外的观察者误认为里面的人好像理解中文。塞尔说明"中文屋论证打击了强人工智能的核心地带"[④]，强调了两个事实：计算机仅仅运用句法规则去操作字符串，而对其意义和语义却毫不理解，单纯的

---

① Heinämaa, S., Lähteenmäki, V. & Remes, P. (eds.), *Consciousness: from Perception to Reflection in the History of Philosophy*. Springer, 2007, p. 306.

② [美] 埃里奥特·索伯：《把功能还给功能主义》，载高新民、储昭华主编：《心灵哲学》，商务印书馆2002年版，第61页。

③ McCormick, M. "Questions about functionalism in Kant's philosophy of mind: lessons for cognitive science". *Journal of Experimental & Theoretical Artificial Intelligence*, 2003, 15 (2), pp. 255 – 266.

④ [美] 约翰·塞尔：《心灵导论》，徐英瑾译，上海人民出版社2008年版，第80页。

句法对语义来说是不充足的,"根本不可能有助于我们理解心理过程;同时,计算机硬件也不同于神经蛋白,显然缺乏生成心理过程所需的恰当的因果能力"①。

(一)塞尔"中文屋论证"的提出

计算功能主义主张将书架上的书本看作一台数字计算机,因为它在执行既定的程序(归类摆放在那里),塞尔作为一个生物自然主义者,反对将任何东西都看作是一台数字计算机。他认为这是非常空洞的观点,"我们所定义的计算机"就是指某种"实现具有合适输入和输出的适当的计算机程序"②。这些可以通过塞尔于1980年提出的"中文屋论证"加以说明。

"中文屋论证"是这样设计的:假定我(塞尔)被关在一个只有中文字符的房间里,而我只懂英文,对中文则一窍不通,甚至说不出中文字符与日文字符的区别。我在屋内完全是通过英文规则手册操作着屋外递进来的中文纸片(问题),这些字符需要通过英文形式的句法来确认,之后通过摆弄这些字符再将信息递送出去(回答)。例如,规则指示如果塞尔看到"甲"字符时就要递出标有"乙"的纸片。就屋内的他而言,"甲"和"乙"这样的中文字符只不过是一些丧失实际含义的单纯性句法;而对于屋外的中国观察者来说,"甲"和"乙"都有其自身的涵义,塞尔似乎很精通中文字符的语义内容,实则他所操作的只不过是按照英文规则手册进行形式配对。

塞尔之所以能够提出这个影响颇为深远的思想实验,是受到三个重要的先行理论的影响:(1)莱布尼茨的"磨坊"理论:莱布尼茨在他的《单子论》中提出了"磨坊"理论。他通过类比"假定有一部机器,构造得能够思想、感觉、具有知觉,我们可以设想它按原有比例放大了,大到能够走进去,就像走进一座磨坊似的。这样,我们察看它的内部,就会只发现一些零件在彼此推动,却找不出什么东西来说明一个知觉"③。也就

---

① [英]玛格丽特·博登:《逃出中文屋》,载玛格丽特·博登编:《人工智能哲学》,刘西瑞、王汉琦译,上海译文出版社2006年版,第96页。
② Searle, J. R. *Minds, Brain, and Science.* Harvard University Press, 1984, pp. 35–36.
③ 参见北京大学哲学系外国哲学史教研室编译:《西方哲学原著选读》上卷,商务印书馆1981年版,第479页。

是说，一个客观的物理系统依托于令人费解的机械原因不能解释感知层面的问题，机器内部的物理行为对于外部的主观意识不具有建构意义。（2）图灵的"纸片机器"：图灵在1948年的《智能机器》中提出了通过纸片机器来完成下棋比赛的想法，意在说明纸片机器是有智能的。然而，这样的结论本质上源于纸片机器给人们造成一种欺骗感觉，似乎下棋者真正精通棋艺，实则不然，下棋者只是一个操纵工具，下棋对他来说毫无语义性质，他并不知道自己处于棋艺比拼之中，而纸片机器就是具体的程序，通过设计程序，可以使下棋者按照指令来完成每一步操作。（3）中国头论证：这是布洛克提出来用以反对功能主义的思想实验。实验将全体中国人视为一个整体，其中每一个中国人对应着一个神经元单位，每一个神经元单位都可能执行由大脑完成的功能主义程序，同时假设给全体国民联结起来的系统安装一个特殊的收音机，并通过卫星接收和发送信号，这样一来，收音机就扮演了"人"的角色，卫星就充当了"大脑"。如果功能主义是正确的，那么联合系统的程序一旦开始运行，就可以与所谓的"人"进行交谈，而实际上这样的"人"无法产生意识经验，其并不能由于具备大脑功能状态而拥有任何心灵属性或内在感受性。

（二）"中文屋论证"的窘境

塞尔的"中文屋论证"一经提出，学界便开始纷纷予以回应，对其进行分析。其中批判层面主要遵循了三条主线，同时从这三大阵营也可以看出他们对这一论证的妥协度。

首先，一些批评者承认房间里的人不理解中文，但他可能确实理解一些其他的东西。他们反对由这一主张（房间里的人不理解中文去否认认知被创造的可能性）而得出的推论，主张通过一个更大的或者不同的实体去说明，这就是系统回应和虚拟心灵回应采取的策略，他们认为系统整体可能理解中文，原初的中文屋设想存有一定的认知能力。

其次，部分回应者承认塞尔的主张，像中文屋设想一样，无论是通过一个人还是计算机系统，自然语言处理程序的运行不可能产生任何理解力，但是他们坚持认为计算机系统上的变化可以被理解，这种变化可以是把一台编写好程序的计算机植入一个机器人体内，并通过感官和运动能力与物理世界之间相互影响，做出与人类行为完全等同的输入输出行为，如感知、吃饭、喝水等，以此说明这种计算机具有理解力（机器人回应①），在某种意义上，与这一回应相关联的还有英文回应。此外，借助模拟实体大脑突触上神经元的操作系统（大脑模拟者回应）也可以进行说明。

最后，还有一些回应者甚至不承认反对人工智能这一点。他们认为尽管塞尔否认，但原初中文屋设想中的人可能是理解中文的；或者这一设想根本就是不可能的。举例说，部分回应者认为我们的直觉是不可靠的；部分批评者认为这一设想依赖于一个人通过"理解力"而有的打算——这是直觉回应讨论的部分内容；斯普里瓦等人则否定了"中文屋"里的任何系统都能够运行计算机程序这一假设；还有一部分回应者认为如果在"中文屋"提供的行为基础之上的属性理解是不合理的，那么类似行为证据基础上的对人的属性理解也将是不合理的。

此外，还存在着"他心回应""逻辑回应"等，这些回应同样关联着塞尔"中文屋论证"的前提及其论证的有效性。

（三）与"中文屋论证"相关的几大问题

通过上述讨论，我们可以看到在对塞尔"中文屋论证"的几大具有代表性的回应中，不自觉地反映出了一些亟待分析的哲学概念和问题。

1. 句法和语义

乔姆斯基认为语言具有逻辑程序结构，其形式表达为变量，对语言构造来说，句法是第一位的，语义是第二位的，二者存在着由浅入深的关系。塞尔论证计算机执行的程序仅仅是句法性质的，计算机操作仅仅关系着字符串外在形式（而不是意义方面）的表现，心灵则通过意义以及心灵内容加以说明，语义并非内在于句法。但是由于语词的意义（而不仅仅是它们的物理表现）会对其有所反应，为此我们可以把语言中的语词与意义联系起来。对此，塞尔指出这是问题的关键：句法对语义来说不是自足的，也不是建构性的；计算机可能通过操纵句法而对自然语言的输入

---

① 对于"机器人回应"，塞尔通过"小小塞尔论证"加以反驳，即想象在机器人的头颅中有一个"小小塞尔"，他可以做出与之前中文屋里的"塞尔"相同的行为反应，只不过现在是通过机器人眼睛和耳朵里的计算装置发送指令，借助机器人的肢体来接收卡片，整体来看，机器人头颅中的塞尔是理解英文手册的，但他对中文字符和外部环境依旧一窍不通。对此，玛格丽特·博登在"走出中文屋"中专门进行了反驳。

产生适当的反应,但是它们不理解自身接收的或输出的句子的含义,这是因为计算机不能把语词和意义联系在一起。

塞尔在 1984 年提出了一个简明的三段论,意在说明由于句法对语义不是自足的,因此程序不能产生心灵。

(1) 程序纯粹是句法的;
(2) 人的心灵有思想内容,是语义的;
(3) 句法本身并非由语义构成,也不足以构成语义;
(4) 所以,程序自身既非由心灵构成,也不足以构成心灵。

上述论证表明:"心灵所具有的,不只是在其中经过的那些未经解释的形式符号,还具有心智内容或语义内容"①,人工智能永远不能通过编写操控符号的程序来制造具有心灵的机器。"中文屋"思想实验本身是对前提(3)的支持,句法操作对意义或心智来说不是自足的。正如我们所看到的,塞尔坚持"中文屋论证"表明一个人是无法单独从句法形式获取语义内容的。在规范系统中,规则是由句法给出的,是纯粹形式化的,并且这个程序独立于语义层面。如果要想表明句法操作和语义学之间的独特关系,就必须提供复杂的形而上学证据。由此可以说,对于人工语言而言,句法是独立于语义的,通过定义得来的字符是无意义的(除非系统之外的人赋予它),形式化的字符对心灵内容而言永远都不是充分的,心灵其实是将意义附加给这些字符的,这也正是"中文屋论证"要提醒我们的。

计算机是与程序相伴随改变状态的因果系统,状态是程序设计师在语句构造上具体化的结果,是植入真实世界的复杂因果系统的基础状态,这显然不同于逻辑学家研究的抽象形式化系统。1987 年丹尼特总结了这一问题:塞尔的观点可以归结为一点,"计算机是通过操纵符号来运作的,其运作过程是以一种纯粹句法学的方式来得到界定的——而人类的心灵却不仅仅是那些未被解释的符号;心灵其实是将意义附加给了这些符号"②。概括地说,一个不具备产生精神现象的实物不能转化为通过程序设计简单地产生精神现象的物体——状态之间重组的转变是要附有条件的,这在一

---

① [美] 约翰·塞尔:《意识的奥秘》,刘叶涛译,南京大学出版社 2009 年版,第 8 页。
② [美] 约翰·塞尔:《心灵导论》,徐英瑾译,上海人民出版社 2008 年版,第 80—81 页。

定程度上突显了依赖性（或相关性）。而丹尼特的观点是相反的：程序设计是精确地赋予心灵的东西，具有进行调整的可塑性；而大脑无需神奇的辅助物，借助复杂性就可以自行产生认知。

20世纪90年代，塞尔开始凭借与这些问题相关的解释来论断计算主义观点不仅仅是错误的，而且缺少明晰的意义。计算或句法是相对于观察者的，而不是现实的内在特征。没有什么从本质上讲是计算的，人们不会有一种将精神简化为计算的科学理论，计算仅仅与某种行为能动者，以及把计算认知附加在某种现象之上的观察者相联系而存在。

布洛克也认为塞尔的"中文屋论证"是失败的，但是他承认这些论证在加强我们对意向性的理解以及计算和表征之间关系的认识方面确实是有意义的。库兹韦尔强调塞尔对于句法和字符是独立于观察者的论证是不切实际的，同时说明了塞尔误解了"意识到一个程序是什么"的问题，并得出了结论：塞尔完全不去考虑功能主义和强人工智能的实体来源。

人工智能程序设计者的确面临着许多难题，但是应该说明这些难题不是必须从句法中获得语义，从因果性中同样可以获得语义。可见，塞尔并没有支持语义学的这些理论，反之，他关于语言学的讨论主要集中在了"意向性"这一概念上。

2. 意向性问题

"哲学家使用'意向性'这个技术术语是用来指涉那种使得心灵状态能够指涉、或关涉、或从属于心灵状态以外的世界中的对象或事态的那种心灵能力。"[1] 信念、欲望、知觉都是意向状态，它们具有命题意义。塞尔关于意向性的观点是复杂的，他论证说源初意向性和派生意向性的区别可以适用于计算机，我们可以认为计算机状态拥有内容，但是状态本身并不具有源初意向性。

塞尔认为人之所以拥有心灵可以归结为意向性，"意向性是心灵所具有的一种属性，正是通过这种属性，心灵才能够朝向那些独立于世界的对象与事态"[2]。正如博登所言："即使计算机能够像图灵设想的那样去行事

---

[1] ［美］约翰·塞尔：《心灵导论》，徐英瑾译，上海人民出版社2008年版，第24页。
[2] 同上书，第156页。

（诸如阅读十四行诗），它也并非真的具有智能，因为不能设想计算机真的会思考和理解：没有意向性，就没有智能。"[①] 塞尔的"中文屋论证"表明意向性包括两大组成部分：一是意向性内容，二是它的心灵作用方式。具体来说，（1）意向性内容必定是基于大脑，或者和大脑材料类似的东西；这与联结主义观点相近，可以呼应"中文屋论证"对符号化的批判；（2）只要这种东西具有和大脑相同的因果能力，那么它就具有意向性。塞尔认为意向性和大脑的因果能力密不可分。

通过"中文屋论证"，塞尔认为即使计算机顺利通过图灵测试也不能说明它具有一定的理解能力，因为图灵眼中的计算仅仅是一个符号变化的机械过程，由此，塞尔把意向性作为区别人与计算机的标准。在"中文屋"系统中，塞尔在懂英文的基础上对指令性规则的理解不同于计算机对机器语言的形式化遵照，塞尔对指令性规则质疑的实质是思维语言问题。在福多看来，"心理状态是依据心理表征的语义属性而成为有意向性的。"[②]

塞尔的回应者已经论证了塞尔表现出实体沙文主义的倾向，因为他认为大脑有理解能力，但是由硅制成的有类似信息处理能力的系统却没有，就算是在原则上也没有。对塞尔持批判态度的多数学者更加看重的还是意向性，但是他们拒绝承认源初意向性和派生意向性之间的区别。比如，丹尼特主张所有意向性都是派生出来的，这对于动物、他人以及我们自己意向性的归因是有帮助的，它允许我们去预测行为，而不是对内在属性进行叙述。

此外，人们注意到塞尔的讨论已经从意向性和理解力问题转向了意识问题，他把意向性和关于意向性的认识联系在一起的原因归结为意向状态至少潜在地是有意识的。查尔莫斯在《有意识的心灵》中指出尽管塞尔最先指向对机械意向性的反驳，但是从他后期的著作中我们可以清晰地看到真正的问题实则是意识经验（塞尔主张的意向性的一个必要条件）。查尔莫斯用思想实验论证了如果可以想象一个系统要么渐渐地，要么突然在

[①] [英] 玛格丽特·博登：《人工智能哲学》，刘西瑞、王汉琦译，上海译文出版社2001年版，第6页。

[②] 高新民：《现代西方心灵哲学》，武汉出版社1996年版，第519页。

肉体和硅之间来回转换而形成另一系统,那么这个系统就会具备一些别的系统缺失的基本精神属性。

外在论批评者采用的是关于意向性属性的第二条路径,事实上,他们论证了意向性是物理系统的一种内在特征,这种物理系统与世界以正确的方式发生着因果联系(不受理解力的影响)。其中,福多的语义外在论就受到了德雷斯基的影响,但是他们却得出了关于计算机语义状态的不同结论。德雷斯基强调了自然选择和具备真正意向内容的状态产生过程中学习的重要性,他同意塞尔的观点,即机器在进行加法运算时,并没有意识到自己在做的事情,而只是一种句法行为的表现。

3. 身心问题

一些批评者指出原始论证中的形而上学问题处于危险之中。系统回应主张理解整体上作为系统而不是物质的实施者的一种属性,并关注身心关系的形而上学问题。虚拟心灵回应认为心灵或人格(能够理解并且具有意识的实体)比物理系统更加抽象,它们之间存在着多对一的联系,关于人格同一性以及身心关系的更大问题充斥在塞尔和他的批评者之间的争论中。

塞尔认为身心关系有一种更为简单的解决方式:意识状态完全是由大脑中低层次的神经生物学进程引起的高层次实存的特征。在"中文屋论证"的早期讨论中,塞尔提及了大脑通过因果能力产生意识和理解力,而意识和理解力是人格特征,故塞尔指出我、我的意识本身是与我的大脑同一的(心脑同一论的一种形式),即如果A和B是同一的,那么A的属性就是B的属性,这一具体的形而上学是在"中文屋论证"的原初表征中反映的,这似乎说明塞尔接受了形而上学。计算机是客观物体,若计算机重6lbs,并且具有立体声音响,那么塞尔就会指出所谓的强人工智能提倡者会认为心灵也重6lbs,也具有立体声音响,然而明显的是人的心灵并没有那么重,心灵有着更加抽象的含义,可见强人工智能的主张和论断在形而上学方面是根本站不住脚的。

塞尔的"中文屋论证"直接反驳了计算机是心灵以及程序设计合理的数字计算机能够理解语言这一观点。他的思想实验诉诸我们强烈的直觉,即完成了计算机能够做的事情的人们并不会因此而理解中文。正如上面提到的,不管你怎么设计计算机,计算机都不能成为心灵,不能理解语言,塞尔在这一点上做得完全正确。然而,这却不能表明人工智能不具备产生自然语言的能力。简言之,计算机、程序甚至系统不能理解语言,但是能够创造认知。对此,美国学者郝泽指责塞尔关于人工智能的论断具有笛卡儿偏见,认为他缺少对认知的内省。

塞尔指出"中文屋论证"提出之前居于主流的形而上学是功能主义,功能主义对于塞尔详细讨论的同一性理论来说是一种选择。功能主义者主张心智状态扮演的因果角色决定其功能状态。举例说,功能主义者会主张疼痛是由对身体的损伤而引起的典型功能状态,它存在于一种身体影像之中,这似乎是令人反感的。需要明确的是,功能主义者把自己同行为主义者和同一性理论者严格区分开来,与前者相比,功能主义者认为内在的因果进程对心智状态的存有来说是重要的,为此他们反对图灵测试;与后者相比,功能主义者主张心智状态可能会被各种各样的物理系统所拥有(或者是非物理的,在这些系统中心灵是由一种物质转变为一种非物质的工具)。同一性理论主张把疼痛定义为神经元放电,功能主义者会把疼痛定义为一种更抽象、更高层次的东西,一种由基础系统的许多不同类型所拥有的功能角色。功能主义者指责同一性理论者走向了实体沙文主义。然而,功能主义也不可避免陷入了困境:功能主义易受到上面讨论的"中国头论证"的攻击,不可能对理解力功能分析的诸多细节进行描述,该理论在解释感受性时遇到了麻烦,遗漏了我们意识体验的定性方面,即色谱颠倒可能性引起的问题。

这些存在争议的形而上学问题在"中文屋论证"中对核心推论施加了影响,从直觉来看,屋里的人是不会通过操作一个程序而理解中文的,塞尔推断运行一个程序是不会产生理解力的。有一点很清楚:这种推断是否合理应该归结于一个与身心同一性相关的形而上学问题。

4. 模拟、复制和进化问题

在"中文屋论证"中,塞尔讨论了模拟和复制的重要区别,没有人会把对天气的计算机模拟误认为真实的天气,没有会把对消化作用的模拟误认为实际的消化作用,同理,把对认知的计算机模拟与认知混为一谈也将会是一个严重的错误。面对模拟和复制问题,同时会出现两个问题:

第一,总是在模拟实验和真实事物之间做出区别这一点是不够清晰的。心脏是生物学的,人工心脏是心脏的模拟物吗?或者它们是心脏的功能性的复制品吗？心脏是由不同材料制成的吗？走路是一种通过使用四肢完成的生物学行为，人们能够用人造四肢走路吗？或者它们能够模拟走路吗？如果需要确定事物特定种类的属性是高层次的属性，那么分享这些属性的任何事物都将会成为那一种类的东西（尽管它在低层次属性中的表现是相异的）。

丘奇—图灵论题并未表明大脑能够被一种万能图灵机模拟，图灵1938年提出的普林斯顿论题描述了这样的机器——"O—机器"，如果大脑是这样一个机器，那么塞尔"中文屋论证"的不可能性就会被成功用来反驳功能主义者的假设。之后，科普兰转向了大脑模拟者的回应，他说明塞尔正确指出了一个人不能从X模拟Y以及Y有属性P就推出X含有Y的属性P的结论，但是他认为塞尔自己在从传统人工智能到运用计算主义展开"中文屋论证"的过程中犯了模拟错误。推论的对换句在逻辑上是相当的——X模拟Y，X不具有P，那么Y也不具有P——在这里P是理解中文的。可见其中错误的步骤是："中文屋"的操作者S模拟了一个神经网络N，S理解中文是不成立的，因此N理解中文也是不成立的。此外，科普兰还注意到一些联结主义网络不能被一个普通图灵机模拟的事实。

第二，进化过程中提出来的模拟与复制的区别问题。塞尔期望把源初意向性和名副其实的认知看作特定生命系统的属性（据推测是进化的产物），计算机仅仅是模拟这些属性。与此同时，塞尔在"中文屋"的设想中主张一个系统能够展示像人类行为一样复杂的行为，但对一个人想象的智能和语言认知的任何程度的模拟以及对与世界交往能力的模拟都不能理解一个事物。他还指出这种复杂行为的系统可能是通过极为普通的物质（如水管和阀门）来运行的，这就产生了一个生物学问题，这个问题晚于早期回应者用来反驳"中文屋论证"而提出的他心问题。当我们预料其他事物具有心智时，进化则不会做出此种假设。驱动生物进化的选择力量是在行为基础之上做出选择，只要这种选择能在有机体的行为中予以表明，进化就能够对创造性地、明智地使用环境信息的能力做出选择。在任何情况下，认知系统与非认知系统的行为之间如果没有明显区别，进化就不能对真正的认知做出选择。似乎基于塞尔的原因，真正认知意义上的心智是不具备优势的，我们了解的纯粹计算过程的使用基于独立的原因而存在。理解力模拟仅仅可能是像真实事物一样,具有较强的生物适应性,但关于名副其实的认知系统是如何以及为什么能够进化这一层面却为我们遗留了难题,源初意向性与名副其实的理解力已经变成了无关紧要的副现象。

可以说,思想实验在为世界提供相关证据时,不免会使自身陷入困境,其运用的类比方法无法保证论证结果的逻辑必然性。塞尔"中文屋论证"中考虑的系统有着直觉的作用。在此论证中,他思考了一个由相对简单操作构成的复杂系统,确实强调了我们在理解意义和心智中面对的严重问题,但同时也注意到这一论证不可能说明理解力或意识是如何产生出来的。此外,由"中文屋论证"提出的许多问题也许会在几大问题(关于意义的本性,语义与句法的联系以及意识的本性问题)达成一致时才能被解决。对于什么样的程序能够产生意义、理解力以及意识,以及什么样的事物通过思想实验可能被证明为先验的等问题依然存在着重大分歧。

六 查尔莫斯的非还原性计算功能主义立场

面对布洛克、杰克逊、塞尔等人的质疑,查尔莫斯予以回应,并以此来捍卫他的计算功能主义立场。他认为"感受性颠倒"和"感受性缺失"都不具有合法则性,是经验不可能的;"中文屋"思想实验的逻辑结构存在诸多质疑,需要进行多方面诊断。

查尔莫斯的计算功能主义立场最终是为其属性二元论服务的,他认为通过对心灵概念进行功能分析,物质世界就会获得一种新添加的基本性质,即意识经验。"计算主义世界观把整个宇宙看作是一台巨大的计算机,把整个世界中的物质过程,从最小的微粒或场到最大的天体或场,都看作是自然的计算过程"[1],而且其最初阶段表现为心灵的计算功能主义观点,使大脑的功能状态类似于计算机的信息处理状态。对于心灵来说,最重要的是其信息处理能力,而现代计算机作为自适应的高度复杂的非线性机器,最终将给予人们一

---

[1] 李建会、符征、张江:《计算主义:一种新的世界观》,中国社会科学出版社2012年版,前言第2页。

种用以理解心灵的信息处理能力的正确模式。具体来讲,计算功能主义认为计算机虽具有与大脑不同的物理构成,但其内在的因果关系模式是一致的,只要它们伴有恰当的因果关系状态,就可以说其具有明显的心灵特征,心灵状态就是以计算功能主义方式实现的信息处理状态。以信念为例,"严格地说,一个信念不过就是某种东西,即一个 X,它是一种因果关系模式的组成部分,而它之所以被定义为信念,是因为它在这种因果关系模式中所处的地位。这种模式被称作一个系统的'功能性组织',一个系统有一个信念,不过就是说它具有恰当的功能性组织"①。但是,基于功能和经验方面的论证,事实上计算机系统不可能真正拥有心灵,它至多可以获得心灵的空外壳,等同于缺乏意识经验的无心人。

对此,坚持意识经验非还原论观点的人们就会从经验角度反对计算功能主义,表明很难相信一个人工非生物系统能够产生意识经验,认为意识只能是人类拥有的(计算机不具备的)一种特征。对此,查尔莫斯指明"意识的非还原论观点并不机械地导致关于计算功能主义的悲观看法,这两者之间是相互分离的。前者关注物理系统与意识之间联系的强度"②,意识仅仅来源于物理过程,二者之间不具有还原关系,由功能性组织决定的意识经验没有必要被还原为功能性组织;"后者关注物理系统与意识之间联系的形式"③,肯定功能性组织对心理学状态的解释作用,认为计算机的信息处理直接对应心灵的功能主义分析,说明正确计算形式的确定对意识经验的存在而言是充分的。

因此,查尔莫斯进一步明确了他的非还原性计算功能主义立场。一方面,他坚持强人工智能的观点,认为功能性组织可以满足意识经验的需要,复制人们功能性组织的任何系统,无论它由硅基、管线构成,还是由中国头例示,都会拥有意识;另一方面,意识经验不可能通过认知神经科学的还原解释实现彻底阐述,因为当人们感觉经验发生时,还原论模式无

---

① [美]约翰·塞尔:《意识的奥秘》,刘叶涛译,南京大学出版社 2009 年版,第 95 页。

② Chalmers, D. J. *The Conscious Mind: in Search of a Fundamental Theory*. Oxford University Press, 1996, p. 314.

③ Ibid.

法给出充分有力的解释，也就是说，"在功能和经验之间存在着一道解释鸿沟，我们需要通向它的解释桥梁。纯粹的功能说明仍停留在那鸿沟的一边，因此那桥梁的材料必须在别的地方去寻找。"[①] 这里所指的新材料就是指非还原论，查尔莫斯正是借助这一理论对意识进行了合理的定位，即意识是一种新添加的基本性质。

七 意识的认知机制需要计算功能主义

意识"难问题"是一项巨大的概念工程，查尔莫斯需要做的就是为这种理论的建构提供支持性论证。他承认："认知可以通过功能方式来解释；意识却抵制这样的解释。"[②] 也就是说，尽管意识本身并不是功能属性，关于功能性组织产生经验的问题会出现概念错误，但意识的认知机制离不开计算功能主义。

计算在人工智能和认知科学中发挥了重要作用，为系统的因果功能组织提供了抽象性说明和本质基础。功能性组织作为计算与认知的连接物，充分说明了二者之间的因果关联性：如果认知系统通过功能性组织拥有了心理学属性，并且功能性组织能够在计算意义上被详细说明，那么计算的认知解释就可以充分说明人们的物理行为。同样，如果系统的功能性组织在行为解释中产生了重大意义，那么计算就可以充分解释认知依赖的相关属性了，可见，计算足以为功能性组织提供完美的框架，为系统认知进程的因果解释提供极好的说明。

查尔莫斯认为第一人称方法把意识当作一个形而上学问题，第三人称方法把意识当作一个自然科学问题。而第三人称方法的关键是计算功能主义，这一哲学立场将心灵视为一个系统，集中揭示大脑的抽象因果功能结构，说明意识的认知机制，即计算功能主义对心理认知的解释作用和对意识基础的启发作用。他指出意识的认知进程通常以计算术语加以说明，计算的基本作用主要体现在两个方面：（1）计算充分性论题：正确形式的计算结构可以满足心灵以及心灵心理学属性的基本要求；（2）计算解释性论

---

① ［澳］查默斯：《勇敢地面对意识难题》，载高新民、储昭华主编：《心灵哲学》，商务印书馆 2002 年版，第 367 页。

② Chalmers, D. J. *The Conscious Mind: in Search of a Fundamental Theory*. Oxford University Press, 1996, p. 172.

题：计算可以为认知进程的解释提供一个总体框架，实现对认知科学的辩护。对此，查尔莫斯将上述两大作用称之为"计算充分性论题"和"计算解释性论题"。①

心灵根源于因果功能性组织的恒定结构，计算机的信息处理直接对应心灵的功能主义分析。那么，抽象的计算与具体的物理组织之间是如何体现这种功能分析的呢？查尔莫斯认为这集中体现在"实现"这一概念上（这将在本章第三小节第四部分进行详细论述）。因此还需明确计算的种类，计算通常在某种形式主义内部加以具体化，但形式主义又是多样化的："有图灵机、Pascal 程序、细胞自动机以及联结主义网络等形式，尽管它们的实现过程是相似的，但还存在一些细节差异，故查尔莫斯将所有这些形式都包括在 CSA 之内"②。

诚然，计算功能主义的主要作用在于解释计算与认知之间的关系，它的分析视角尚未延伸到意识的本体论研究，意识最终只能被简单地随附在功能性组织结构之上。因此，要想明确地从自然主义视角出发为意识寻找恰当的位置，指明意识是关于物理世界的新事实，就必须寻找意识与认知之间的必然性联系，而查尔莫斯提出的结构一致性原则恰好完成了对二者关系的充分解释，即与觉知相关的信息加工过程实际上就是研究意识认知机制的重要组成部分。

第二节 意识与认知的关系：结构一致性原则

查尔莫斯首先关注了意识经验与认知之间的一致性，即心灵的心理学与现象学方面不是独立的，它们是系统相关的。同时，正是意识与认知之间的许多合法性联系（包括与二者相对应的心理学判断与现象学判断之间的联系）使得意识理论的建构工作顺利开展。通过思考这些联系以及它们发挥作用的方式，查尔莫斯明确提出了联系心理学与现象学的原则——结构一致性原则。

---

① Chalmers, D. J. "A computational foundation for the study of cognition". *Journal of Cognitive Science*, 2011, 12 (4), pp. 323–357.

② Chalmers, D. J. *The Conscious Mind: in Search of a Fundamental Theory*. Oxford University Press, 1996, p. 316.

一 意识与认知的差异性与一致性

意识在本体论意义上具有神秘性，意指第一人称的、感觉起来像什么的经验，由独立的心理物理法则支配，无法还原为大脑内部的神经元活动或其他物理进程，不能通过功能解释加以分析；而认知是无意识的，完全由物理法则支配，能够在功能意义上以计算方式加以解释，用伊莱斯密斯的话说认知就是"动力系统＋控制"，对认知的基本理解大体上可以着眼于前面关于"觉知"概念的分析。

尽管意识理论与认知理论之间的区分是明显的，但这并不是说意识与认知彼此完全分离。我们给出二者的区分主要是为了引出彼此之间的联系，并试图解决与意识经验相关的许多微妙的形而上学和解释性问题。意识与认知之间存在着紧密的联系：一方面，意识经验的内容与认知状态的内容相互关联，无论现象学意义上的红色感觉何时存在，都会有与之相对应的心理学意义上的红色觉知；另一方面，许多认知活动都被集中在意识经验上，可见二者之间的联系是系统化的。这一系统化的联系可以为意识理论提供基本材料，认知机制是意识解释的重要组成部分，毕竟正是通过认知，人们才开始慢慢了解意识。

查尔莫斯认为，"意识与认知之间联系的关键纽带是现象学判断"[1]，觉知可能有助于解释现象学判断，而每一个现象学判断又都与意识紧密相关。之所以称其为现象学判断，不是因为这些判断是现象学状态本身，而是因为"这些判断与我们的现象学紧密相关"[2]，意指与意识相关的各种判断，是心理学的组成部分。从本质上来说，现象学判断就是一种认知行为事实。为了对现象学判断进行细致描述，查尔莫斯从其内容出发将其分为一阶判断、二阶判断和三阶判断[3]，认为在大多数情况下我们关注的是

---

[1] Chalmers, D. J. *The Conscious Mind: in Search of a Fundamental Theory.* Oxford University Press, 1996, p. 173.

[2] Ibid.

[3] 参见 Chalmers, D. J. *The Conscious Mind: in Search of a Fundamental Theory.* Oxford University Press, 1996, pp. 175 – 176. 其中，一阶判断指与意识经验内容相关的认知状态，二阶判断包括意识经验的具体判断和与之相关的更为直接的判断，三阶判断超出了特定经验的判断，指与作为类的意识经验相关的判断。

经验对象，而不是经验本身。相比之下，一阶现象学判断较为普遍，这一判断构成了觉知的内容，其内含的概念化内容使得意识问题紧紧依赖于认知进程中的觉知状态，可见意识与认知之间的一致性原则关注的是意识与一阶现象学判断（或觉知）之间的关系，即意识经验与认知结构（或觉知的表征结构）之间的一致性。

觉知作为一个功能性概念，是意识的心理学联系，是经验的伴随物，哪里有现象意识，哪里就有觉知，行为控制中可利用的信息暗示了存在与经验相一致的认知状态，觉知与意识经验相伴而行；同样，二者的关系是双向的，哪里有觉知，哪里就有意识，当我们获得了与行为进程相关的报告内容时，一般来说就会出现相应的意识经验，比如说，当我们的认知系统表征身体某一部位受到损伤时，我们就会感觉到疼痛。

二 意识与觉知的结构同形性：结构一致性原则

与上述分析相比，查尔莫斯进一步着眼于意识与觉知的结构同形性，更加详尽地考察了二者的一致性，得出了结构一致性原则。该原则强调"意识的各种结构特征直接与在觉知中表征的结构特征相对应"[①]，是一个连接物理—功能属性与经验属性的原则，表明任何一种物理—功能属性的例示都与经验的实现相关。在这里，查尔莫斯用觉知指称经验认知基础上的某些特别进程或与意识经验发生全面联系的心理学状态。

通常来说，不同主体表现出来的意识经验不同，它们的内部结构具有明显的差异性，不能将它们视为同质的东西。在现象学领域中，每一个主体可以对不言自明的经验结构属性进行映射性分析和描述，从而发现在觉知的信息加工中也会有这样的结构特征。也就是说，与意识经验相关的每一个结构细节都能通达认知系统，通过觉知内容加以表征，并在行为控制中发挥作用，这就说明二者之间存在着一种结构性联系。比如说，关于我手边黑色鼠标的视觉经验就伴随着关于这一鼠标的功能性觉知，同时也伴随着关于黑色的觉知；同理，疼痛的主观经验一般伴随着关于 C 神经纤维激活的觉知。

---

① 参见 Chalmers, D. J. *The Conscious Mind: in Search of a Fundamental Theory.* Oxford University Press, 1996, p. 223.

结构上的一致性表明觉知的内容与一阶现象学判断的内容相一致。觉知的内容通常被理解为中心系统能够通达的信息内容，它对行为的有意控制和口头报告是有效的。比如说你关于桌子上英语课本的视觉经验伴随着对该课本的功能性觉知（包括形状、大小、颜色、厚度等结构特征），并且你的知觉系统记录了桌子上存在一个诸如此类的物体。伴随着带有内容的经验状态的存在，系统的信息有效性暗示了行为控制中的可利用信息。简单地说，就是存在着与经验相一致的认知状态。

具有认知能力的人可以获得功能层面的结构性事实，能够凭借感觉经验的有效信息重新获得系统的几何结构，而这些细节都能在主体的行为能力中加以体现，这就说明了意识的经验结构映射了与之相对应的认知结构的特征。

结构一致性原则还可能体现在更深的层次上，这主要是由于意识经验具有复杂的结构，不同的经验在形式结构、相对强度等方面存有异同，每一个主体的经验可以部分根据同异关系、觉知状态、几何构造等结构性特征加以分解，这就需要把第一人称和第三人称方法论结合起来解释经验的机制问题。对于行为控制中的言说报告而言，一方面，人们需要凭借视觉、触觉、听觉等感官来分辨、认识行为的客观性和觉知报告的可靠性；另一方面，人们还需结合内心的真实体验来分析行为的后果及其功能效应。可见，认知绝对是解释人类行为的主要过程，觉知与经验之间存在着内在的一致性。其中，与觉知相对应的经验具有明显的强度，一定强度的经验会对认知进程造成影响，因此，经验的强度必须在觉知的结构中以某种方式表征出来。具体来说，尽管经验本身不可言说，但经验的形式及其具体经验之间的关系则是可以言说的，因此也就需要发现这些关系在认知层面的表征，使觉知的状态总是伴随着经验的状态。

概括地说，"正是意识结构与觉知结构之间的功能同构性支撑着结构一致性原则。该原则表明尽管认知过程在概念上并不蕴含意识经验的本体论解释，但是二者之间并不是孤立的，它们总是以某种方式相互关联"[①]，即人们在现象学领域发现的任何结构性联系都将会在觉知表征的结构中映

---

① Chalmers, D. J. "Naturalistic dualism". In Velmans, M. & Schneider, S. (eds.), *The Blackwell Companion to Consciousness.* Blackwell Publishing, 2007, p. 363.

射出来，觉知的结构也需通过意识的结构表现出来，经验之间的相似性和差异性与觉知内部表征的相似性和差异性相一致，即经验的几何结构与觉知的几何结构之间具有要素相通性。

三 案例分析：色觉

以具有复杂几何结构的色觉为例，在与颜色现象相关的信息处理过程中，任何一种具体的色觉经验特征都会与某种觉知表征的结构特征相对应，色觉经验之间的每一个差异，都有与之相对应的觉知差异。通常来说，"色觉经验的三维现象学结构是通过人们知觉系统中加工的颜色信息的三维结构映射出来的"[1]，人们所感觉到的不同颜色现象形成了一个复杂的三维空间，在色调、饱和度、强度上体现出了差异性，如果单从信息处理的功能角度来考虑，人们可以复原该空间的这些性质。也就是说，对视觉系统的研究表明，光的波形沿着三条不同的轴线加以分析、归类，正是这些三维信息与色觉经验紧密相关。由此可见，正如人们所认为的那样，色觉经验的差异性与视觉空间的三维结构有着直接的对应关系，色觉经验的每一个差异都与某些可报告性信息相对应，由此便与信息处理过程中表征出来的结构差异相一致。更直接地讲，色觉经验的几何结构在视觉信息处理的过程中得到了直接的反映，与颜色相关的经验现象的三维结构直接对应着视觉觉知的三维结构，每一种几何空间关系都与某些具有可报告性并由此在认知中得到表达的信息相对应。

色觉经验的细微结构对应于视觉信息加工过程中的细微结构，当然这种对应关系在其他形式的现象学领域中同样存在，甚至是非感知类的经验。也就是说，任何在意识中经验到的信息都将在认知过程中得到体现，内部的心理图像同样具有几何性质并在信息处理过程中得到表达，即便是情感也具有与信息处理的结构特征相对应的结构性质。正是由于经验的结构特征具有可获得性和可报告性，才使得这些特征在觉知的结构中得到直接体现。

---

[1] Chalmers, D. J. *The Conscious Mind: in Search of a Fundamental Theory*. Oxford University Press, 1996, pp. 223-224.

四 结构一致性原则的解释作用及其局限性

结构一致性原则作为意识认知解释的重要原则，有助于我们在运用物理事实的过程中解释具体形式的经验结构，有助于我们在以觉知为基础的进程中理解意识机制的结构，有助于我们在连接物理行为与意识经验的过程中寻找意识的神经元联系。正是在此意义上，结构一致性原则可以作为探究意识物理联系的背景原则。举例来说，如果我们发现了视觉信息处理进程与觉知的联系，那么依据这一原则，我们就会获得该物理进程与视觉意识相联系的经验证据。

此外，这一原则还能够保证意识与认知之间的因果联系，使人们获得对觉知结构的进一步理解，发现第一人称分析法与第三人称分析法的内在联系以及现象学与心理学之间的关键联系，实现物理—功能属性与经验属性的相互关联，填补意识解释过程中的解释性鸿沟，表现出一定的解释作用。也就是说，要想解释经验结构的某一具体方面，我们就需要解释与之相应的觉知结构的特定方面。以颜色为例，一旦有了对色觉信息相关结构的认知功能分析，那么结构一致性原则就会引导我们进一步发现与色觉结构特征相对应的现象学意义上的经验结构。同理，要想发现和弦演奏在经验层面的结构性关系，就需要考察与之相应的心理学领域的功能组织的结构特征。

但是该原则只具有逻辑可能性，意识与觉知之间的结构一致性并不能穷尽二者的其他关系；相反，在某种意义上，这一原则往往会缩小意识经验的作用范围。换言之，如果我们接受该原则，就会无形中限制意识的本质内涵，在某种程度上将意识与觉知混淆起来。久而久之，觉知的解释过程就会等同为意识问题的基础或根据，这样一来就会形成缺省配置的理解：觉知总是与意识紧紧捆绑在一起，觉知发挥作用的地方总会出现意识经验。然而，这一理解明显将二者的联系扩大化了，容易忽视意识的本质特性，不利于"难问题"的彻底清算。

回到色觉的例子，尽管色觉经验结构与认知结构之间具有一致性，但是在没有色觉体验的情况下，人们仍然可以想象视觉认知结构的信息加工过程。色觉经验的结构特征并不能完全穷尽神经生理学层面的信息结构特征，因为并非所有的觉知结构都有与之对应的经验结构。比如一个没有疼痛感的人故意装作被毒蛇咬到，发出"疼死我了"的呻吟声，这一认知行为的信息加工过程无法真正对应疼痛经验的结构性特征，即主体的觉知结构与单纯的经验结构之间有时也存在着不一致性。桌子上的红色玫瑰刺激我们的眼球，说明眼睛接收到的信息具有客观性，而客观信息与主体对玫瑰的感觉经验之间存在着一致性，如层层包裹的花瓣与清新自然的感觉之间的一致性，但却不能将二者完全等同，主观经验特征的分析并不能穷尽客观现象的所有认知结构，我们可以在不产生任何感觉经验的情况下想象玫瑰花瓣的凋零。可见，这种现象的加工处理是结构一致性原则无法保证的，这恰恰说明了一致性之外的差异性，指出了该原则的局限性："它在逻辑上并不是一个必然性原则，因为毕竟人们可以在完全没有经验的情况下想象所有信息加工过程的发生，它只是一个与心理物理联结相关的有力而又熟悉的限制"[1]，它无法保证意识理论的出现。

此外，视觉表征的结构性特征也不能完全穷尽色觉经验的所有特征，结构一致性原则并不能解释色彩经验的内在本质，因为并非经验的所有特征都是结构性特征，这就表明结构性特征会对经验起到一定的束缚作用。比如，感受性倒置的经验是无法通过结构性说明获得的，即单纯的结构性特征描述无法确切地表达主体倒置的感觉经验，因为在结构性特征一致的前提下，主体的感觉经验却是完全相反的。回到蝙蝠的例子，我们可以在蝙蝠的认知系统中建立觉知结构的详细图景，并通过结构一致性原则获得对蝙蝠经验结构的充分了解，但是这依然不能穷尽成为一只蝙蝠的所有经验特征，无法真正回答内格尔的经验问题。

第三节 查尔莫斯对计算功能主义的辩护：组织恒定性原则

查尔莫斯认为要想彻底解释现象学层面的意识"难问题"，建构一种合理的意识理论，就需要为计算功能主义理论增加"非还原性"这一限定词，并通过组织恒定性原则加以辩护，表明意识经验是自然随附在大脑

---

[1] Chalmers, D. J. "Naturalistic dualism". In Velmans, M. & Schneider, S. (eds.), *The Blackwell Companion to Consciousness*. Blackwell Publishing, 2007, p. 363.

功能性组织之上的不可还原的添加物。

一 组织恒定性原则的具体内容

组织恒定性原则强调在功能性组织相同的前提下，必然会产生相同的感觉经验。从这一原则来看，意识是一个组织恒量。为了对此进行详细说明，查尔莫斯通过思想实验加以诠释。

查尔莫斯站在计算功能主义的立场上，肯定了功能性组织的因果作用（因为这里所讲的功能性组织本质上是系统各部分之间以及这些部分与其外在输入、输出之间的因果关联的抽象模式），强调了功能性组织与意识不是同一种东西；"意识是借助大脑的功能性组织产生的"[①]。这种因果关系有助于诠释认知机制及其细微层次的行为能力，是论证组织恒定性原则的重要条件。

在查尔莫斯意识理论的建构过程中，意识与功能性组织的关系集中体现为结构一致性原则，即意识的结构通过功能性组织的结构反映出来，功能性组织通过意识的结构反映出来。这里使用了"反映"一词，而不是意味强烈的"引起"。尽管如此，还是引起了塞尔等人的质疑，他认为查尔莫斯颠倒了二者之间的解释性关系，说明"需要用意识去解释这种一致性，而不是用这种一致性去解释意识"[②]，并通过机器人（具有功能性组织而没有意识）和格林—巴利综合征患者（具有意识但缺乏功能性组织）的例子，明确论证了功能性组织不是意识发生的充分条件，二者之间有时是相互脱节的。对此，查尔莫斯依据"渐退感受性"和"跳跃感受性"论证说明细微的功能性组织与意识之间并未脱节，意识的认知机制实际上就是一个动态的计算功能系统。

二 "渐退感受性"与"跳跃感受性"论证

查尔莫斯通过"渐退感受性"和"跳跃感受性"论证来捍卫他的计算功能主义立场，这些思想实验为组织恒定性原则提供了有力而又合理的

[①] Chalmers, D. J. *The Conscious Mind: in Search of a Fundamental Theory.* Oxford University Press, 1996, p. 247.

[②] [美]约翰·塞尔：《意识的奥秘》，刘叶涛译，南京大学出版社 2009 年版，第 102 页。

论证。依据组织恒定性原则,"如果一个系统是有意识的,并且 CSA 将其细微的功能组织抽象化了,那么另一功能同构的系统必须是有意识的,并且拥有与前一系统相同的意识经验;但如果另一系统不是有意识的,那么就会存在伴有'渐退感受性'的中间系统;或者如果另一系统不是有意识的或者拥有不同的意识经验,我们就可以构造伴有'跳跃感受性'的中间系统"①。但是"渐退感受性"或者"跳跃感受性"是一种科学幻想,只具有逻辑可能性,在经验和现实层面是不可信的,如果证明不存在这样的论证假设,即假定感受性不可能用这种方式渐退或者跳跃,那么另一系统必将拥有与原初系统相同的意识经验。

上述情况的分析正是计算功能主义者所主张的:如果认知机制是可计算的,蕴含着可用算法表示的逻辑形式,那么正确形式的功能性组织就会产生意识。如前所述,塞尔依据语法和语义的关系问题,通过"中文屋"思想实验专门对计算功能主义进行反驳,他认为语法对语义来说并不是充分的。对此,可以进行如下分析:首先,想象讲中文这个人头脑里的神经元逐渐被小人替换,一次替换一个,每一个小人都可以复制神经元的输入、输出功能,如果从邻近的神经元得到刺激,小人就会做出正确的计算,按照顺序依次刺激临近的神经元,渐渐随着越来越多的神经元被替换,上百亿个小人充斥着那个人的头脑,实际上这个人大脑的运行工作已经完全被小人接管了,这些小人能够对彼此之间的信号和感官输入做出反应,按照次序刺激计算的输出。其次,我们通过加大小人的工作量来逐渐削减小人的数量,一开始可以用一个单独的小人去刺激他两边的神经元,并逐渐代替它们的神经生理功能,同时记录正在被替换的两个神经元的内在状态,并将这一纪录写在相应位置的纸张上。然而,一旦两个神经元被替换,中间环节就会被消除,芯片间的转化器和感应器也就失去了作用。以此类推,随着越来越多的相邻神经元被芯片取代,原初生物系统的生化机制就会被完全替代,最终仅存一个独立的小人和上百亿个小纸带,并且这些纸带都在与之相符合的神经元的原初位置上。不管其间经历什么变化,随之产生的"小人—纸带系统"

---

① Chalmers, D. J. *The Conscious Mind*: in Search of a Fundamental Theory. Oxford University Press, 1996, pp. 321-322.

都将分享着原初大脑的功能性组织，原初神经元之间的因果联系通过中介环节中小人之间的因果联系和输出环节中纸带之间的因果联系得到映射。可见，序列中的任何系统都是功能同构的，这里可以将系统的一端看作"我"，系统的另一端看作"小人—纸带系统"（本质上是机器人的复制品）。举例来说，当"我"欣赏舞蹈时，"我"会特别关注演员的服装，产生鲜亮和华丽的感觉，说出一些赞叹性话语；而另一端的小人也经历相同的输入并且产生相同的行为，但它可能根本没有意识经验，因此正如塞尔所言，这会对查尔莫斯的组织恒定性原则构成挑战，那么，查尔莫斯会如何解释呢？

据此，查尔莫斯主张运用"渐退感受性"论证加以说明。依据这一论证，如果最终的系统没有意识经验，那么两个系统的中间环节必定出现了问题，"我"的意识经验不断渐退直到消失殆尽。但查尔莫斯认为"渐退感受性"作为思辨的产物，只具有可想象性，缺少经验实证性，因此上述判断是不合理的，"小人—纸带系统"是有意识的。

这里我们还可以想象另外一种情形：神经元系统"我"与它的替代物"小人—纸带系统"之间出现了伴有恒定功能性组织的"跳跃感受性"，这主要是由于"小人—纸带系统"中的程序受到了开关控制，当处于打开状态时替代系统具有与"我"相同的感觉经验，当处于闭合状态时该系统就完全没有意识了，这就说明"小人—纸带系统"会在有意识与无意识之间来回转换，但是无论处于哪一种情形，功能性组织在整个过程中都是恒定不变的。

由于上述这些情形只具有逻辑可能性，它们在现实世界中都是相当离奇的，因而（通过归谬论证）可以合理地得出结论："小人—纸带系统"是有意识的，它仅仅具有与"我"相同的意识经验。如果"我"产生了鲜亮和华丽的体验，那么小人也会产生，由小人调节的纸带也会产生，所以可以确信"小人—纸带系统"具有意识经验。也就是说，正是小人与纸带之间的具体机制产生了意识经验，比如感觉鲜亮、华丽的意识经验。此外，还需明确小人的作用完全是次要的，它仅仅作为因果促进者而起作用，最有趣的因果机制是发生在纸带之间，这一机制与"我"的神经元相符合。

三 案例分析：硅回路替代神经元回路

组织恒定性原则说明："任何既定的功能性组织都能通过不同的物理系统得以实现"①，任何两个具有相同功能性组织的系统必定拥有相同的经验。依据这个原则，就意识经验的产生而言，重要的不是系统内部的物理化学结构，而是其因果作用的抽象模式。

除了前一小节给出的论证以外，查尔莫斯还介绍了硅回路替代神经元回路的例子，并对其进行论证说明：假设两个功能完全相同的系统具有不同的经验，也许其中仅有一个具有意识，也许两个系统都具有意识但经验不同。为了描述的方便，假设存在 A、B 两个回路，它们的差异仅仅在于物理构成不同，其中一个系统 A 由神经元构成，而另一个系统 B 由硅基构成。神经元系统与硅基系统在功能方面基本上是同一的，一小部分（不到 1/10②）神经元被硅基芯片替代，即二者间的物理成分差异少于系统整体的 1/10，由于这种硅基芯片装有一种小型传感器，它可以接收电信号和化学离子并把它们转化为数字运算符号，并最终产生适当的电子或化学输出，因此只要芯片有正确的输入和输出功能，替换物将与系统的功能性组织无异。也就是说，除了系统 A 的一小部分神经回路被系统 B 的硅基回路替换之外，这两个系统的其他物理构成完全一致，被替换的神经元与替换的硅基芯片具有相同的局部功能。由此，随着神经元不断被替换，出现了一系列过渡个体，每一个体都具有类似的结构和功能状态，但个体与个体之间在经验层面表现出了不同程度的差别，也就是说，具有相同功能性组织的两个系统的原初经验是完全不同的。

该思想实验中的关键步骤在于移开系统 A 的相关神经回路，在它的边上装有功能完全相同的硅基回路 B，这一回路带有转换器和感应器，最后"在两个回路之间安装一个转换开关，通过拨动开关切换它们，比如

---

① Chalmers, D. J. *The Conscious Mind: in Search of a Fundamental Theory*. Oxford University Press, 1996, p. 248.
② 查尔莫斯认为将两个相邻系统之间差异量定为 1/10 没有什么特别之处，提高到 20% 或 25% 也不会有什么问题，但这个数字不能过高，如果将它设为 1/2，很可能会陷入人格同一性问题的困境中。

说，轻按一下开关，神经元回路就会被移除，所有工作完全由硅回路接管"[1]。但对于系统来说，根本没有办法注意到这一点变化，因为它们的因果功能性组织没有发生变化，以致它们的所有功能状态和行为倾向都保持固定不变，它不会影响系统的其他组成部分。"人们甚至可以无数次地转换 A、B 两个回路，因此意识经验可以在系统'内在之眼'的注视下前后跳跃"[2]。然而，在这里会发生一些看似合理但又奇怪的事情：无论关注该系统多久，都不会有什么反常情况发生，系统将永远不会觉察到意识经验的变化，它仍在继续完成工作，系统的功能性组织始终保持正常，在行为处理方面没有特殊差异。这里可以再次采用归谬法，想想意识与认知之间的极端分裂，如果这种事情可以发生，那么心理学和现象学之间会出现不协调的情况，而事实上它们之间并未出现这种情况；加之，"'跳跃感受性'这一方案可能是逻辑可能的，但这并不意味着它作为经验可能性是可信的。"[3] 总的来说，最合理的假设是在保留功能组织模式的同时更换神经元，如此一来，这种经验变化才是不可能的，神经元回路与硅基回路之间的相互切换不会出现意识经验不断变化的情况，两种回路中表现出来的是相同的经验，因为两种回路之间的切换并没有改变整体的功能组织模式。由此也就推翻了该案例的原始假定，得出新的结论："经验完全由功能性组织决定"[4]，神经组织的功能模式用硅加以复制后出现了相同的经验，任何功能性组织相同的系统都将具有相同的经验。因此，人们就有充分的理由相信组织恒定性原则是正确的。

从外部输出来看，硅基芯片拥有与神经元因果作用模式相同的状态，在功能上基本同一于它所替代的那些神经元（即神经元的作用确实可以满足某种功能描述），硅基系统产生了与神经元系统相同的行为，如此一来就会出现一个新问题：人们为什么不能用替代神经元回路的硅基回路来产生意识呢？查尔莫斯认为尽管功能同构的不同系统能够产生相同的意识经验，但这并不是说功能描述的任何层次都能够伴随意识现象的产生，意

---

[1] Chalmers, D. J. *The Conscious Mind: in Search of a Fundamental Theory*. Oxford University Press, 1996, p. 267.

[2] Ibid., p. 268.

[3] Ibid., p. 269.

[4] Ibid., p. 270.

识经验的产生主要是由神经机制中某一层次的功能作用决定的。

四 组织恒定性原则对计算功能主义的辩护

如前所述,查尔莫斯在阐述组织恒定性原则时表现出了他对计算功能主义立场的捍卫。如果这一原则的论证是正确的,带有正确形式功能组织的系统(不管它由什么材料构成)可能是有意识的,那么就可以说硅基系统也可能拥有意识。查尔莫斯指出,要想说明运行恰当的计算程序对相关功能性组织的存在而言是充分的,就需澄清计算与功能性组织之间的联系,一旦处理好这一关系,就可以应对诸多关于心灵计算理论的质疑,直接表明其计算功能主义立场,具体分析如下:

系统的因果关系模式被称作功能性组织,系统拥有信念,就是说它具有恰当的功能性组织。查尔莫斯认为功能性组织和意识不是同一种东西,但二者总是形影不离。实际上,采用什么方式来实现 CSA 与采用什么方式来实现功能性组织具有明显的相似性,CSA 的定义实际上是功能性组织定义的直接形式化,任何功能性组织都可能被抽象为 CSA,实现功能性组织与执行相应的 CSA 几乎是同一事情,但是不可避免,二者之间还是存在一些细微差别的。功能性组织是通过确定许多抽象组成部分以及每一部分的状态与先前状态的依赖性关系而实现的。由此可以得知,正是查尔莫斯关于"实现"的解释使得因果功能性组织与计算机之间的联系清晰化了,当把算法实现运用到物理系统中时,它就可以有效地为系统的因果组织提供形式化描述了。

计算功能主义是就信息加工过程而言显现出来的,计算描述可以使诸多领域的物理系统产生意义,其中计算机与心灵的问题"实质上就是算法实现的问题,即心灵的可计算性问题"[①]。依据查尔莫斯的观点,计算功能主义表明实现恰当的计算程序有利于形成功能性组织,满足意识经验的需要,对其所在的物理系统产生作用。一般来说,"实现"的定义几乎不从细节方面进行分析,但是要想捍卫计算功能主义,还须对这一定义进行具体阐述,尽管一些人已经说明无法给出关于"实现"的恰当说明

---

① 李建会、符征、张江:《计算主义:一种新的世界观》,中国社会科学出版社 2012 年版,第 6 页。

第四章 意识"难问题"的认知机制

（如塞尔认为算法实现不是一件客观的事情，它是因观察者而异的，至于计算功能主义，它要么会使内容为空，要么会隐含泛心论形式）。

与塞尔相反，查尔莫斯认为可以直接给出关于算法实现的客观说明：计算是抽象事物，伴有由计算状态和状态转换关系决定的形式结构；物理系统是具体事物，伴有由物理系统内在状态和状态之间因果关系决定的因果结构，"当物理系统的因果结构映射计算的形式结构时，该物理系统就实现了计算。也就是说，如果存在一种将系统状态映射到计算状态的方式，以使因果上相关的物理状态映射到与之相符的形式上相关的形式状态之上，那么系统就实现了计算"[1]。对于 CSA 而言，如果物理状态、输入与输出之间的因果结构转换关系反映了与之相应的形式状态、输入与输出之间的形式转换关系，那么我们就可以说其实现了计算。具体如下[2]：

> 如果将物理系统 P 的内部状态分解为组成部分 [s^1, …, s^n]，并且从子状态 sj 到与之相应的组合状态自动机 M 的子状态 S^j 之间存在映射关系 f，伴随着输入与输出的相似分解和映射，如此一来，就 M 的每一个状态转换规则（[I^1, …, I^k], [S^1, … S^n]）→（[S'^1, …, S'^n], [O^1, …, O^l]）而言，该系统 P 就实现了一个组合状态自动机 M。其中，状态转化规则可以描述为：如果 P 处于一内部状态 [s^1, …, s^n]，并且接收到分别与形式状态 [S^1, …, S^n] 和输入 [I^1, …, I^k] 相映射的新输入 [i^1, …, i^n]，这确实会使之进入内部状态，并且分别产生与 [S'^1, …, S'^n] 和 [O^1, …, O^l] 相映射的输出。

简单地说，物理系统要想实现既定的复杂计算，实际上就是要说明与系统因果结构相关的大量东西以及在提供认知分析和意识解释的过程中可能有用的东西，显然查尔莫斯希望算法实现的定义能够为认知系统的分析

---

[1] Chalmers, D. J. *The Conscious Mind: in Search of a Fundamental Theory*. Oxford University Press, 1996, pp. 317–318.

[2] Ibid., p. 318.

提供一种本质基础。换言之，查尔莫斯的计算功能主义立场主要体现在：他主张算法实现能够获得认知，计算形式可以满足心灵的需要，计算功能主义可以为系统因果组织提供表达形式。从功能的定义来看，计算功能主义主要依赖于因果模式，试图说明内含的因果功能状态，而并不是关注系统的物理化学构成。

五 组织恒定性原则的解释意义及其局限性

组织恒定性原则试图从现实经验的可能性维度建立理论，该原则告诉人们"对于任何伴随意识经验的系统来说，带有相同细微功能组织的系统将定性地拥有相同的意识经验"[①]。但是我们知道，查尔莫斯认为任何功能性组织都可能会被抽象为 CSA，当功能性组织被实现时，这一自动机就会被运行。由此可见，对于一个给定的意识系统 S，它的细微功能性组织可能会被抽象为组合状态自动机 S'，运行自动机 S'可以实现相同的功能性组织，因而在定性方面拥有与原初系统毫无差别的意识经验。由此可以说，组织恒定性原则明确了强人工智能论题，捍卫了查尔莫斯的计算功能主义立场。

举例来说，我们可以把大脑的神经描述抽象为一个 CSA，CSA 的状态转换规则体现了每一个神经元状态依赖其他神经元状态的方式，以及神经元状态与输入、输出相联系的方式。CSA 这一物理系统将拥有复制大脑神经元的功能性组织的细微功能性组织。凭借这一功能，CSA 系统将会拥有与大脑关联的意识经验相等同的意识经验。而作为简单输入—输出装置的计算机，在输入与输出之间除了形式上的数字运算以外什么都没有，可见通常意义上的计算机忽略了物理系统内部丰富的因果机制。的确，在一个运行大脑神经元模拟进程的普通计算机中，会出现各种回路中电压之间的真正因果关系，这一因果关系映射了神经元之间的因果模式。对于每一个神经元而言，都会拥有一个记忆存储单元或者表征神经元的存储单元，并且每一个存储单元都将会在某一回路的电压中物理地实现，就像大脑中神经元之间的因果模式一样，正是这些回路中的因果模式在产生意识

[①] Chalmers, D. J. *The Conscious Mind: in Search of a Fundamental Theory*. Oxford University Press, 1996, p. 249.

经验的过程中发挥了作用。

　　如果组织恒定性原则能够经得起考验，并在一定程度上提及了物理行为与感觉经验之间的因果联系，诠释了意识的功能认知机制，那么"与经验的出现直接相关的唯一物理属性就是组织属性，因而也就使意识理论面临更强的约束力"①，依然无法从根本上消除解释性鸿沟。此外，这一原则不具有现实可能性，只能单纯地提供逻辑可能性，不是解释意识"难问题"的基本层次，对意识理论的建构没有最终决定权，因为还有很多问题需要回答，如什么形式的功能组织产生意识经验，特定的功能组织应该产生什么样的经验等。

　　总而言之，尽管结构一致性原则和组织恒定性原则都具有一定的解释作用，但它们既不是基本的，又不是严格的解释原则，它们只是在为上层的意识状态做辩护，并未涉及底层的功能基质，没有对计算功能主义构成严格的正面论证，因为仅从上层的意识状态出发，目前完全不可能发现其底层的功能状态，也就是计算特征。

---

① Chalmers, D. J. "Naturalistic dualism". In Velmans, M. & Schneider, S. (eds.), *The Blackwell Companion to Consciousness.* Blackwell Publishing, 2007, p. 365.

第五章　意识的不可还原性论证：
"无心人论证"

"在作为现象的魔术表演和已充分认识的小块大脑组织的功能之间有一片空白地带，将其详尽地填补起来，是一项十分艰巨的研究任务，它摆在未来每一派理论家的面前。"①

——丹尼尔·丹尼特

通过上一章的分析可以得知，查尔莫斯的计算功能主义理论充分解释了意识的认知机制，但并不能为意识经验的本体论地位提供充分的说明，他认为意识源于功能性组织，但意识不可能在逻辑上只存在于我们的行为或功能性组织当中，意识并不是一种功能性状态，它只是一般性地诉诸计算功能主义而已。

查尔莫斯指出要想将意识经验从混乱无序的状态中解救出来，单纯的功能分析是无济于事的，意识"难问题"已经完全摆脱了物理层面和神经生理层面的束缚，因此，需要进一步诠释意识"难问题"的解释性问题，阐明非物理状态的存在，通过"无心人论证"充分阐述意识不可还原的主观性。

第一节　意识"难问题"的解释性问题

一　现象意识的本质特征

所谓现象意识的本质特征不是指意识经验本身，也不是对经验指涉的外

---

① ［美］丹尼尔·丹尼特：《认知之轮：人工智能的框架问题》，载［英］玛格丽特·博登编：《人工智能哲学》，刘西瑞、王汉琦译，上海译文出版社2006年版，第181页。

部世界的感受,而是对经验内在呈现出来的质的特征的把握,具体表现在:

(一) 感觉私有性

感觉私有性是关于主体内部拥有心理现象的问题,表明某种心理学状态只对应于当下独一无二的拥有者,只与主体自身的内省感觉相关,即这种意识经验无法与他人共享,不存在于主体间领域。比如同样被蜜蜂蜇了,但是对于不同的人来说,其内在感觉是不一样的,有人是瘙痒的感觉,有人是针刺的感觉,有人是持续性疼痛的感觉……这正如内格尔所言,我们也无法知道蝙蝠的感受,无法说出"成为一只蝙蝠会是什么样子"。

(二) 经验内在性

尽管科学家宣称他们对机器人的物理状态具有完备的知识,但这会使人们感到好奇,他们发现关于这种物理状态的认识似乎并不是完备的,仍有尚未了解的东西,即现象意识。意识层面的机制问题具有神秘性,有机体的经验感受具有较强的内在质性,不能通过外部行为及其物理知识加以理解,二者之间存在形而上学意义上的解释性鸿沟。换言之,就了解现象经验而言,物理知识是不完备的,经验主体要理解现象意识,就需要着眼于特定的认识论视角,通过内在质性来探究意识的本质概念。比如,任何疼痛感觉都是一种独特的内在质性体验,我们无法将 C 神经纤维的激活等同于经验层面的疼痛。

(三) 非物理性

"假如你具有一切物理知识,你也不能告诉我:关于疼痛的疼的性质、发痒的痒的性质特征、尝食物的甜美感觉、闻花香的感觉等独特的经验及其主观特性是什么。因此主观经验的特性是非物理的。"[1] 就拿光谱倒置思想实验来说:Tom 的经验在现象上、主观上与我们所经历的体验不同,但在物理功能方面却与我们表现的一样,因为都是由相同的刺激输入引起,导致了相同的物理输出状态。由此可知,现象意识无法从功能层面进行分析和理解,它关联的是主体的内心体验,这也就表明物理知识不会是关于现象意识的最终真理。

(四) 表征问题

意识经验是透明的,具有现象学性质,会涉及表征问题,主要包括表

---

[1] Jackson, F. "What Mary didn't know". *Journal of Philosophy*, 1986, 83 (5), pp. 291 – 295.

征内容和语义属性问题。何为心理表征呢？即心理学状态及其内容的表达或呈现方式，是一种思维性符号，也可理解为计算表征。正如西蒙所说："表征是问题解决的一个中心环节，它说明问题在头脑里是如何呈现、如何表现出来的"①，也可以认为是信息或知识在头脑中的表现和承载方式。表征一方面反映客观，代表客观事物；另一方面又是心理活动进一步加工的对象。意识经验的表征主义是一个较为复杂的问题，表征作为一个载体并不能穷尽意识经验的现象学特征，表征内容也无法体现主体的完全的质的感受。这就说明面对主观经验的表征问题，需要论证第一人称现象学研究的科学合理性，并将现象学与物理学联系起来。

二 意识"难问题"的问题域及其深层次问题

从上述几大特征来看，我们必须肯定意识"难问题"的本体论地位，承认"难问题"是一个复杂的认识论难题，澄清意识经验从信息加工进程中产生的机制。比如说，当你漫步在校园的操场上时，你的脸颊感受到了被微风吹拂的轻柔感，这时你的主观体验与脸部的觉知状态息息相关，觉知状态的连续性和强度变化直接为轻柔感的主观表达提供了客观依据。在特定的历史情境中，主体可以对某物进行信息加工处理，进而呈现问题背后的复杂系统，找到意识问题的"栖息地"。

毫无疑问，意识"难问题"具有本体论地位，它存在于纷繁复杂的人类社会中，毕竟，你现在正在感受某些事物，如看到电脑屏幕上一行行跳动的字符，听到敲打键盘的声音，闻到咖啡散发出的浓香味道……但是要想在这些日常分析中突出"难问题"的重要性是不容易的，首要的工作是集中了解意识"难问题"蕴含的问题域。正如塞尔所言，也就是要求人们正确解答"大脑中的神经生物过程怎样引起我们的主观觉识或感知状态；这些状态究竟怎样在大脑的结构中实现；以及意识究竟怎样在大脑的总体经济中运行，并因而怎样一般地在我们的生活中运行"②。

在具体解释过程中，"塞尔和约瑟夫·莱文断言大脑进程引起意识状

---

① ［美］西蒙：《人类的认知：思维的信息加工理论》，荆其诚等译，科学出版社1986年版，第116页。

② ［美］约翰·塞尔：《意识的奥秘》，刘叶涛译，南京大学出版社2009年版，第131页。

态,但是我们不知道大脑进程如何引起意识状态;特别是莱文将大脑状态的物理属性引起心理状态的定性特征视为本体论问题"[1]。面对这一难题,心灵哲学家们在解释的环节中加入了许多思想实验,试图通过思想实验进行佐证,但是这些实验无法真正被实施,并且将永远无法被证实,它们的作用只能是给予人们适当的启迪。因此,查尔莫斯指出我们还需进一步寻找意识的解释理论,尽管这是一项艰难的任务。他说:"我们想要一种理论令我们把意识当作自然世界的组成部分。没有这样一个理论我们就很难被说成是充分理解了意识,但是现在我们很难看到这样的理论是什么样子。"[2] 此外,他还指明大脑不具有分泌意识的功能,大脑对于意识而言没有任何特殊作用,它只能为意识系统提供物理层面的信息加工,这就使"难问题"变得异常艰难,同时也启示我们要综合分析"难问题"内部所蕴含的深层次问题。

从前面关于身心问题的分析可以得知,意识"难问题"的困惑主要体现在解释性鸿沟上,而心理学联系在处理物理进程与意识经验的关系过程中起着纽带作用。从本质上来说,"难问题"的解决始终围绕定性属性的发生问题展开,而该问题却内含了一个深层次的问题:特定的心理学状态如何以及为什么伴随定性感受。可见,解决"难问题"的主要任务已经转移到说明特定的心理学状态如何转变为现象学属性的问题之上了,而在此之前由物理层面向心理学层面的过渡只是一项准备性工作。然而,由于心理学状态如何伴随现象学属性这一深层次问题易受主观态度和人生信念等意向性因素的影响,属于认识论范畴,因此我们需要寻找其中的证实理由来保证认识论判断的科学性和合理性。

第二节 反对物理主义的模态论证:"无心人论证"

从现象意识的本质特征来看,意识问题已经超出了因果功能还原解释的范围,它不能被还原为物理学、生物学、认知神经科学等层面的第三人

---

[1] 刘晓青:《意识"难问题"的本质及其深层次问题研究》,《自然辩证法研究》2012年第8期,第22—26页。

[2] Chalmers, D. J. *The Conscious Mind: in Search of a Fundamental Theory*. Oxford University Press, 1996, p. 5.

称解释；从意识"难问题"的深层次问题来看，它已经成为当前认识论面临的一大难题，对人们的解释力形成了挑战。对此，查尔莫斯采用以退为进的策略，暂时搁浅解释性问题，认为在坚持主张占有不同信息的过程中反物理主义是正确的，因为它说明了主观内省的现象学概念与客观外显的物理事件之间的联系是后验的，并试图通过反物理主义论证（"无心人论证"）来明确意识的本体论地位。

一 无心人假设与可想象性论证

所谓"无心人"是一种可以想象其存在的系统，是在物理和功能方面完全与人类相同的分子复制品，其行为与人类几乎没有区别，能够以与人类相同的方式对各种刺激做出反应，并做出相同的口头报告，但是这一系统缺乏心灵，没有现象意识，"其内部完全是黑暗的"①。

无心人概念通过两个内容结合而成，第一个是行为完全正常的人，与普通人没什么区别；第二个是缺乏内在生命，大脑内部是黑暗物质，这里使用了隐喻，黑暗本身是与视网膜刺激缺失相对应的感受性，可以说在无心人那里既不存在主观的光亮，也不存在主观的黑暗，存在的只是虚无。有人可能把主观上虚无的物体看作一块岩石，那么无心人就像包在岩石外面的人，也就是说，他的内部就是一块岩石。

那么，无心人是可想象的吗？具有逻辑可能性吗？科克最早明确地提出了具有哲学意义的无心人假设，并做了大篇幅的论证，这一假设的提出对意识的物理主义分析产生了重要影响。

科克在他连续发表的《知觉与行为》（*Sentience and Behaviour*，1974）和《无心人 VS 物理主义》（*Zombies vs. Materialists*，1974）两篇文章中，指明无心人是可以想象的，无心人假设足以质疑传统的物理主义。他设想了两种无心人：一种称之为"丹"，这种无心人能够使自身保持完整的意识功能状态，但是他的感觉属性会逐渐消失，因此它的现象学经验也会随之消退；另一种称之为"格列佛"，这种无心人的大脑内部被一组神秘的小人入侵，这组小人从中切断了其输入系统和输出系统之间的联系，但是

---

① Chalmers, D. J. *The Conscious Mind: in Search of a Fundamental Theory.* Oxford University Press, 1996, p. 96.

第五章 意识的不可还原性论证："无心人论证"

它们并未阻碍信息的正常输出，它们只是在严格地监视来自外界的神经生理信息，从外在表现来看，他仍然输出与原来一样的行为状态，这就说明"格列佛"的功能输出并未受到影响，只是他的内在感觉意识完全受到了监视与控制，丧失了主观经验性。在其之后布洛克与休梅克也对无心人进行了想象与论证。

然而，作为一个思想实验，无心人假设诉诸人们的直观想象，仅仅具有逻辑可能性，且人们的认知能力有限，尚未发现判定逻辑可能性是否存在的分析方法，从某种意义上讲，逻辑可能性终究将归结为无理性的直觉反应，是人类认知的限度误导所致，因此，在以后较长的一段时间内，很少有心灵哲学家专门关注无心人问题。

直到1996年，查尔莫斯在《有意识的心灵》的第三章中重提了无心人的可能性问题，简称"无心人论证"。"无心人论证"的核心在于可想象性论证[①]。这一论证过程如下：用 P 和 Q 分别表示物理事实和现象学事实，物理主义坚持主张 P 蕴含 Q 必然为真，由此可以推知，只具有物理事实而不具有现象学事实（P∧￢Q）在形而上学的意义上是不可能的，反过来说，只要我们能够证明只具有物理事实而不具有现象学事实（P∧￢Q）具有形而上学可能性，就可以证明物理主义是错误的。这里 P∧￢Q 意味着只具有物理内容而没有现象学内容，这就是我们提及的无心人。也就是说，我们要想得出物理主义错误的结论，就需想象无心人的存在，诉诸"每一个可想象的世界都是逻辑可能的重要特征"[②]（"CP 论题"）加以解释。查尔莫斯将这种可想象性论证视为揭露物理主义问题较为鲜明的方式，该论证的具体形式[③]如下：

（1）无心人（P∧￢Q）可想象；

（2）如果无心人（P∧￢Q）是可想象的，则无心人（P∧￢Q）在形而上学意义上是可能的；

[①] 可想象性论证是一个历史性概念，在查尔莫斯（1996）之前，科克（1974）、克里普克（1980）等人分别给出了论证的不同版本。

[②] Chalmers, D. J. *The Conscious Mind*: *in Search of a Fundamental Theory*. Oxford University Press, 1996, p. 66.

[③] Chalmers, D. J. "Consciousness and its place in nature". In Stich, S. & Warfield, F. (eds.), *The Blackwell Guide to Philosophy of Mind*. Blackwell Publishing, 2003, p. 106.

（3）如果无心人（P∧¬Q）是形而上可能的，则物理主义错误；

（4）结论：物理主义是错误的。

通过上述分析可以得知，无心人只具有逻辑可能性，而不具有现实可能性。那么，哲学家们做出的无心人假设是如何体现其逻辑可能性的呢？这种可能性又是如何与意识的功能问题相联系的？下面需要围绕这些问题进行论述。

从逻辑角度来分析，先前提到的"CP论题"实际上蕴含了休谟提出的形而上学公理："凡心灵能够清楚地想象的任何东西，都包含有可能存在的观念，换句话说，凡我们所想象到的东西都不是绝对不可能的。"[①]也就是说，可想象性在一定意义上表明了存在的可能性，因此可以将"CP论题"视为逻辑可能性的主要支撑点。

对一个陈述来说，如果它能不含逻辑矛盾而成立，那么该陈述就具有逻辑可能性，即"如果逻辑可能性的范畴是通过排斥性建立起来的，那么不是逻辑不可能的任何事物状态都必须被视为具有逻辑可能性，而逻辑不可能是就P∧¬P这一形式的自我矛盾性而言的"[②]。从某种意义上讲，逻辑可能性一般指现实世界之外反事实情况下的可能性，通常意指具有可想象性的可能情况，其本质上是一种无理性的直觉。大多数心灵哲学家认为诸如"如果物体在绝对光滑的平面上运动就不会产生摩擦阻力"这类命题不含任何逻辑矛盾，是逻辑可能的，但是它们不具有现实可能性，因为没有绝对光滑的平面，事实情况只能是无限的接近。此外，还可以通过"迪克·切尼是单身汉"的经典实例进行说明，这一陈述在逻辑层面的真值情况与其事实层面的真实性并不矛盾；但是如果将命题变换为另一内容，即"迪克·切尼是已婚的单身汉"，这一句子就会内含一个逻辑矛盾，因为大家都明白单身汉就是未婚者。

当然，查尔莫斯谈及的逻辑可能性并不能支撑他的理论大厦，他给出的论证分析的基本前提是这一切都发生在概念领域，无心人的可想象性在认知概念层面上是成立的，以此为基础，只能推出帕皮诺的"概念二元论"，即主观经验无法还原为物理现象，而对于查尔莫斯所主张的属性二

---

① ［英］休谟：《人性论》上册，关文运译，商务印书馆2009年版，第41页。

② Seddon, G. "Logical possibility". *Mind*, 1972, 81 (324), pp. 481–494.

元论则无能为力，无法在本体论层面证明意识经验是一种非物理的主观属性。

正如前面提到的，缺失或倒置的现象学感受性在概念层面似乎是可能的，但在经验层面缺少证据支持。我们可以想象无法察觉的无心人的可能性，它们在功能上与我们没有任何差别，具有与我们相同的言谈举止，但是它们缺少内在的现象学知识。同样，我们可以想象感受性倒置的可能性。比如，有一些人看到红色事物时会产生我们描述为绿色经验的主观感觉，反之，看到绿色事物时则会产生红色感觉经验。由此得出结论：我们不能仅仅在功能意义上对经验进行表征性说明，重要的是对其本体论存在性进行论证解释。

从落脚点来看，查尔莫斯指明无心人具有逻辑可能性，主要是想反对物理主义，澄清意识经验的存在并不是由物理事件的相关事实逻辑地蕴含，意识经验不能被还原解释，它只是添加在自然世界之上的一种新性质。正如泰尔所指出的："承认哲学上的无心人的可能性，并不是说这个无心人是合法则地可能的（即它们的存在与自然定律相一致），而是说这个假说是融贯的，这种类型的无心人复制品至少是可想象的，因此是逻辑可能的。哲学上的无心人对现象意识的任何物理主义观点来说都是一个威胁。首先，如果无心人是可能的，那么现象学状态就不能等同于客观的物理状态。其次，如果存在一个在微观物理方面与我同构的人，他与我处于同一环境中，但可能缺少现象经验，那么，与感觉经验有关的事实以及感觉起来像什么的事实并不必然由客观的微观物理事件确定或决定。"[①] 可见，"无心人论证"直指物理主义，查尔莫斯重提这一论证的目的就在于表明他的属性二元论立场：任何功能解释都无法伴随现象意识，不存在从物理事实到现象学事实的先验蕴含，意识经验只能是添加在自然世界之上的新性质。

然而，"无心人论证"的关键在于认知领域的可想象性与本体论层面的可能性之间的联系（"CP 论题"），对此，克里普克通过严格区分认知领域与模态领域，将可想象性和可能性划分在了两个不同领域，明确主张

---

① Tye, M. "Philosophical problem of consciousness". In Velmans, M. & Schneider, S. (eds.), *The Blackwell Companion to Consciousness.* Blackwell Publishing. 2007, pp. 27 – 28.

二者之间存在一条鸿沟，否定了"CP论题"的合理性。他指出无心人的可想象性[①]是一个认知概念，是否可想象、想象什么以及如何想象取决于主体自身的认知系统和知识结构状况；而可能性是一个模态概念，它与可想象性之间并无直接的必然联系，因此，我们无法从无心人的可想象性直接推出其可能性，可想象性与可能性之间不存在蕴含关系，如"水是XYZ"是可想象为真的，但却是不可能的。既然如此，"CP论题"的失效必然会使"无心人论证"失去理论支撑，但查尔莫斯对二维语义学的重新修正[②]却为该论证提供了新的解释力。

心灵哲学中无心人思想实验的提出使得可想象性概念受到了广泛关注，无心人不存在"看起来像什么"的经验感觉。但有学者指出无心人具有可想象性的观点值得怀疑，对无心人的关注点不是可想象性或可能性这两个概念的字面解释，而是要试图发现无心人定义是否是矛盾的。

二 查尔莫斯运用二维语义学对"无心人论证"的重新诠释

普特南指明，就某种特殊的意义而言，"不是H_2O的水是可想象的，但其在物理和化学层面是不可能的"[③]，可想象性并不是可能性的依据。面对"CP论题"的困境，查尔莫斯发现二维语义分析法对该论题有着重要作用，提出了认知二维语义学，并在此基础上建立了第一维度的内涵与先天性和认知意义的密切联系，重新诠释了"无心人论证"，说明了可想象性与可能性之间的关系。

（一）查尔莫斯的认知二维语义学

早期的二维语义学主要依托于命题的语境，部分命题的指称直接

[①] 安瑟尔谟、笛卡儿、莱布尼茨等著名哲学家在他们的关键论证中都使用过"可想象性"这一概念，在他们看来，就其本质而言，可想象性只能是一种哲学分析方法，它并不与我们对知识和理解的追求相关。

[②] 参见 Chalmers, D. J. "Two-dimensional semantics". In Lepore, E. &Smith, B. (eds.), *The Oxford Handbook of Philosophy of Language*. Oxford University Press, 2006, pp. 574-606.

[③] Putnam, H. "Is water necessarily H_2O?". In Conant, J. (ed.), *Realism With a Human Face*. Harvard University Press, 1990, p. 57.

第五章 意识的不可还原性论证:"无心人论证"

与当时的语境相关。查尔莫斯为了在此基础上明确界定第一内涵①,给出了认知二维语义学的核心论题:"对于任何 S,S 是先验的,当且仅当 S 具有必然的第一内涵。"② 具体而言,查尔莫斯对认知意义上的必然联系与形而上学的必然联系进行了区分,并将现实世界中可能发生的诸多状况视为"情形",如我们可以想象像水一样无色、无味、能解渴的液体的化学方程式不是 H_2O,而是 XYZ,这类"情形"具有一定的认知可能性,表达式在这些"情形"转变为事实的过程中表现的不同真值可以称其为外延。具体而言,"一个表达式的外延以两种不同方式依赖于世界的可能状态。首先,一个表达式的事实外延依赖于该表达式在其中被言说的事实世界的特征;其次,一个表达式的反事实外延依赖于该表达式在其中被赋值的反事实世界的特征。"③ 换言之,当世界被考虑为现实世界时,第一内涵识别出现实世界中的概念的指称;当世界被考虑为反事实的世界时,第二内涵识别出反事实世界中的概念的指称。

按照查尔莫斯的观点,"第一内涵和第二内涵可被视为概念的'意义'候选者……我们可以把第一内涵与第二内涵分别看作意义的先验与后验的两个方面"④,它们相互关联,共同构成了表达式的意义。这就说明"诸如'水'这样的概念的第二内涵并不是被先验确定的,因为它依

---

① 查尔莫斯认为两种可能世界中的事物状态都决定着表达式的外延,因为表达式的内涵是一个从可能世界到外延的函项,因此联系到一个表达式的内涵有两个维度,即内涵可以区分为第一内涵和第二内涵,有的学术著作将其理解为认知内涵和反事实内涵或初始内涵和附属内涵,正是基于这一区分,他给出了认知可能性和形而上学可能性的理解。其中,第一内涵是指从现实可能世界到表达式在现实可能世界中的外延的函项,该函项反映现实可能世界指称被固定的方式;第二内涵是指从反事实可能世界到表达式在反事实可能世界中的外延的函项。两者相比,第一内涵是最为主要的,它独立于经验因素,可以捕捉到我们需要解释的东西。

② Chalmers, D. J. "Epistemic two-dimensional semantics". *Philosophical Studies*, 2004, 118 (1), pp. 153–226.

③ Chalmers, D. J. "The foundations of two-dismensional semantics". In Garcia-Carpintero, M. & Macia, J. (eds.), *Two-Dimensional Semantics: Foundations and Applications*. Oxford University Press, 1996, p. 59.

④ Chalmers, D. J. *The Conscious Mind: in Search of a Fundamental Theory*. Oxford University Press, 1996, p. 62.

赖于现实世界中事物的形成方式"①。因此，可以进行如下解释："如果一个表达式的克里普克式内涵自身依赖于这个世界的性质，我们就可以用世界到内涵的函项来表示这种依赖性。由于内涵本身又是世界到外延的函项，这自然就使人想到了一个二维的结构"②，这一结构表示为图2：

	世界—H_2O	世界—XYZ
世界 1	H_2O	H_2O
世界 2	XYZ	XYZ
……	……	……

图 2

上述图示体现了一种二维矩阵，世界 1 和世界 2 表示第一内涵，被看作现实世界的呈现方式，主要依赖于表达式的第一内涵在现实世界中的真值情况；世界—H_2O 和世界—XYZ 表示第二内涵，由现实世界中第一内涵的首次赋值确定，被看作反事实世界的呈现方式，主要依赖于表达式的第二内涵在反事实世界中的真值情况。或者说，与第一内涵相对应的是某个现实可能世界，与第二内涵相对应的是某个反事实可能世界。因此，从可能世界的有序对到外延的函项被称为"二维内涵"，它等价于从可能世界到内涵的函项，这使我们认识到内涵是依赖于外部世界的；从可能世界的有序对的对角线到外延的函项被称为"对角内涵"，这使我们认识到外延是依赖于外部世界的。例如，"水"和"H_2O"第一内涵不同，故在此意义上"水不是 H_2O"的论断具有逻辑可能性；但"水"和"H_2O"的第二内涵相同，故按照第二内涵进行赋值，"水是 H_2O"的论断具有形而上学必然性。这样的话，就可以得出存在一个与现实可能世界相同的反事实的可能世界，只是在这个可能世界里，看上去感觉像是水的东西事实上并不是水，这个世界缺少我们所在的现实世界的性质，并由此服务于二元论的论证。依据二维结构，人们会认为水有可能先验地是 XYZ，而不是

---

① Chalmers, D. J. *The Conscious Mind*: in Search of a Fundamental Theory. Oxford University Press, 1996, p. 79.

② [澳]大卫·查尔莫斯：《二维语义学》，载程广云主编：《多元·2010 分析哲学卷》，上海三联书店 2010 年版，第 3 页。

H_2O。也就是说,"当世界—H_2O 既被视为是现实的又被视为反事实的时候,'水'挑出 H_2O('水'的化学结构恒定地表示为 H_2O);当世界—XYZ 既被视为是现实的又被视为反事实的时候,'水'挑出 XYZ('水'的化学结构恒定地表示为 XYZ)。概括地说,一个表达式的'对角内涵'就是从既被视为现实的又被视为反事实的世界 W 到该表达式的外延的函项。因此'水'的对角内涵把世界—H_2O 映射到 H_2O 上,把世界—XYZ 映射到 XYZ 上"[①]。

"从形式上看,二维语义学融合了可能世界语义学和内涵语义学。从内容方面看,它试图将名称的固定指示词理论和描述语理论统一起来。认知二维主义者不满足于二维方法的局部使用,试图构建一个系统全面的语义学理论。"[②] 在二维语义学框架下,表达式的内涵和外延都以某种方式依赖于外在世界。同时,为了清晰地说明认知二维语义学,查尔莫斯还考察了可能世界的两种情形:"在第一种情形下,一个人把可能性当作表征着这个事实世界可能成为的方式来考虑:或者正如有时所提到的,有人将其视为事实可能性。在第二种情形下,一个人首先承认事实世界是已经固定下来的,然后把一个可能性当作这个事实世界可能是却并不是真的方式来考虑:或者正如有时所提到的,有人将其视为反事实可能性。"[③] 他把第一种情形下的可能性理解为"认知可能性",也就是"这个世界在我们先天知道的框架中可能是的方式"[④],由第一内涵在某个现实可能世界中的真值情况决定;与之对应,第二种情形下的可能性就会被理解为"形而上学可能性"。在这里,还需以"水"为例来说明第一种情形下的认知可能性,"水是 XYZ"为真没有先验地被排除,在此意义上讲,"水是 XYZ"是认知可能的,由此我们的世界是 XYZ 的世界也具有认知可能性,而且假定我们的世界被视为 XYZ 的世界,那么我们就可以肯定地说:"在

[①] [澳]大卫·查尔莫斯:《二维语义学》,载程广云主编:《多元·2010 分析哲学卷》,上海三联书店 2010 年版,第 3 页。

[②] 陈敬坤:《认知二维语义学的逻辑基础和困境》,《人文杂志》2015 年第 10 期,第 1—6 页。

[③] Chalmers, D. J. "The foundations of two-dimensional semantics". In Garcia-Carpintero, M. & Macia, J. (eds.), Two-Dimensional Semantics: Foundations and Applications. Oxford University Press, 2006, p. 59.

[④] Ibid., p. 75.

世界—XYZ 中，水不是 H_2O。"由此可见，"水是 H_2O"这一表达式的第一内涵在世界—XYZ 为假，而"水是 XYZ"的第一内涵在世界—XYZ 则为真。由于都是采用认知术语加以说明，因此可以说第一内涵的界定与认知情境存在着内在联系。

（二）查尔莫斯对"无心人论证"的重新诠释

为了重新规范"CP 论题"，查尔莫斯将可想象性具体区分为表面的可想象性与观念的可想象性、肯定的可想象性和否定的可想象性以及第一可想象性和第二可想象性，并在第三种区分的基础上强调了认知可能性和形而上学可能性。将"CP 论题"详尽表述为：从观念的、肯定的、第一可想象性可以推出认知可能性，而重新规范的"CP 论题"最终是为修正的"无心人论证"服务的。更加明确地说，前者充当了后者的前提条件。然而，问题在于认知可能性并不是形而上学可能性，因而要想使论证解释更加直观有效，还需说明从认知可能性到形而上学可能性的过渡，具体可做如下分析[①]：

①无心人具有概念上肯定的第一可想象性；

②概念上肯定的第一可想象性蕴含认知可能性；

③无心人具有认知可能性（由①和②得出）；

④物理事实的第一内涵和第二内涵要么一致，要么不一致；

⑤现象事实的第一内涵和第二内涵是一致的；

⑥如果物理事实的第一内涵和第二内涵一致，则无心人具有形而上学可能性（由③和⑤得出）；

⑦如果物理事实的第一内涵和第二内涵不一致，则现象学事实被更深层的物理实在所蕴含；

⑧要么无心人具有形而上学可能性，要么现象学事实被更深层的物理实在蕴含，即罗素一元论成立（由④、⑥和⑦得出）；

⑨如果无心人具有形而上学可能性，则物理主义是错误的；

⑩如果现象事实被更深层的实在蕴含，则罗素一元论是成立的。

---

① 参见 Chalmers, D. J. "The two-dimensional argument against materialism". In McLaughlin, B., Beckermann, A. & Walter, S. (eds.), *The Oxford Handbook of Philosophy of Mind*. Oxford University Press, 2009, pp. 313-339.

结论：物理主义是错误的，或者罗素主义一元论是成立的（由⑧、⑨、⑩得出）。

如此一来，查尔莫斯就完成了从认知可能性到形而上学可能性的论证，在认知领域和模态领域之间建立了一座桥梁，充分说明了可想象性与可能性之间肯定存在着某种关联。

三 查尔莫斯关于"无心人论证"的结论及其重要意义

"无心人论证"作为理论建构中有趣而又颇具逻辑性的思想实验，在查尔莫斯的非还原性意识理论中占有关键地位。这一论证试图通过说明"CP 论题"的合理性来揭示意识的存在和本质特征，指明意识不是逻辑随附于物理世界的，"意识的存在不可能从物理的知识中推出来"[①]，因此意识不能被完全还原为物理过程；或者说，无心人不是真正的人，意识这一特殊现象不能完全在物理层面得到解释。

一方面，查尔莫斯将无心人的可能性问题区分为逻辑上的可能性、形而上学意义上的可能性和自然意义上的可能性，并用认知二维语义学的方法对"无心人论证"进行了重新阐释；另一方面，他直指当代学术界的主流物理主义立场，加剧了物理主义和反物理主义之间的争论，使得"无心人论证"更易于辩护，受到了学术界的普遍关注。

查尔莫斯试图通过"无心人论证"说明所有的物理学事实并不蕴含经验事实，意识是一种与物理特征相区分的、关于世界的独立性质，从某种意义上说，他进行的是本体论扩展工作。从这个结论来看，"无心人论证"直接维系着意识"难问题"的哲学命运：一方面，"无心人论证"是查尔莫斯意识理论逻辑推演的基础；另一方面，"无心人论证"能否驳倒物理主义直接与意识能否成为世界新性质的问题相关联。

"二维语义学为什么重要？人们可以把它看作是一部剧的最近一幕，这部剧关涉哲学的三个核心概念：意义、理性与模态。首先，通过提出必然的是先验可知的，反之亦然，康德把理性与模态联系起来。其次，通过提出意义的一方面（含义）与认知意义构成性地相关，弗雷格把理性与

[①] Chalmers, D. J. *The Conscious Mind: in Search of a Fundamental Theory*. Oxford University Press, 1996, p. 138.

意义联系起来。再次，通过提出意义的一方面（内涵）与可能性和必然性构成性地相关，卡尔纳普将意义与模态联系起来，其结果就是意义、理性与模态之间构建性关联的'金三角'。"①

查尔莫斯赋予二维语义学认知的意味，试图通过重新认识必然性来建构模态与理性的关系，修复已经断裂的"康德之链"。他对必然性做了不同层面的考量②，指明克里普克针对的主要是形而上学必然性，而认知必然性完全可以为意义和理性搭建解释性桥梁，由此可以借助认知二维语义学，运用第一内涵的认知可能性，进一步明确康德命题（将"必然的"换为"认知上必然的"），澄清模态上的混淆，成功避开模态论证在这个问题上遭到的反驳，重新建构意义、模态与理性之间的链条关系，修复三者之间的"金三角"关系。

然而，查尔莫斯的论证似乎不够有力，有一些观点的分析尚需深入：无心人是否具有观念的可想象性？无心人思想实验是否必然得出意识是一种副现象？重新修复的"金三角"关系是否坚不可摧……综合来看，这些问题聚焦于一个基本问题，即可想象性是否等同于一致性。为此，我们需要对"无心人论证"持存疑立场，我们不能确定地相信无心人的可想象性。

查尔莫斯给出了关于可想象性清晰而简洁的分析，但究其实质，他十分含糊地将可想象性理解为相关性。也就是说，他的解释完全忽略了相关性本身是一个程度问题，而非认识论问题或形而上学问题，没有认识到一个系统在不包含任何明显的矛盾时可以缺少相关性。相关性在一定程度上是各组成部分或要素如何更好地结合的问题，逻辑一致性是系统相关性的必要条件之一，对系统相关性有着重要影响。也就是说，系统各部分之间在越大的范围内存在推断性关系，其体现出的相关性就越强。

---

① Chalmers, D. J. "The foundations of two – dismensional semantics". In Garcia – Carpintero, M. & Macia, J. (eds.), *Two – Dimensional Semantics: Foundations and Applications*. Oxford University Press, 2006, p. 55.

② 查尔莫斯依据认知可能性与形而上学可能性的划分，在此将必然性划分为认知必然性和形而上学必然性，前者指 A ≡B 是认知必然的，当且仅当 A 和 B 的第一内涵相同；后者指 A ≡B 是形而上学必然的，当且仅当 A 和 B 的第二内涵相同。在这里，符号"≡"的使用说明"="和"↔"关系可以不做区分。

第五章　意识的不可还原性论证:"无心人论证"

"无心人论证"是哲学领域内的思想实验,最终需要归结于本体论层面。而正是这种努力引来的质疑促使我们进一步思考心灵哲学中的感受性问题,促使人们深入思考意识的物理学属性与现象学属性之间的关系问题。

第三节　意识"难问题"不可还原的主观性

查尔莫斯运用认知二维语义学重新修正"无心人论证",意在说明"意识的缺乏与物理世界的存在不是相矛盾的,所以,意识不是物理特征而是我们这个世界进一步的事实"[1],是一种自然随附的新性质。因此,我们需要在此基础上详细解释意识在物理世界中的不可还原性。

一　还原解释的本质

在还原论者看来,还原的目的就是在于用基础物理学将自然科学统一起来,具体到心灵哲学领域则表现为意识还原解释的几大策略,可以将内在心理现象还原为认知模型、大脑的神经生理过程(意识经验的产生完全可以从基本的神经生理过程中得到解释)、进化动力系统等。

还原物理主义主张心灵属性最终都会还原为物理属性,世界上没有不可还原的属性,这种观点在学界持续了将近20年。起初人们谈到的是目标理论(target theory,T2)与基本理论(base theory,T1)之间的内格尔还原[2],正如内格尔所构想的那样,这种还原关系本质上就是逻辑可导出性或可证明性:T2还原为T1就说明T2的法则必须从T1中逻辑地导出,这也就说明T2作为实体性理论逻辑地包含在T1中。那么,T2的法则如何从T1的法则中逻辑地导出呢?我们可以用以下形式来表示T2法则:

(1)对于任意x,如果x具有属性F,那么x就具有属性G(简单地说,$F \to G$)。

---

[1] 刘晓青:《意识的本质及其还原解释策略研究》,《武汉科技大学学报》(社会科学版)2012年第6期,第652—656页。

[2] 参见Kim, J. *Philosophy of Mind*. Westview Press, 1996, pp. 212-213.

这里的"F"和"G"都是 T2 的表达式，要想从 T2 推出（1），就需要特别辅助前提来连接 T2 和 T1 的表达式，也就是需要桥接原理来连接两组语词，那么就会有如下的桥接原理：

（2a）对于任意 x，x 具有属性 F 当且仅当 x 具有属性 F∗（F→F∗）。

（2b）对于任意 x，x 具有属性 G 当且仅当 x 具有属性 G∗（G→G∗）。

这里的 F∗ 和 G∗ 都是基础理论 T1 的谓词，通过上述的桥接原理，T2 法则和（1）就会很容易从下述的 T1 陈述中导出：

（3）对于任意 x，如果 x 具有属性 F∗，那么 x 具有属性 G∗（F∗→G∗）。

这也就是说（3）是 T1 的一个法则，T2 法则和（1）可以从 T1 中导出，因此，内格尔还原可以表述如下：

如果所有的 T2 法则在逻辑上（和形而上学意义上）从 T1 法则中导出，且 T1 法则由连接 T2 与 T1 表达式的恰当桥接原理论证，那么 T2 就内格尔式还原为 T1。

从本质上来说，还原论问题要求逻辑随附性。具体来说，就物理属性而言，当且仅当一个现象逻辑随附于物理属性之上时，这个现象才可以被还原解释。可见，还原解释要求一种逻辑随附性关系，但是逻辑随附性对于还原解释而言仅仅是必要条件，而不是充分条件。

还原物理主义要求必须以心理学理论与物理学理论之间的还原为基础，这种还原可以被称为解释性还原，其主要表现为事件或属性的还原、因果作用力的还原。解释性还原更多是在说明一种还原理论如何包含着另一种被还原理论，这种还原与两种理论之间的推理关系密切相关，需要符合两个重要的限制性条件：（1）二者之间必须是一种演绎推理关系，被还原理论要由还原理论依据科学律则逻辑地导出，也就是说要符合覆盖律模型；（2）需要保证两种理论包含的实体/属性之间或者因果部分之间相互关联，且体现出明显的层次性结构，还原理论一般是处于较低层次的、得到肯定的基础理论，相比之下，被还原理论是处于较高层次需要借助还原理论加以解释的理论。例如，物理学中将气体温度这个宏观量解释还原为大量分子的平均动能。

二 自然随附性

随着心灵哲学的发展，还原解释受到了来自戴维森"不合法则的一元论"和普特南心理学状态"多重可实现"论证的质疑，这就使得当代心灵哲学家们试图寻找一种非还原的心物依赖关系，即随附性①关系。在此基础上，为了清晰地运用自然主义解释现象意识的出现，查尔莫斯提出了一种新的随附理论——自然随附论，以此来表明他对还原解释的反对态度。

随附性是近几十年来心灵哲学研究中极为重要的概念，它直接关系到心灵在自然界中的位置问题，随附性的主旨"不是要提供解释，而是要依据一种属性对另一种属性的解释形式施加限制"②。实际上，随附性的思想早在杰克逊反物理主义的论证中已有所表现，他认为感受性的发生伴随一定的生理学基础，但却对生理学基础没有任何作用。"随附性论证的核心是一个简单的思想，即假设属性 P 随附于属性 P ∗，那么属性 P ∗ 就威胁到 P 的因果地位的优先性……因此假如这个论证成立的话，那么它在反对所有随附属性的因果潜在力方面也是成立的"③。可见，随附性概念是心灵哲学研究中的新范畴，在一定意义上可以摆脱还原论陷入的困境，有助于人们更好地分析错综复杂的身心关系，因此有必要对其概念进行详细诠释。

（一）随附性的定义

随附性概念是人们在研究身心关系的过程中逐渐形成的新范式，它以一种独特的表达揭示了心灵世界与物理世界之间的联系，为意识的非还原性解释提供了理论基础。从词源学上讲，"动词 supervene 是一个合成词，前缀'super'、'在……上'、'在……之后'、'外加或附加的'、'属于第二性的'；词根'vene'源于拉丁动词'venire'，其意思是'来到'、'降

---

① 目前国内学者关于"supervenience"的翻译尚未统一，主要有"随附性"、"附随性"、"伴随性"、"附生性"等，由于大多数资料中都采用了"随附性"，因此本书也采用了这一译法。

② ［美］柯克·路德维希：《心身问题：一个综述》，载斯蒂芬·斯蒂克、特德·沃菲尔德主编：《心灵哲学》，高新民、刘占峰、陈丽等译，中国人民大学出版社 2014 年版，第 13 页。

③ ［美］金在权：《物理世界中的心灵：论心身问题与心理因果性》，刘明海译，商务印书馆 2015 年版，第 108 页。

临'、'进入'、'落在'、'呈现或显露出来'、'起源于'、'起因于'、'发生'等。两者合在一起的意思就是'介入某一事件或过程'、'意外发生'、'伴随……发生'、'紧跟着……发生'或'在……之后发生'"。① 但是真正将随附性关系进行全面、详细阐述的是戴维森和金在权,他们将随附性视为不同于决定、依赖等关系,但又是与之有着微妙联系的协变性,具体表述为:"一组属性 As 随附于另一组属性 Bs,当且仅当每一个属性 A 和一个能借助一组特定基础属性作用从 B 类属性中建构的属性之间有一种确定的关系"。② 在此基础上,查尔莫斯阐述了他关于随附性的定义,即"如果不存在与属性 A 同一,而与属性 B 不同的两种可能情形,那么属性 B 就会随附在属性 A 之上"③,并对此加以举例说明,如果任何两个在物理学方面不可识别的可能情形在生物学方面也是不可识别的,那么就可以说生物学属性随附在物理学属性之上。

大多数情况下,随附性关系可被视为一种决定性关系,这种关系常见于物理学和数学,但也可用于哲学中,事物的随附属性是其基本属性的一个功能;或者说存在一种方式可以使将来展现出一些固定的原初状态。如果物理状态决定了心理状态,那么随着心理状态的变化,物理状态也发生了相应的变化。以功能性术语来说,如果在属性 B 方面难以识别的事物在属性 A 方面也是难以识别的,那么属性 A 就随附在属性 B 之上,即随着随附性价值 B 的变化,其基础属性 A 也发生了相应的变化,反之则不成立。

依赖性关系并不常见,它在更大意义上是指共存,拥有一个随附属性意味着拥有一个基本属性。戴维森说:"在某种意义上,心理特征依赖或随附于物理特征。"④ 依赖性具有某种本体论承诺,比如说,音量依赖于振幅,音量不能离开振幅而存在,二者呈正相关关系。可见,依赖性关系只是表明例示随附属性的对象例示了一些基础属性,但它并没有说出基础

---

① 高新民、沈学君:《现代西方心灵哲学》,华中师范大学出版社 2010 年版,第 651 页。

② 同上书,第 652 页。

③ Chalmers, D. J. *The Conscious Mind: in Search of a Fundamental Theory*. Oxford University Press, 1996, p. 33.

④ Davidson, D. "Mental events". *Readings in philosophy of psychology*, 1980, 1. pp. 107 – 119.

属性与随附属性之间的关系可以在某一个特定人身上共同例示。

随附性的硬核是随附属性不同的事物，其基础属性也不同。金在权认为："随附性就是包括因果关系在内的依赖或决定关系系列里面的一种关系"。[①] 现实性原则在他的论证中起着重要作用，即现实的就是有因果力的。此外，他还考虑了因果不相容原则与因果封闭原则：前者是指对于每一个事件来说，都至多存在一个完全而且独立的因果解释；后者是指物理宇宙在因果上是封闭的，即每一个具有因果效力的物理事件都有就另一物理事件而言的完全性因果解释。也正是这两个原则使得金在权开始关注非还原论解释。

（二） 随附性的分类

随附性是两大系列属性之间的协变关系，这两类属性可以分别表示为属性 A（基本的低层次属性）和属性 B（高层次属性），与这两类属性的例示、分类相关的事实可理解为关于世界的事实 A 和事实 B。为了更加明确随附性定义的细节问题，依据逻辑推演分析的强度，金在权将其分为强弱随附性；依据考察对象是整体还是部分世界，可得到整体随附性与局部随附性之分；依据如何构造可能性定义的事实，可将其分为逻辑随附性和自然随附性。

1. 强随附性与弱随附性

金在权指出，在阐述随附性的定义和逻辑关系时，我们谈到的都是不完全的推演关系，因此需要依据模态强度进行具体分析，从强弱两个层面给出表述。其中，弱随附性表述为："事物 A 弱随附于事物 B，当且仅当，对于任何 x 和 y，如果 x 和 y 具有事物 B 的所有属性，那么，也必然具有事物 A 的所有属性"。[②] 这一定义如何体现弱的意味呢？主要是在于表述中的"所有性质"和"必然"一词的所指，"所有性质"是指事物 B 中的任意一个 B—极大属性[③]，"必然"更多指向现实世界中事物 A 与事物 B 属性之间的依赖关系，而非语气较强的决定关系，也就是说，事物 B 对事物 A 的决定作用是非必然的，依赖性与决定性二者并非永远保持对

[①] 高新民、沈学君：《现代西方心灵哲学》，华中师范大学出版社 2010 年版，第 662 页。

[②] Kim, J. "Concepts of supervenience". *Philosophy and Phenomenological Research*, 1984, 45 (2), pp. 153–176.

[③] "B—极大属性"指事物 B 中每一组相对立的属性中的任一属性。

称。例如语法和语义的关系，二者相互依赖、相互作用，语法的价值依赖语义加以体现，语义内容的呈现需要语法的基础性支持，但是却不能将二者关系表述为决定关系，语法不能决定语义，语义更无需决定语法。这可以用金在权的另一表述加以说明："事物 A 弱随附于事物 B，当且仅当，对于事物 A 中的任何属性 F，如果对象 x 拥有事物 A 中的任意属性 F，那么事物 B 中必然存在为对象 x 所拥有的任意属性 G，且如果对象 y 拥有属性 G，它也就拥有属性 F"。①

与此相应，金在权将强随附性定义为："事物 A 强随附于事物 B，当且仅当，对于每个对象 x 和事物 A 中的每个属性 F，如果每个对象 x 都拥有事物 A 中的 F，那么在事物 B 中必然存在 x 拥有的每个属性 G，且如果任何对象 y 拥有 G，它就必然拥有 F"。② 由此可见，强随附性谈及的是所有对象和属性，模态词"必然"的所指已经完全超出了现实经验世界，需要考量可能世界的先验解释，其不仅指向依赖关系，还指向了决定关系。例如，物体的质量必然决定物理的重力，物质的质量和温差必然决定吸收或释放的热量等。

从学术界来看，学者们普遍接受弱随附性，在解释身心随附性时，金在权本人也采用了弱随附性立场："心灵属性随附在物理属性之上，原因在于任意两个在所有物理属性方面完全相似的事物（物体、事件、有机体和人等）在心灵属性方面不会存在差异，也就是说，物理的难以识别性蕴含了心理的难以识别性"。③ 可见，这一原则本身并不意味着带有某种心灵属性的一切事物都必须是物理事物，并不是说在心灵方面相似的事物一定要在物理方面相似。我们似乎能够想到具有智能的地外生物的化学生物结构完全不同于我们，但却可能拥有与我们相同的心灵属性。也就是说，心灵属性/状态必然依赖于物理属性/状态，而心灵属性/状态并不必然决定于物理属性/状态。

2. 整体随附性与局部随附性

整体随附性从外部世界这个整体的角度分析事物属性之间的随附关

---

① Kim, J. "Concepts of supervenience". *Philosophy and Phenomenological Research*, 1984, 45 (2), pp. 153 – 176.

② Ibid.

③ Kim, J. *Philosophy of Mind*. Westview Press, 1996, p. 10.

系，金在权将其定义为："事实 A 整体随附于事实 B，当且仅当，外部世界对于事实 B 是不可分辨的，那么该世界对于事实 A 也是不可分辨的"。[①]换言之，如果二者是整体随附性关系，且事物 B 的属性在某一世界中完全相同，那么事物 A 的属性在这一世界中也会完全相同。

与此相应，局部随附性则将视域定位在某一个体对象上，其定义可理解为：事实 A 局部随附于事实 B，如果两个个体对象例示相同的事物 A，那么它们也例示相同的事物 B。与整体世界相比，个体对象会受到外部环境和历史因素的制约，故在此意义上可以说局部随附性蕴含整体随附性，反之则不成立。但就二者与强弱随附性的关系而言，它们又都可归结为一种弱随附性。

3. 逻辑随附性与自然随附性

通常来说，依据逻辑随附性（又称概念随附性）的核心内容，当事实/属性 B 逻辑地随附在事实/属性 A 之上，人们就可以说事实/属性 A 蕴含了事实/属性 B。也就是说，如果一个事实/属性蕴含了另一个事实/属性，那么前者出现而后者不出现就是逻辑不可能的。当前有人认为逻辑随附性暗含了最宽泛意义上的可能性，即逻辑可能性。上帝能够创造逻辑可能的世界（如有飞猪的世界），但是上帝不可能创造一个逻辑方面存在矛盾的世界，如男性刁妇的世界，因为男性刁妇的定义在概念上是矛盾的，在逻辑上是不可能的；而会飞的猪在概念上是一致的，因此具有逻辑可能性。此外，逻辑可能性不是就形式逻辑系统中的可推断性而言的，而是就逻辑可能世界而言的，与依赖形式逻辑系统中严格的可推断性相反，这一可能性形式通常被称为哲学文本中宽泛意义上的逻辑可能性，它意指可思想性，只要不自相矛盾的都可以看成是逻辑可能的。

从整体意义上来说，生物学属性逻辑随附在物理学属性之上，上帝不可能创造一个在物理方面与我们相同，在生物学方面与我们不同的世界，因为对于生物学事实而言，不存在独立变化的逻辑空间。一旦人们确定了关于世界的所有物理事实（包括跨越时空的每一个粒子分布的事实），事实上人们也就确定了世界上所有物体的宏观形状以及它们在物理方面相互

[①] Kim, J. "Concepts of supervenience". *Philosophy and Phenomenological Research*, 1984, 45(2), pp. 153–176.

作用的方式。

然而,逻辑随附性具有一定的问题,假若我们想象一个在物理上与我们同一的世界,在这个世界中有游走在非物理领域的天使,可能天使也具有各种各样的信念,他们的责任也具有复杂多样的社会性。如果天使世界是逻辑可能的,它在物理方面同一于我们的世界,而在生物方面却不同,这样的话,就天使世界的单纯逻辑可能性而言,生物学属性是不能随附在物理属性之上的。这一问题引起了学术界的关注,人们认为逻辑可能性和必然性的意味太强了,无法作为随附性关系中与可能性和必然性相关的类型。

在此基础上,查尔莫斯开始思考随附性与心灵的关系,提出了一种新的随附性——自然随附性(又称经验随附性),"当两种属性在自然世界中系统地相互联系时,这种较弱意义的随附性就产生了"。[1] 他认为在不伴随逻辑随附性的情况下,自然随附性也可能发生,主张使用具有较弱意义的自然可能性和必然性。在《有意识的心灵》中查尔莫斯把现象意识看作物理事实之外自然随附的新特征。一个经验的现象学特征至少随附在其内容之上,即两个在表征方面同一的经验必须在现象学方面是同一的。

为了澄清各类随附性之间的关系,消除人们的认识误区,打破逻辑/自然随附性与整体/局部随附性、强/弱随附性之间的割裂状态,我们需要更多地关注各类随附性划分的合理性。需要明确的是,当提及没有修饰语的逻辑随附性时,一般多指整体逻辑随附性,而查尔莫斯明确关注的自然随附性是局部随附性,因为证明自然随附性的理由通常在于个体属性之间的部分规律性。

(三) 自然随附性的意义

关于自然随附性的讨论说明:"心理现象既不是一种能与物理现象相同一、相等同的现象,又不是一种与物理现象二元并列、平行独立的现象,而是一种既有一定自主性,又有对物理现象的依赖性,具有依变性和协变性的现象"。[2] 也就是说,心理现象是一种随附属性。通过自然随附

---

[1] Chalmers, D. J. *The Conscious Mind: in Search of a Fundamental Theory*. Oxford University Press, 1996, p. 36.

[2] 高新民:《人心与人生:广义心灵哲学论纲》,北京大学出版社 2006 年版,第 203 页。

性的说明，可以勾画大多数高层次现象与低层次物理事实之间关系的图像，这一图像似乎也涵盖了意识经验，查尔莫斯将意识视为自然随附在外部世界之上的新属性。

可以说，当两种属性在自然世界中系统地发生联系时，就会产生较弱的自然随附性。查尔莫斯依据理想气体状态方程 pV = KT（K 是一个恒量）进行解释[①]：在温度和体积一定的情况下，气体压力就是固定的。也就是说，在这个物理状态方程中，温度一定时，气体的压力随着体积的缩小而增大；体积一定时，气体的压力随着温度的升高而增大。由此可见，气体分子的压力是随着温度和体积的变化而变化的，在某种意义上，固定摩尔量的气体分子的压力自然随附在其温度和体积之上。

上述情况是一个属性自然随附在其他属性之上的例子，即压力属性自然随附在温度、体积属性之上（前提是存在固定的气体摩尔量）。通常，如果与不可识别的属性 A 相关的两个自然可能情形具有不可识别的属性 B，那么属性 B 就自然随附于属性 A 之上。一个在自然意义上可能的情形就是指不违背自然规律，在自然中可能发生的情形；与逻辑可能性相比，自然可能性意味较弱。

在自然发生的所有情形中，当我们世界中相同类型的属性 A 总是伴随着相同类型的属性 B 时，它们之间的自然联系就会存在，并且这一联系不仅是一致的，而且是系统的或合规律的：当特定类型的属性 A 总是会产生相同属性 B 时，无论在何时何地，这一类型的属性都会被例示，但是这一共现情形并不会在每一个逻辑可能的世界中必然发生，它仅仅是自然世界中的一种可靠的、系统的共现。

由于可能性服从自然规律，人们也可以把自然可能性视为必然性，自然可能的情需要遵循世界的自然规律，这与人们所认为的经验可能性是一致的。经验可能性表明自然可能的情形是可能在真实世界中出现的情况。这些情形不仅包含实际情况，而且包含世界历史中出现的或将来可能出现的反事实情况。

尽管自然随附性不同于逻辑随附性，但是二者之间还存在一定的相关

[①] 参见 Chalmers, D. J. *The Conscious Mind: in Search of a Fundamental Theory*. Oxford University Press, 1996, p. 36.

性，逻辑随附性能够暗含自然随附性。在所有逻辑可能的情形下，如果属性 A 决定属性 B，那么在所有自然可能情况下，属性 A 也决定属性 B，而反过来则不能成立，即自然随附性不能暗含逻辑随附性。一般来说，如果没有逻辑随附性，人们很难发现自然随附于物理世界之上的例子，就此而言现象意识是一个例外。在逻辑随附性不成立的情况下，意识自身可以提供一个有用的解释，说明其可能自然随附在物理属性之上。

具体来说，在自然世界中，任何两个物理上同一的生物可能会拥有质的方面同一的经验，然而意识逻辑随附在物理属性之上这一点却不那么清晰，因为在物理方面与有意识生物相同一的生物可能根本没有意识经验似乎是逻辑可能的，或者说，生物可能拥有不同意识经验也是逻辑可能的。这样的话，物理进程与意识经验之间的必然联系只能通过自然规律（而不是通过逻辑或概念的作用）得到保证，即意识经验自然地而不是逻辑地随附在物理世界之上。

因此，自然随附性的解释对于意识经验的阐述而言是非常重要的。为了更加充分地说明自然随附性不同于逻辑随附性，我们也可以从直觉上理解二者的差别：如果属性 B 逻辑随附在属性 A 之上，那么一旦上帝创造了带有事实 A 的世界，事实 B 也就会作为一种必然结果出现；如果属性 B 仅仅自然随附在属性 A 之上，那么在确定了事实 A 之后，要想确定事实 B，上帝还需保证存在联系事实 A 与事实 B 的桥接原理。

关于自然随附性的解释还可以从另一角度展开。实际上，随附性从总体上可分为建构性随附性和原因性随附性两大类，前者指使得行为呈现某一状态的特征不会导致该行为呈现某一状态，只能说这些特征构成了行为的这一状态；在心灵哲学领域中，"意识的随附性乃是一种原因性随附性，这类随附性指大脑进程是在因果方面为那些随附特征负责的。在神经元激发的层面上，大脑进程并没有构成意识，确切地说，在比较低的层面上的神经元的激发导致了关于意识的高层次的或系统的特征"[①]。

在查尔莫斯看来，要想反对物理主义，除了反对逻辑随附性之外，还必须反对形而上随附性。形而上随附性既不以逻辑必然性，也不以自然必然性为基础，而是以形而上必然性为基础。判断的形而上可能性是带有先

---

① [美] 约翰·塞尔：《心灵导论》，徐英瑾译，上海人民出版社 2008 年版，第 133 页。

验语义歪曲的逻辑可能性。对此，查尔莫斯认为可以通过否认"反无心人"来反对形而上随附性。在无心人的基础上，法兰克定义了"反无心人"，即我们空的物理复制品的存在，但拥有与我们一样的意识经验，它所在的宇宙是我们宇宙的空的物理复制品，在"反无心人"世界中，意识是一种物理现象，它形而上地随附在世界的微观物理特征之上，得出物理主义是正确的结论，但查尔莫斯对"反无心人"持批判态度，认为由它断定的形而上随附性并不成立。

三 随附性与物理还原解释

从本体论角度来说，逻辑随附性与自然随附性具有完全不同的意义。一旦上帝确定给出我们世界中的所有物理学事实，那么生物学事实就会随之出现。逻辑随附性问题的关键在于将随附性转变为一个关于我们世界的论题，这与我们世界中的生物学事实由物理学事实决定是相一致的。但是仅就自然随附性而言，本体论层面却不是那么明确。正如前面所提到的，一旦上帝确认了所有事实 A，那么要想确定事实 B，他还需做更多的事情，也就是说，事实 B 的确定暗示了世界中存在一些新东西。

在查尔莫斯看来，意识无法实现还原解释，从物理还原的角度来解释意识会走向死胡同，因为人们不可能从物理事实出发直接理解意识。他的基本论证思路[①]如下：

（1）只要意识逻辑随附在物理事实之上，那么意识就可以被还原解释；

（2）意识并不是逻辑随附在物理事实之上；

（3）因此，意识不能通过物理事实进行还原解释。

也就是说，物理还原主义通常主张世界上的一切都是物理的，或者说在物理之外不存在任何东西，或者说在某种意义上世界的所有事实都可能还原为物理事实。一般来说，假若几乎世界上的一切事实都能被物理事实所蕴含，那么物理还原主义就是科学的，由此很容易得出一个反推的观

[①] 关于这一论证，罗兰茨等学者指出查尔莫斯预设的两个前提体现了内在的不一致性，具有不合理性，他的前提（1）依赖于对逻辑随附性的本体论理解，前提（2）依赖于对逻辑随附性的认识论理解，意识不能逻辑随附在物理事实之上并不蕴含意识不能被还原解释。

点：如果物理还原主义为真，那么一旦上帝确定了关于世界的物理事实，也就说明确定了所有事实，但这是反直觉的。

基于此，我们需要进一步考察还原解释与随附性的关系。田平教授曾经指出："各种形式的非还原的物理主义都在一定的程度上或一定的意义上强调心理状态对于身体的物理或生理状态的随附性或依赖性"①，但是这必然会引出一个问题：随附性内含的关系在逻辑上是否会导致还原的结果？对此，现代西方心灵哲学家给出了两种对立的解释：一种认为坚持随附性必然是对还原性的反对，随附性不会在逻辑上走向还原论，如麦克劳克林等；另一种认为随附性有可能在逻辑上倾向于还原论，如金在权等。

这里，重点讨论一下金在权的观点。实际上，金在权利用了属性还原和因果还原这两种形式，突出了解释性提升的重要意义。他关于物理还原主义的论证是沿着下述路线进行的：如果一个心理状态的因果作用可以还原为物理状态的因果作用，那么心理状态本身就可以还原为物理状态。金在权的原则似乎非常清晰地蕴含着下述析取：要么不存在人的身体，仅仅存在构成人的身体的原子或其他一切元素；要么存在人的身体，但是身体同一于特定系列的原子或其他元素。很清楚第一种选择是取消主义者所主张的，后一选择不会瓦解为前者的唯一方式是使原子系列成为包括原子在内的物理对象。

从金在权的观点来看，他肯定了功能还原模式的合理性，表现出了弱化还原的色彩，但是对一些具体学科来说，许多不同机制能够实现同一功能，这就表明该还原模式不可避免会遇上"多重可实现"问题。依据查尔莫斯的观点，人们关于任何给定的高层次进程、状态或事件的概念明确了必须面对的现象还原解释的条件。比如，生命的概念包含了通过新陈代谢过程进行的繁殖和能量生产，而这些都存在于任何有生命的物体实现的功能之中，因此关于生命的还原解释阐明了生物化学变化和过程如何恰当地构成那些功能的实现。当人们仅仅看到低层次生物化学事件被如何适当安排和排序时，说明被解释的生命的现象学就会通过那些功能得以例示说明。他指出：人们关于地质学、地理学、气象学、生物学等方面的概念都是功能性的，故其状态和过程可以实现还原解释；但正如无心人和感受性

---

① 田平：《自然化的心灵》，湖南教育出版社 2000 年版，第 26 页。

倒置的可想象性所表明的,现象意识状态的概念是不同的,如果人们只能构想在功能和心理方面(而不是现象学方面)同一于现象意识的状态,那么就功能和心理意向性内容而言的经验感觉将无法实现概念化,因为它们完全是功能认知的。

查尔莫斯明确指出将现象意识还原为神经生理过程或认知功能术语是不可能的,尽管大多数能够还原解释的属性和过程都是以功能机制为特征的。他认为还原解释提供的是例示某种功能或因果作用的机制问题,而人们的意识状态不能通过功能术语实现概念化,也就是说任何功能性解释都无法说明感觉经验的本质特征。但可以肯定的是,对现象意识进行还原解释的大量尝试足以说明人们心理意识的诸多特征。

四 意识"难问题"不可还原的主观性

内格尔等人明确指出,意识"难问题"揭示出的解释性鸿沟具有认知重要性。意识的内在本质很难用某种固定的还原策略加以解释,意识"难问题"指出了感觉经验概念化的方式,表明了第一人称的经验数据不能还原为第三人称的认知观察,主观经验具有不可还原性。也就是说,"难问题"的存在使得还原解释举步难行,"我们所能做的就是设法通过不同的方式引出这种现象的意义,使之更好地被理解"[①]。比如说,当想象成为一只蝙蝠是什么样子时,人们只能将蝙蝠的行为表现和自身的感觉经验结合起来进行描述,但这终究无法说出蝙蝠自身的真正感受。

假设你现在听到从艺术楼传来的音乐声,你是怎么听到这一音乐的?声音是物体振动产生的波,你之所以能听到这段音乐是因为声音在空气中的传播刺激了你的耳膜,声波振动鼓膜,并与耳朵里的特定结构发生了反应。但是这种感觉具有私人性,他人难以通达,这就是哲学中提及的感受性。感受性直接指向现象学维度,试图与物理特征的描述划清界限,具有不可还原的主观性,关于它的产生问题同样可放入意识"难问题"的讨

[①] Rosenthal, D. "Two concepts of consciousness". *Philosophical Studies*, 1986, 49 (3), pp. 329–359.

论中。对此,塞尔也给予了肯定:"心智状态具有不可还原的主观本体论"。①

然而,丹尼特等人对此提出了反对意见,他否认上面提到的个人的主观感觉以及人们感知事物的方式,认为这会使感觉问题变得更加混乱,但他并不反对感觉体验的真实性和对体验做出判断的实在性。

此外,罗森塔尔的实在主义高阶信念理论和卡拉特斯的倾向主义高阶信念理论②也对意识的不可还原性进行了质疑,他们试图运用自然主义重新为意识提供还原解释,但最终还是遭到了查尔莫斯的坚决回击。查尔莫斯认为高阶信念理论的解释不够彻底,人们同样可以赋予无心人一种高阶心理学状态,但是它依然不会有现象意识,可见这些理论只是试图通过变化策略来消解现象意识。然而,不管其手段多么高明,它们终究无法说明现象意识的内在特性,即"感觉起来像什么"的独特体验。

退一步讲,关于现象意识,解释性鸿沟依然是一个待解释问题。但是除此之外更让人困惑的是,关于意识"难问题"还原解释的高阶理论为何难以谋得一席立足之地。也许正如帕皮诺所言的那样,"从直觉意义上讲,人们都是绝对的二元论者"③,关于现象意识的第三人称描述并不具有独立论证的解释力。此外,讨论意识"难问题"不可还原的主观性有必要提及表征问题,表征主义与意向性紧密相连,其基本思路是有了意向性,就可以充分说明意识,可以说,这种表征是现象学表征,表征意识经验的本质特征。

综上所述,尽管物理理论在一定意义上可以给出关于意识特征以及它们相互联系的实质的、详细的解释,但意识终究不能被还原解释,这就需要转移到意识的非还原论,给出意识如何与世界其他事物相联系的解释。通过类比,意识理论的里程碑发展体现在连接意识与物理进程的一系列心

---

① [美]约翰·塞尔:《心灵的再发现》,王巍译,中国人民大学出版社2005年版,第19页。

② 罗森塔尔认为当一种心理状态有意识时,我们就会意识到自身处于这一心理状态中,他的实在主义高阶信念理论重在指明高阶信念是一种具有实在性的心理状态;卡拉特斯认为有意识的心理状态是行为者可以觉知到的,与罗森塔尔不同,他的倾向主义高阶信念理论意指高阶信念只是作为一种倾向对认知系统发挥作用,从其本质来看,这种高阶信念并不具有实在性。然而令人费解的是,这两种理论都试图用自然主义术语解释主观经验感觉。

③ Papineau, D. "What exactly is the explanatory gap". *Philosophia*, 2011, 39 (1), pp. 5 – 19.

理物理法则，这些法则说明关于系统的物理事实如何促使人们去推断与其相联系的经验的形式。通过前面的论述，我们已经想当然地认为意识自然地随附在物理世界之上，而心理物理法则就是倾向于说明意识如何随附这一点。由此可见，所有宏观物理现象都可以就潜在物理法则而言被描述，同样人们也期待所有宏观经验现象都可能通过意识理论中的心理物理法则得到解释。

更有甚者，有人主张意识与物理进程之间的联系可以通过一个根本性的解释框架实现系统化，同时利用这一联系将简单的内在法则具体化，物理学就是通过大量观察并表明这些观察如何发展成为根本法则而实现系统化的。查尔莫斯认为这同样适用于意识理论，就一系列尽可能简单的法则而言，人们应该寻求意识对物理事件的随附性解释。

就像物理学家寻求一整套足够简单的基本法则那样，查尔莫斯希望得到解释意识理论的一整套心理物理法则。他指出无论什么情况，人们都处于探求宇宙结构的漫漫征途中，而且人们有充分的理由相信这一基本结构具有明显的简单性；而意识理论根本法则的发现可能是一个更为远大的目标。在物理学中，人们首先具有了将宏观规律特征化的非基本法则，随后便进一步拥有了根本法则；在意识理论中，人们同样是从非基本法则开始的，这一非基本法则刻画了物理进程与意识经验在相当高层次上的关系特征，甚至这一高层次上的关系同时给予了人们重要的解释性意义。当最终完全掌握了物理学与意识之间联系的根本理论时，人们也就真正拥有了放之四海而皆准的理论。概括地说，基本物理法则解释物理进程的特征，心理物理法则解释与之相联系的意识经验。

由于意识在实验背景中无法直接观察，因此人们不能仅仅通过操作、测量等与物理进程相联系的实验来证实或驳斥各种心理物理学假设。的确，意识理论的不可检测性似乎可能把这些假设放入伪科学的阵营中，也正是这一担心使得意识理论更难把握，但这并不会妨碍人们获得意识理论。一开始，每一个人都可以分析基本物理进程，获得与自己相关的大量数据资料，了解自身详细的、具体的意识经验，从而获得一系列重要规律。有了这些规律，人们就可以运用溯因推理去发现可能形成这些规律的更为简单的基本原则，进而构造关于意识的理论。

五 意识是物理世界的随附属性

查尔莫斯认为计算功能主义是合理的,它的作用主要体现在对心理意识的解释方面。计算功能主义完成了对心理认知的功能性分析,提供了非意识形式的心理状态内容,但它并不直接适用于意识,因而无法成为意识理论的关键解释。正如塞尔所言,他只是简单地把意识添加到对功能主义的一般性诉诸之上,将其看作随附在自然世界之上的一种基本性质。

于是,查尔莫斯在反对传统物理主义的基础上巧妙地提出了二元论的构想。他明确地说:"这里的二元论暗示着一种属性二元论:意识经验涉及并不被个体物理属性蕴涵的一些属性,尽管这些属性可能合法地依赖于那些物理性质"。[1] 与笛卡儿的实体二元论不同,查尔莫斯的二元论是自然随附的:意识经验是自然随附(而不是逻辑随附)在低层次物理属性之上的新属性,是关于世界的非物理特征;换言之,意识经验作为一种随附属性,它的存在依赖于客观的属性事实,尽管这些事实无法蕴含意识的出现。简单地说,意识过程出现的机制与神经生理过程无关,但从整体意义上说它又离不开这一过程。

作为属性二元论者,查尔莫斯必须完成的一项工作是论证意识的不可还原性,即意识层面的描述不能还原为物理层面的描述,意识性质和物理性质是外部世界的两种不同属性,说明"行为和功能性组织本身不足以产生意识"。[2] 对此,他通过硅基回路替代神经元回路和"无心人论证"这两个思想实验说明意识只是在逻辑上与功能性组织相关。如果查尔莫斯的无心人(或者硅基回路)是逻辑可想象的,尽管它没有任何感觉,但它仍能够表现出与人类完全相同的物理反应,那么其存在就是逻辑可能的。由此说明在缺乏意识的情况下,物理世界可以始终保持同一,意识对物理世界可能没有因果作用,它只是从外部添加给物理世界的随附性特征,这就引发了他关于副现象论的分析。

---

[1] Chalmers, D. J. *The Conscious Mind: in Search of a Fundamental Theory*. Oxford University Press, 1996, p. 125.

[2] [美] 约翰·塞尔:《意识的奥秘》,刘叶涛译,南京大学出版社 2009 年版,第 100 页。

六 副现象论与心灵因果性问题

不同的属性会表现出不同的因果效力，在论证意识"难问题"非还原性的过程中必然会面临因果解释问题：分析意识或心理事件对外部物理事件是否有因果作用，如果有，其作用的过程和机制是什么？简单地说，这一问题就是围绕副现象论展开的。

"按《简明牛津英语词典》，'副现象'一词首次出现在1706年，是一个病理学术语，指'一种次要的迹象或症状'。演化生物学家赫胥黎把这个词延伸为它目前在心理学中的用法，在心理学中，它指一种非功能性的性质或副产物"。[1] 在解释意识演化的过程中，赫胥黎将不能通过自然选择解释的心理事件比作为对火车头来说不起任何作用的汽笛。

与布罗德等人主张的古典副现象论相比，查尔莫斯的观点表现出较弱的意味，他说："意识经验可以融贯地从任何因果说明中减掉这一事实意味着经验在行为的解释中是多余的，不论其是否拥有某些微妙的因果关联"。[2] 换言之，查尔莫斯肯定了意识的存在，将其视为物理世界新添加的基本特征，但他认为从因果关系上说，在明确意识是否对外部物理世界有解释性作用之前，存在着很多需要理解的与经验性质相关的微妙问题。如此一来，如何看待从心到身的因果作用，即意识是否是随附在大脑某些物理过程之上的"副现象"的问题将被悬置，需要深入的讨论和分析。

通常人们习惯于诉诸心理事件来解释行为反应，将二者直接视为一组因果对象，然而，副现象论主张心理事件由大脑中的物理事件引起，但不会对物理事件产生任何影响。如此看来，意识经验与行为之间的系统性联系可以明确用来反对副现象论所体现的反直觉性。具体来说，行为由接收神经元冲动的肌肉引起，神经元冲动又是由来自其他神经元或者感觉器官的输入所引起。基于副现象论，心理事件在这一过程中并不发挥作用。换言之，副现象论者取消了图3[3]中的上部过程（虚线框内的过程），一旦

---

[1] Dennett, D. C. *Consciousness Explained*. Little, Brown and Company, 1991, pp. 401－402.

[2] Chalmers, D. J. *The Conscious Mind: in Search of a Fundamental Theory*. Oxford University Press, 1996, pp. 158－159.

[3] [美] 约翰·塞尔：《心灵导论》，徐英瑾译，上海人民出版社2008年版，第186页，有改动。

心灵成为大脑状态的影子,它与外部物理世界之间就没有任何因果关系,大脑与行为之间只存在神经生理学层面的联系。

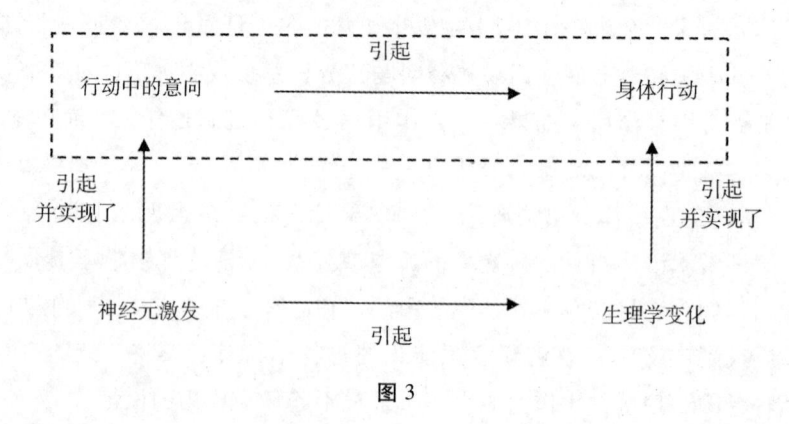

图 3

主张副现象论的学者明确指出:"大脑首要的是句法动力机,它能够有效地被视为对语义动力机的可靠模拟,但在其中意义本身从来都是无效的……(一个语义动力机在机械论意义上是不可能的——就像永动机不可能一样)"。[①] 也就是说,身体内部神经元的激活和主体行为的控制,并不是来自于大脑的语义属性,而是来自于其物理、化学属性。

关注副现象论实际上就是在分析因果相关性问题。在哲学史上,休谟首次将因果关系视为原因和结果在时间和空间上的接近关系和连续关系以及它们之间的必然联系。[②] 后来逻辑经验主义进行了修正,认为因果关系的重点在于是否存在统摄、涵盖这两个事件的心理物理规律,若该规律不存在,那么心理事件就可以看作是不起任何作用的副现象。之后,布洛克明确提出了因果相关性问题[③],他强调并不是原因集合里的每一个属性都对结果发挥了原因的作用,事件之间的因果作用集中体现在表明它们法则学相关性的内部机制上。

在查尔莫斯看来,特定的意识经验与物理状态并不具有法则学关系,从较弱的意义上来说,二者之间不会发生因果联系。比如说想吃排骨的内

---

① Dennett, D. C. "Ways of establishing harmony". In McLaughlin, B. (ed.), *Dretske and His Critics*. Basil Blackwell, 1991, p. 119.
② [英]休谟:《人性论》上册,关文运译,商务印书馆2009年版,第87—90页。
③ 参见Block, N. "Can the mind change the world?". In Boolos, G. (ed.), *Meaning and Method: Essays in Honor of Hilary Putnam*. Cambridge University Press, 1990, pp. 137–170.

心愿望与吃排骨这一物理行为之间尽管围绕着同一主题，但是彼此之间并不存在因果相关性，想吃排骨的主观感觉只是一种不起因果作用的副现象，它不是吃排骨这一行为的原因，而导致吃排骨的真正原因是身体内部神经生理学的反应（见图4）。对此，麦克唐纳夫妇认为内容具有因果相关性，并运用共例示原则和随附性原则说明了心理属性的因果效力，从而对副现象论观点进行了反击。他们指出吃排骨这一行为既是主体生理学反应的例示，又是主体内心感觉的例示，而它们之间之所以可以共同例示一个行为现象，是由于神经生理学事件和内部感觉经验之间是随附的（见图5）。

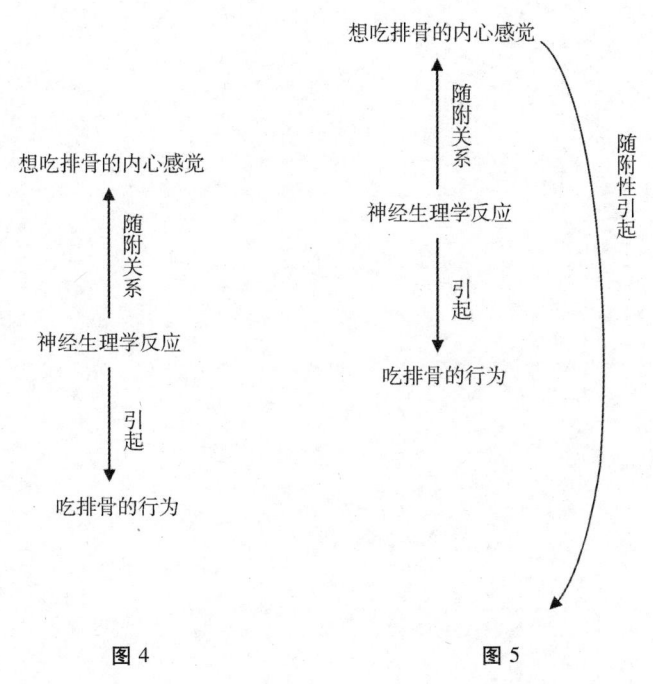

图4　　　　　　　　　图5

退一步讲，假定麦克唐纳夫妇的上述反驳不够有力，副现象论能够站得住脚，那么心灵的物理学属性就能够说明事物的全部行为，主观经验层面的东西在最低限度上就是解释的副现象，如此一来就会否认自由意志的存在，将其视为既定程序产生的心灵幻觉（但事实上人们的确拥有自由意志），同时也就难以说明人们如此关注意识的原因。然而，上述分析必然会引起激烈的争论，促使人们重新思考身心关系和副现象论问题，因为主观状态在因果上是有效的，心灵确实在人们的行为过程中发挥了倾向性作用。

此外，在对副现象论进行考察的过程中，查尔莫斯还列出了反对副现象论的另外两种观点："一是基于经验与有关经验的判断之间的关系；二是基于由它产生的关于世界的整体图像问题"。[①]

[①] Chalmers, D. J. *The Conscious Mind: in Search of a Fundamental Theory*. Oxford University Press, 1996. p. 159.

第六章　意识的本体论解释：
自然主义二元论

"许多当代哲学家认为极具重要性的一个构想就是提出一种令人满意的自然主义的关于心的理论。人们害怕，没有这样一个理论，心理现象将永远是一个谜——更有甚者，如果自然世界如其所是，那么我们拥有的关于接受心理状态以及对自身心理状态起作用的根深蒂固的概念将会受到威胁。"[①]

——迈克尔·泰尔

在上述分析的基础上，我们就应该慢慢给出查尔莫斯意识理论的核心内容，即自然主义二元论。他的理论之所以是自然主义的，是因为他主张现象意识具有不可还原性，明确了意识理论的整体结构特征，并给出了关于"信息"概念的自然主义说明，认为信息状态需要通过自然科学规律加以解释；他的理论之所以是属性二元论的，因为他认为从形而上学的角度来说，现象意识具有独立的本体论地位，它是随附在物理属性之上的新属性。

第一节　自然主义的视角：意识作为一种基本性质

事实上，查尔莫斯意识理论的整体结构具有自然主义特征，他承认意识现象可以通过自然科学的概念和方法加以解释，他也承认意识理论是通过一整套心理物理法则推导出来的，这些法则与自然科学法则并不矛盾，

---

① Tye, M. "Naturalism and the mental". *Mind*, 1992, 101 (403), pp. 421 – 441.

二者具有内在的一致性，前者是对后者的补充。

一 意识的解释诉诸新元素的增加：经验

查尔莫斯修正"无心人论证"的最终目的就是意图给出自然主义二元论意识思想，而该思想的关键问题是大脑中的物理事件如何构成或解释现象意识的问题，即如何填补主体性、感觉、经验的感受性与大脑中的基本神经事件之间的解释性鸿沟。对此，麦金指出封闭这一鸿沟的两种方式：（1）人们可以通过内省来挖掘经验的更深层次的现象学属性，以求寻求到一系列更加复杂的现象学概念，从而实现对这些经验主观特性的范畴化和描述化。（2）人们可以从另一方面努力，调查大脑中的物理事件，通过诉诸最优解释理解现象意识。但是，人们知道这两种方法都不可能成功，进一步反省、观察经验并不必然等于鸿沟的消除，对大脑的科学调查也不会令我们假定物理事件具有现象学特征。相反，由于麦金总是关注大脑状态（而非现象学状态）的最优解释，因此他反而会得出现象学事实可能引起大脑物理事实的结论（而不是相反）。

查尔莫斯指出经验不是物理过程的自然结果，要想填补这一解释性鸿沟，澄清意识的产生机制，需要以非还原论的方式在自然科学之外增加一种新元素，事实上，他的这一认识源于莱布尼茨提出的"磨坊理论"，借助这一论证莱布尼茨主张"应当在单纯的实体中、而不应当在复合物或机器中寻找知觉"[1]。具体来说，查尔莫斯认为纯粹以基本物理过程来解释高层次现象的还原论方法适用于大多数领域，适合解释结构与功能，但无法解释意识，功能分析对于经验来说是不充分的。因此他指出，就像为了解释电磁学，扩张了物理学的本体论，引入了电磁量和电磁力；同样地，要想解释意识经验，就需要寻找一条非还原性路径，为自然世界添加一种新元素。那么这种新元素是什么？查尔莫斯直接宣称将经验作为这种新元素，即一种不是由物理特征引起的基本特征。但这种二元论构想是纯粹而无害的，人们只是在解释中添加一种新元素来扩充其本体论，这种新元素与科学世界是完全相容的，不会与物理理论发生冲突。

---

[1] 参见北京大学哲学系外国哲学史教研室编译：《西方哲学原著选读》上卷，商务印书馆1981年版，第479页。

二 新元素需要基本原则：信息双面论

哪里有新元素，哪里就有基本原则，意识的非还原论解释要求为自然界添加新的基本原则。查尔莫斯指出可以用一整套心理物理法则来表明特定经验与物理进程之间的联系，解释这些进程如何产生意识。也就是说，要想解释意识"难问题"，首先需要明确第一人称研究方法的重要性，强调主体感觉的不可通达性；其次需要借助一整套心理物理法则来填补物理行为进程与主观意识之间的解释性鸿沟，而信息双面论正是这一整套法则中的基本原则。

从第四章第二、三小节内容可知，结构一致性原则和组织恒定性原则都不是意识理论中基本原则的可信候选者，它们都是在逻辑层次上表述意识与功能性组织之间的关联性。比如说，觉知就是一个高层次概念，并且它的界限在某种意义上是模糊的，因此基于这一概念的结构一致性原则根本不可能被视为基本原则；组织恒定性原则可能没那么模糊，但它依然是在远离基本原则的层次上表达因果联系。在这两个原则中，关于物理世界基本特征与经验基本属性之间联系的具体问题没有得到解答，例如"究竟哪种功能组织产生了意识经验？一个组织在经验消失之前是如何被简单化的？如何从经验的物理基础预测它的具体特征（不仅仅是它的结构）？"[1] 可见，查尔莫斯正在一步步建构意识理论，他提出的信息双面论原则就是一大体现。

信息双面论是一整套心理物理法则中的基本原则，它也许会成为查尔莫斯意识理论的基石。该原则具有很大的猜测性，但人们要想满意地解释意识，这种猜测又是必须的。在这里，有必要对该原则的必要性做一个简要说明：（1）物理变化与意识经验变化作为两种不同的信息状态，是根据它们在因果通道中的差异性加以划分的，它们凭借自身在信息构成中的地位而相互关联，彼此之间体现的是一种对应关系。（2）组织恒定性原则要想得到支持，就需要说明功能性组织与意识经验之间的随附性关系，寻找某些与经验相关的基本组织属性，而信息就是一个卓越的组织属性，

---

[1] Chalmers, D. J. *The Conscious Mind: in Search of a Fundamental Theory.* Oxford University Press, 1996, pp. 276-277.

它的两面性是说明这种关系的理论前提；反过来，组织恒定性原则使得经验不同于其他属性，为经验找到了一些根本性特征，突出了信息的两面性。(3)要想保证结构一致性原则的有效性，就需要凭借信息空间中的结构加以解释，而信息双面论恰好可以为该解释提供可能性。(4)关于意识经验现象学判断的认知解释表明（尽管这些判断在功能上得到解释，但它依然与经验本身具有深层的联系），该分析正好包含了嵌入在认知过程中的信息状态。由此可以得出，意识经验及其现象学判断的解释在以信息为基础的意识理论中体现出深层次的一致性。

三 基本原则的核心概念："信息"

信息无所不在但又错综复杂，20世纪下半叶这一概念开始进入哲学家的视野，从直觉来看，"信息"概念与承载内容的数据相关，为了进一步阐明这一概念，信息哲学研究者们提出了包含意向性的"语义信息"概念，使"信息"与指称、意义、表征发生关联。作为信息双面论原则的核心概念，查尔莫斯将"信息"作为整个世界的基础，他说："这个宇宙也就是一台巨型计算机。整个世界或许就是由'纯信息'构成的，也许，这种信息最终是现象性的或原型现象性的"。[1] 下面首先阐述"信息"概念的自然主义说明。

从解释的需要出发，香农和查尔莫斯关于信息概念的自然主义本体论说明是一致的。查尔莫斯对信息的理解或多或少建立在香农对信息的阐述上，香农给出了通信系统的五大组成部分[2]：(1) 信源 S：产生可供终端接受的信息；(2) 发送器 T：将信源处产生的信息转换为在信道中传送的信号，在这一过程中信息会被编码，编码同样在该系统内进行；(3) 信道 CH：将信号从发送器传送至接收器的媒介；(4) 接收器 R：由信号建构出信息；(5) 终端 D：接收信息。并在此基础上提出了信息熵（又叫香农熵）的概念，将信息理解为事物运动状态或存在方式的不确定性的增加，只要有变化，就会产生信息，而且系统越无序，信息熵越高。比如

---

[1] Chalmers, D. J. *The Conscious Mind: in Search of a Fundamental Theory*. Oxford University Press, 1996, pp. 303 – 305.

[2] Shannon, C. "A mathematical theory of communication". *The Bell System Technical Journal*, 1948, 27, pp. 379 – 423.

说，我们告诉你世界上有七大洲，那么没有人会感到意外，因为这是多年来我们从地理课本中获取的识记性知识。但是突然有一天新闻报道说通过科学考察世界上很有可能存在第八大洲，即西兰蒂亚，那么这就会引起人们关注，并且在直观意义上这一报道更具信息性。也就是说，香农和查尔莫斯都是用自然的原因和规范的术语解释信息概念，承认信息的合法地位：香农的信息论是通过自然科学方法和程序实现的，在自然界中具有合理的存在性；查尔莫斯的信息概念则相对复杂，他在香农的基础上运用自然科学提供的属性和范畴，进一步说明信息概念内含的经验内容实现了自然化，具体可以通过信息的现象学实现加以解释。

当然，二人的概念分析也存在很大差异，主要体现在查尔莫斯集中探讨了信息的语义学定义，即"信息总是关于某物的信息"[1]，而这是香农望尘莫及的。香农仅仅从形式句法学的角度考察了信息。哪里有信息，哪里就有嵌入在信息空间的信息状态。"信息空间是一个抽象的空间，它包含许多信息状态以及这些状态之间差异性关系的基本结构"，[2] 该差异性结构可能以某种复杂的方式揭示空间内部各要素之间的差异性。从香农的解释来看，重要的不是对这些信息状态的理解，而是对不同可能性空间中内部状态的具体说明，他指出我们可以做如下理解：存在一个由不同物理状态组成的信息空间，信息镶嵌在了物理系统之中，不同物理状态之间的差异结构被传递到一些因果通道中，而且这些被传递的物理状态本身也组成了一个信息空间。借用巴特森的概念，物理信息就是一种"制造差异的差异"（a difference that makes a difference）[3]。从香农的现有框架来说，他认识到在空间的组合结构中，字节是信息的基本组成部分，一个单一的字节可以构成信息，而这些简单信息又逐步建立了复杂信息，但他的解释远远独立于信息的语义学考量，关注的是信息的数量；而查尔莫斯关注的是信息状态本身，他强调信息的现象学实现，将信息状态与某种形式的语义学内容相联系，使其表现出了语义学维度。

---

[1] Chalmers, D. J. *The Conscious Mind: in Search of a Fundamental Theory*. Oxford University Press, 1996, p. 278.

[2] Ibid.

[3] Ibid., p. 281.

四 "信息"的解释性意义：发现意识理论

查尔莫斯并没有掌握强有力的论证来说明信息是物理进程与意识经验之间联系的关键要素，他只是以两种间接方式进行了说明：第一种是相同信息空间在物理学和现象学意义上的实现（将在本章第二小节进行分析）；第二种支持性论证依赖于信息双面论原则与结构一致性原则和组织恒定性原则彼此相容的事实。

在某种意义上信息概念是专门用来满足这些原则的。其中，与结构一致性原则相容可以作如下理解："经验的结构仅仅是现象学意义上实现的信息空间的结构，觉知的结构仅仅是物理学意义上实现的信息空间的结构。为了说明这一点，查尔莫斯将称之为经验隐含结构的东西与信息空间的关系结构相对应，将称之为经验外显结构的东西与空间的组合结构相对应"。[①] 从定义来看，觉知结构中的各种细节就是后续过程中"制造差异的差异"，它们可直接用于口头报告或行为输出，因此这些细节都是信息空间的物理学实现。事实上，如果经验和觉知都实现了相同的信息空间，那么结构一致性原则就可以得到充分理解了。但是应该注意到，信息双面论原则并不能保证经验的结构一定会映射到觉知上，因此只能说信息双面论原则与结构一致性原则之间具有相容关系，而不能进一步说前者可以预测后者。

然而，与上面的分析相比，要想理解信息双面论原则与组织恒定性原则之间的相容关系，还需考虑更多的细节。具体来说，如果某一系统的信息空间凭借其功能性组织实现，那么就可以说功能上同构的任何其他系统都会具有相同的"制造差异的差异"模式，实现相同的信息空间。"正如组织恒定性原则所预测的，如果经验凭借大脑实现的信息空间存在的话，那么就会在功能同构体中呈现相同的信息空间，并且产生相同的经验。"[②] 由此可见，组织恒定性原则的解释与信息双面论的内容之间是并存的相容关系。

---

① Chalmers, D. J. *The Conscious Mind: in Search of a Fundamental Theory*. Oxford University Press, 1996, p. 287.

② Ibid., p. 288.

如前所说，查尔莫斯给出"信息"解释的意义并非仅此而已，他最终是想在此基础上发现意识理论。通过前面的论述可知，尽管意识不能被还原解释，但是关于意识的现象学判断至少在原则上能够被还原解释，这就使得意识的非还原论表现出了某种张力，尽管这种张力似乎并不是致命的。因此，人们希望以某种方式将意识现象学判断的还原解释与意识自身的非还原解释联系起来，也就是将第三人称解释与第一人称解释相结合，对此，查尔莫斯主张诉诸内格尔模式的桥接原理。

一个完整的意识理论就是这三大原则的理论（查尔莫斯特别强调了信息双面论这一基本原则），该理论必须既要提供关于意识自身的非还原解释，又要提供与意识相关的现象学判断的还原解释，并且期待这两种解释彼此一致。特别是，基于意识理论的解释一致性，人们可能进一步希望对现象学判断起作用的那些特征对意识的非还原解释同样有效。以此方式来看，尽管意识本身并不是现象学判断解释的组成部分，但是关于意识产生机制的理论研究将会成为该解释的一部分，因为它们都属于还原解释的阵营。

查尔莫斯认为上述分析可能是发现意识理论的关键。首先，人们需要努力去理解关于意识的现象学判断为什么会产生以及如何被解释的问题，这可能并不是一个真正的难题，因为它不会涉及深层次的形而上学神秘性；原则上，它只可能是认知科学领域的解释问题。其次，人们需要提炼解释中的关键性特征，并且考虑它们如何可能在意识理论中发挥作用，尽管这不能保证必然会导致一个令人满意的意识理论，但至少这是一个有希望的策略。

无论如何，关于意识判断的还原性说明在意识解释的过程中产生了重要意义。人们可能关注一个加工系统为什么应该产生关于现有意识的判断，特别是关注该系统为什么判断意识是一个奇怪的现象。至此，人们需要探究更多的事实。因此，要想给出意识的基本理论，首先需要把意识问题放在一边，探究现象的低层次结构和事实，以第三人称的视角来关注认知加工系统以及与之相关的判断，从而通过桥接原理进一步解释物理进程与意识经验之间关系的本质问题。

退一步讲，如果该意识理论一旦形成，那么它就会促使简单的、组织恒定的物理特征在根本法则中发挥作用。然而，大多数简单的物理特征并不具有组织恒定性，大多数具有组织恒定性的物理特征又不是简单的，这就要求人们重新回到"信息"的解释性分析，具体理解物理学意义和现象学意义上的信息实现，也就是它的两面性。

第二节 二元论的视角：意识作为信息的现象学实现

大多数自然主义者都反对二元论，认为二者是完全对立的，非此即彼，查尔莫斯却独树一帜，在阐明意识理论具有自然主义特征的同时，进一步论述了属性二元论观点，认为世界既具有物理属性，又有经验属性。具体来说，他的这一思想集中体现在"信息"概念的物理学方面和现象学方面。

一 "信息"的两面性

查尔莫斯选择"信息"概念的主要意图在于剖析其内含的经验内容，进而试图为其意识思想的二元论做铺垫。在他看来，"信息（在现实世界中）包含两个方面，物理的方面和现象的方面"[1]，"信息状态的内在方面是现象学的，外在方面是物理学的"[2]。作为基本原则，信息双面论预设并解释了经验在物理世界中的存在性。经验之所以出现是因为它是信息本身的一个特性，信息的另一个特性嵌入在物理过程之中。正如查尔莫斯已经定义的，信息空间是抽象的空间，信息状态是抽象的状态，这些空间和状态并不是物理或现象学世界中的具体组成部分，但是这并不妨碍人们发现物理学意义上或现象学意义上实现的信息。

二 物理学意义上实现的信息

信息空间或状态通过物理世界实现这一点在直觉上似乎是清晰明了的。举例来说，把照明开关看作实现简单信息状态（二进制）的信息空间，开和关分别代表两种状态，或者也可以把唱片视为一种组合信息

---

[1] Chalmers, D. J. *The Conscious Mind: in Search of a Fundamental Theory*. Oxford University Press, 1996, p. 286.

[2] Ibid., p. 305.

状态，根源在于其字节具有复杂结构。但是如何使这种直觉产生意义呢？

在物理系统和信息系统之间建立联系的最自然方式是依据巴特森提出的定义。"当并排存在大量照明开关时，开关在不同情况中的变化会对灯造成不同影响：当开关一直开着或者关闭四分之一时，灯都会一直亮着，可见这两种物理状态对应一个相同的信息状态；当关闭多于三分之一的开关时，灯就会熄灭，这就说明开和关这两种状态之间的差异就是灯产生差异的唯一差异。"① 因此，开关就被视为实现两种状态（亮着或者熄灭）的信息空间，该空间带有与信息状态相对应的物理状态。

通常情况下，信息空间的结构直接对应物理空间的结构，但是人们能否用这种方式看待连续性信息空间呢？接着刚才的例子，"如果灯装有变光开关，把旋钮转到不同位置就会在某一范围内产生连续性的不同强度的光，光的强度的不断变化定义了照明开关中实现的连续性信息"②。同样，唱片中实现的信息也能够以此方式进行分析，在一定信息空间内，唱片的任何给定状态都将有一个与之相联系的信息状态，这体现出物理实现的信息空间拥有组合结构，并且这一信息空间可以被视为两个不同子空间的集合。

基于这一原因，可以看出物理实现的信息仅仅是加工处理范围内的信息，可以同时满足组织恒定性和简单性这两个标准，与香农的信息处理相一致。香农认为信息就是一种传输状态，是能够在传输过程中制造差异的差异，这也就说明这些信息状态能够对不同的因果通路起到不同的作用，只是香农不考虑语义问题，没有对物理状态和信息状态之间的关系结构进行分析和处理。

三 现象学意义上实现的信息

尽管查尔莫斯没有给出物理系统中信息空间实现的明确标准，但"物理实现无疑是思考嵌入在世界中的信息的最普通方式，但它并不是发

---

① Chalmers, D. J. *The Conscious Mind: in Search of a Fundamental Theory*. Oxford University Press, 1996, p.281.

② Ibid.

现信息的唯一方式，我们还可以在现象学中找到实现的信息"①。

我们可以直接以一种自然方式将经验状态划分为不同信息空间，同时不同经验状态之间的相似性和差异性的自然模式产生了这些信息空间的差异性结构，因此可以把经验状态看作空间差异性结构实现的信息状态。

举例来说，简单的色彩经验空间具有一种三维关系结构，即在现象学空间中实现的色彩经验的信息状态与色彩结构的三维属性相对应。通过提取这些经验之间相似性和差异性的模式，可以获得带有三维关系结构的抽象信息空间，而这些关系结构是在现象学空间中实现的。比如说，关于白色的感觉经验是在现象学意义上实现的一个信息状态，关于黑色的感觉经验则是在现象学意义上实现的另一个信息状态。相应地，"较为复杂的经验（如整个视觉范围内的经验）可以划分为带有特定相关组合结构的不同信息空间"②。

查尔莫斯认为人们凭借"制造差异的差异"这一定义发现了物理学意义上实现的信息空间，但是要想发现现象学意义上实现的信息空间，则不能依赖于此定义，而应依赖于经验的内在特性、经验之间的结构性关系以及经验的内在组合结构。

可想而知，如果有了对信息状态的直接通达，那么自然会期待系统使用"经验""特性""现象学性质"之类的术语去描述关于知觉的认知观点。然而不足为奇的是，所有这些术语对系统而言似乎都是陌生的，故在此意义上意识对系统而言似乎也是怪异的，因为正是信息以及对信息的通达完成了对意识现象学判断的还原解释，而系统则仅仅能够通达与无理性特性相关的判断的信息状态。

一些人可能到这里就打算结束研究，宣称意识的问题已经解决。尽管使用解释一致性原则可以使意识理论获得一定的影响力，即如果信息状态在人们对意识判断产生影响的过程中加以实现，那么这些信息状态就可能对意识自身起作用。但查尔莫斯认为不能将这两个方面混为一谈，他认为人们解释的仅仅是特定的现象学判断，而这些判断是更为直接的事实。概

---

① Chalmers, D. J. *The Conscious Mind: in Search of a Fundamental Theory*. Oxford University Press, 1996, pp. 283–284.

② Ibid., p. 284.

括地说，只有当意识的现象学判断的解释性基础是"制造差异的差异"的结构时，才能够自然地假设意识的解释性基础也可能会是这一结构，这就说明意识经验是信息状态在现象学意义上的实现，而现象学判断则是通过相同信息状态的物理实现进行解释的。在此意义上，某一具体信息确实可能存在定性的经验层面。

我们也可以注意到，信息状态的认知功能与经验的认识论之间存在很好的对应关系。与经验相对应，我们可以直接了解认知通达系统中信息状态的物理实现，由此可以说，这一系统直接形成了以通达信息状态为基础的现象学判断；同时也说明正是相同信息状态的现象学实现使得现象学概念合法化。可见，在解释过程中相同的信息状态可以发挥不同的作用：它在一种情况中是物理实现，在另一种情况中却是现象学实现。

四 案例分析："疼痛"的双重信息意义

1979 年国际疼痛研究会（IASP）第一次明确表达了疼痛的定义："疼痛是一种不愉快的感觉和情绪经验，伴随着现有的或潜在的组织损伤，疼痛经常是主观的，每个人在生命的早期就通过与损伤相联系的经验学会了表达疼痛的确切词汇……"[1] 从物理功能层面来看，疼痛表现为身体机理故障；从经验层面来看，疼痛是一种定性的、内在的、特定的感觉。

依据 IASP 给出的定义，关于疼痛的研究存在着一个根本性的认识论张力：一方面，由于诊断过程，该定义最终可能站在客观观察的角度，呈现主体的身体功能状态；另一方面，当与恰当的行为联系时，清醒的病人似乎能够最终判断他是否处于疼痛之中以及他自身的疼痛的本质是什么。由此不难看出，这一张力集中表明了与组织损伤相联系的疼痛的客观角度与归为特定感觉经验的疼痛的主观角度之间的对比，也就是第一人称视角和第三人称视角的差异问题。

在心灵哲学领域中，行为主义者主张将疼痛还原为 C 神经纤维的激

---

[1] Lindblom, U., Merskey, H., Mumford, J. M., Nathan, P. W., Noordenbos, W. & Sunderland, S. "Pain terms: a current list with definitions and notes on usage". *Pain*, 1986, 24 (supplement 1), pp. S215 – S221.

活,指明疼痛感意味着有表明疼痛行为的倾向,这就说明疼痛在受伤者的某个身体位置物理地实现,但是关于疼痛的经验解释则是相关信息的现象学实现。主体的认知进程可以为疼痛的功能性描述提供解释证据,但关于疼痛的经验解释不能还原为神经生理学层面的认知解释,因为疼痛本身并不是一个生理或物理状态,它只是主体的感觉经验状态。

五 对信息双面论原则的基本认识

通过以上分析,人们在物理学与现象学之间建立了重要联系:"无论何时实现了现象学意义上的信息空间,都意味着同时实现了物理学意义上相同的信息空间。或者说,当一个经验实现为信息状态时,该经验的物理基质也就实现了相同的信息状态。"[1]

尽管二者之间的联系存在略微不同的物理差异(如照明开关状态中的细小差异),但是以相同经验为基础的两个状态会产生相同的影响,以相似经验为基础的两个状态会产生相似的影响。以视觉为例,查尔莫斯认为视觉皮质(大脑表层的区域)与意识的信息处理息息相关,可以将其看作三维空间中实现的信息状态。

信息双面论原则揭示了信息与经验之间的基本联系,这一联系来源于下述观察:"某些物理上具体的信息空间与某些现象的(或经验的)信息空间之间存在着一种直接的同型性。我们可以从某些涉及结构一致性原则的观察材料中注意到,现象状态之间的差异有一种直接对应于具体化于物理过程中的差异的结构,尤其是有对应于沿着某些包含在整体有效性和控制中的因果通道造成的差异的结构。"[2] 这就意味着,人们能够在物理过程和意识经验中找到相同的抽象信息空间。

从本质上来看,信息双面论原则是建构的、思辨的,它仅仅是将物理学领域与现象学领域联系起来的一个原则,它只能表明心灵系统是一个内含信息的系统;甚至可以说,这一原则类似于一个假设的心理物理理论,尚未充分考虑形而上学问题。事实上,通过提供基本框架,该原则形成的

---

[1] Chalmers, D. J. *The Conscious Mind: in Search of a Fundamental Theory*. Oxford University Press, 1996, p. 284.

[2] [澳]查默斯:《勇敢地面对意识难题》,载高新民、储昭华主编:《心灵哲学》,商务印书馆 2002 年版,第 389–390 页。

是心理物理理论的一种模板。然而，在将原则具体化为理论的过程中，还需解答各种问题（如是否所有信息都有现象学方面等），还需进一步完善物理学意义上实现的信息的定义。

此外，信息双面论原则也会给人们带来一定困惑：如果信息双面论原则是正确的，那么我们就可以在乒乓球、岩石、电子等物体中发现信息状态，表明经验的普遍存在性，表现出泛心论立场，而这一理论的出现必然会使查尔莫斯的分析遭到质疑（这将在第七章第一小节进行详细说明），毕竟乒乓球、岩石、电子等物体与经验存在联系是那么不可思议。

第三节 信息与表征

意识经验具有现象学性质，会涉及表征问题，主要包括表征内容[①]和语义属性问题。心灵内部对外部世界的表征意在突出强调两点：一是这种表征是表征外部世界的，二是表征实质上是一种心理内在指向性。那么，何为心理表征呢？心理状态及其内容等信息通过思维性符号表达或呈现出来的方式。简言之，信息就是物理世界中的一连串数据，表征就是将这些数据信息赋予认知意义的实现形式。主体对外部世界的描述本质上就是信息与表征关系问题的具体体现。

一 机制的解释及其表征机制

在当代，机制形成是我们发现、认识、理解、描述实在的最佳方式，以因果机制[②]为例，作为认知主体理解世界的一种重要方式，其主旨在于以因果方式构造事物之间的结构、功能及其相互关系。萨尔曼认为关于事件的充分解释就是对其内在机制的探究，要想解释特定事件的发生原因，就必须阐明该事件与被解释事件之间的因果关系，了解它们的产生机制。

究竟何为"机制"？格伦南指出："行为机制是借助直接因果规则通

[①] 这里的"内容"具有特殊含义，意指负载的信息。
[②] 库冈斯指出因果机制解释不同于规律论说明，心理现象的功能状态可以表现为一种因果机制，而心理现象却不是规律所能涵盖的，它很难归于规律之中加以解释，因为心理学规律本身就是一种待解释的描述。

过不同部分之间的相互作用产生某种行为的复杂系统。"① 马切姆、克瑞威将机制看作能诱发事物规律性变化的行为活动系统，这种活动遵循结构与功能的对应性关系。伍德沃德主张将机制解释为特定规则控制下的功能模块系统，且这种规则具有稳定性。综合来看，这些定义都在强调系统运行是机制发挥作用的关键，而系统的操作与控制依赖于其内部各组成部分之间的相互作用，并通过整个机制活动表达出来。比如，分子生物学理论就是通过描述因果机制或解释关系来提供生物体结构、功能和生物合成等方面的相关信息。

从本质上来说，机制是组织系统结构与功能的交互问题，它的重要特征在于物理结构以各种组织形式决定功能配置，这些配置最终确定机制任务，形成合理的有机系统。举例来说，下丘脑—腺垂体之间的调控机制就是在调节激素分泌的过程中，下丘脑—腺垂体内分泌功能系统中各部分有效协同工作，解释激素调节组织器官的生理功能活动。具体来说，神经中枢下丘脑的相关结构属性（如神经内分泌细胞及其合成的激素等）控制、调节腺垂体的细胞分泌活动，反过来，腺垂体产生的各种激素又会到达下丘脑，影响下丘脑生理机能。

此外，不同机制之间存在等级分层现象，某一层次的机制可能是更高层次的复合机制的子部分，发挥着子机制的作用。如何判定某个机制是否是较高层次机制系统的组成部分呢？这主要取决于判定该机制的活动系统是否从属于较高层次的组织系统，而至于需要运用哪个层次的机制进行解释则取决于要解释的对象或目标。

从认识论的角度来看，机制作为一种分析系统更多体现出表征特点，从狭义意义上来说，可将其称之为表征机制，即信息加工机制。在很多情况下这种机制将解释工作置于一个新的语境中，机制作用的体现就是通过表征把握组织系统的结构与功能，其具体形式有语言表征、数值表征、模型表征等。就较为复杂的模型表征而论，模型的要素便是组织系统的子要素，它们的结构与功能符合表征机制的语境范围，分子生物学中的 DNA 双螺旋结构模型就是典型的例子，建立这一模型的意图就在于理解遗传信息的表征机制。

---

① Glennan, S. "Mechanisms and the nature of causation". *Erkenntnis*, 1996, 44, pp. 49–71.

二 表征的含义及其种类

正如西蒙所说："表征是信息在头脑中存储和呈现的方式"[①]，也可以认为是信息或知识在大脑中的表现和记载方式。如"flower"可以表征花朵、花海等含义，"Chinese"可以表征中国人、中文、中国的等含义。心灵作为重要的表征者，可以通过主观的思维活动表征内部或外部世界的客观对象和活动过程。"大脑通过在其神经元激活模式下存储信息的方式进行表征。而且，特定神经簇的激活方式以及保持其活跃的方式也与它们的表征内容和方式相关。心灵是一种活跃大脑的状态，它使用各种数据结构来进行表征。数据结构以各种神经激活模式来被执行，但不能还原为各种神经激活模式。"[②] 概括来说，表征作为认知系统的目的性活动，需要三个基本条件：（1）认知主体要感知其周边环境的具体信息建立庞大的表征数据库；（2）认知系统的心灵能够开展不同形式的认知活动（如学习、识记、分类等）；（3）不同的数据信息依据相关加工机制实现相互关联。就其三者而言，条件（3）是关键，其可以在条件（1）（2）提供的外部世界与心灵世界之间桥梁关系的基础上保证心灵表征功能的稳步实现。

一般来说，由于表征内容或语义属性不同，认知系统的表征活动会表现出不同的层次和种类：（1）从时间维度上讲，表征可分为持久性表征与瞬时性表征。前者突出强调表征的长期持续性，揭示心灵状态的持久性特征，这是一种比较传统的认识；后者则表明了表征内在的灵活性和动态性，有利于解释一些精细的反应变化，能够实时呈现认知系统与环境之间的信息传递情况。综合来看，二者在不同情形下表现出不同的解释力，比如，膝跳反射这一刺激—反馈行为就是在瞬时状态下完成表征的，而人对知识的欲求则需要持久性表征加以解释。（2）从认知体验的状态来看，表征分为离散性表征与连续性表征，离散性与连续性是语言学研究的一对概念，离散性是指概念系统中的事物都有边界，容易出现分离或中断的情况，反之系统中的事物若没有具体的边界，则会体现出连续性。由此，离

[①] ［美］西蒙：《人类的认知：思维的信息加工理论》，荆其诚等译，科学出版社1986年版，第112页。

[②] ［加］保罗·撒加德：《爱思唯尔科学哲学手册·心理学与认知科学哲学卷》，王姝彦译，北京师范大学出版社2015年版，第13页。

散性表征与连续性表征的差别也主要体现在表征有无边界这一点上，离散性表征强调认知过程的比较向量，倾向于得到共同性和差异性内容，有利于进行系统的配对操作；而连续性表征与认知主体的元认知感觉息息相关，比如我们很难给出关于意识"难问题"的解决方案，但是我们却可以十分准确地评判以往给出的选择方案是否合理，这就是连续性表征在发挥作用。正如迪特里希和马克曼所指出的，如果认知系统在识别输入数据时能对其进行分类，那么它就会表现出离散性特点；而如果认知系统无法区分不同时刻的功能状态，无法辨别外部状态之间的差异性，那么此系统只能做出连续性表征。（3）从表征的复杂性程度来看，可以分为组合性表征与非组合性表征。派利夏恩、福多提倡组合性表征，他们肯定了概念组合研究的必要性，指出高层次的、复杂动态性表征活动离不开组合性结构的作用；与之相应，非组合性表征一般用于低层次的信息处理系统，比如用于协调身体平衡的运动系统，视觉感官系统等。

此外，依据认知过程的具体特点，还可以将表征分为具体性表征与抽象性表征，这也是认知科学研究的一项重要任务。从直觉来看，认知表征似乎是逻辑推理的产物，这在很大程度上突出了表征的抽象层次；实则相反，认知解释模型的提出在很大程度上与特定规则绑在一起，规则的假定是认知理论建立的基本条件，这些规则可以是运算法则，可以是统计程序，也可以是推理模式等。从这一点来看，似乎更多的人倾向于主张表征需要运用规则来描述，当然，也有实例表明认知表征的分析并不需要规则，塞伦和史密斯指出，儿童的生长发育就不受规则制约，而是由神经系统与外界的交互作用支配。正是在此意义上，表征被分为规则制约性表征与非规则制约性表征。

三 心理表征问题

"表征的基本手段是句法结构，或者是对象的物理实现，这些对象在某一认知系统中具有表征功能（即携带了一个内容）。"[①] 心灵在做很多事情的时候都表现出了许多不同形式的表征，心理表征能力是我们要致力解

---

① ［加］保罗·撒加德：《爱思唯尔科学哲学手册·心理学与认知科学哲学卷》，王姝彦译，北京师范大学出版社2015年版，第380页。

第六章 意识的本体论解释：自然主义二元论

释的核心问题。目前，关于心理表征问题的分析离不开计算神经科学，认知计算的基础就是表征，主体的心理活动是通过表征进行计算的过程，是语法化过程。与计算主义相比，表征是认知主体的最为基本的对象性活动，在这项活动中，认知系统中的心灵通过不同方式将收集起来的数据信息进行重组加工。

表征的语义内容一方面反映客观，代表客观事物；另一方面又是心理活动进一步加工的对象。因此，很多心灵哲学家认为某一种感觉经验的表征主义是直接现实论者关于感觉经验的知觉观点，这种观点伴随着自然主义者关于意识经验的全部现象学理解。该观点认为意识经验的整个现象学严格地同一于其表征的意向性内容，换言之，意识经验的现象学内容和表征内容是同一的，二者是不能分开的。对此，密立根提出了反对意见，她坚决主张将感觉经验的表征（呈现方式）与其现象学内容相区分，这集中体现在她对殊念①的分析中。

强表征主义趋向于自然主义或物理主义，是关于知觉经验现象学内容的形而上学命题。感觉经验的表征主义需要在还原论意义上加以理解，这些理论通常伴随状态如何获得表征内容的自然主义解释而出现，最普遍的解释要么是一个理想的因果共变理论（信息语义学），要么是目的论心理语义学，要么是二者兼有之。因此，依据强表征主义的定义，表征主义负责关于知觉经验如何表征的自然主义模式，如疼痛经验表征身体组织的各种杂乱条件，它们表征这些条件的方式类同于视觉系统表征颜色的方式。疼痛表征了身体内部（而不是表面）的破坏区域，相应地，疼痛的位置是疼痛经验表征组织损伤的位置。由于泰尔是强表征主义的捍卫者，因此有必要提及他对意识经验进行的表征说明：意识经验就是知觉体验，这种经验的现象学特征由它们的表征内容及其与主体自身身体功能状况相关的内容构成，其目的是为了满足某些更进一步条件的表征内容。② 如果他的观点成立的话，那么在心理表征可被自然化的情况下，感觉经验的现象学

---

① "unicept"是密立根首创的哲学术语，我们可以暂且将这一概念理解为"concept"。密立根一般把表征视为载体，把现象学内容视为实在对象。

② 参见 Tye, M. "Blurry images, double vision, and other oddities: new problems for representationalism?". In Smith, Q. & Jokic, A. (eds.), *Consciousness: New Philosophical Perspectives*. Oxford University Press, 2003, pp. 7–32.

内容就可能通过表征得到说明,这样也就弥补了感觉经验的解释性鸿沟。

但艾迪迪对强表征主义提出了质疑,他认为强表征主义完全是错的,表征所指向的意向性内容构成了现象学难题,泰尔忽视了知觉报告与经验报告之间的不对称性,[①]这可以通过盲视现象进行类比说明,在盲视现象中,患者做出的视觉报告是无意识的,而其经验报告却内含着一定的现象学性质,二者是不一致的。同时,他还指出如果有人内省一种经验——至少这一经验的现象学特征是其内容——那么某人必须有需要明确表达经验内容的概念。正如我们所要求的那样,艾迪迪的必要条件是通过内省得到满足的。

可见,在物理主义框架中努力理解经验现象的自然主义者试图挑战经验的解释性鸿沟,但是伴随着这一过程也出现了反对的呼声:有些人认为表征内容相同,现象学特征不同;有些人认为现象学特征相同,表征内容不同。因此,围绕感觉经验表征主义的分析有助于澄清意识经验现象学方面采用的一些概念,理清哲学家们的困扰。

四 语义内容难题

围绕表征问题,还会引出语法与语义的关系问题,特别是语义内容的指向问题。表征的数据信息必然要揭示一定的语义内容,表征的实现功能在某种程度上就是一种逻辑相关性的表达。

当前围绕语义内容问题,学术界提出了三种语义学理论:(1)意义因果理论:德雷斯基和福多是这种理论的主要倡导者,他们认为心理表征直接指向导致其发生的原因,这意味着计算过程直接决定意义。(2)概念角色理论:劳尔和哈曼是主要代表人物,他们主张语词的意义是由其在概念图示中的角色决定的。(3)双因素理论:由于这两种理论各自强调一个方面,会出现相互争执难以决断的难题,为此,菲尔德和布洛克在此基础上综合提出双因素理论,高度肯定了因果关系和概念角色对语词意义的独立决定价值,后来,又进一步指出了二者之间的联系。

[①] 感觉某一身体部位的疼痛并不是在知觉那一部位心灵之外的条件,参见 Aydede, M. "Is feeling pain the perception of something?". *The Journal of Philosophy*, 2009, CVI (10), pp. 531–567.

第七章　关于查尔莫斯意识理论的典型争论

"如果你认为你有了解决意识问题的方法，那么说明你尚未懂得这个问题。当然，严格来说也不尽然。你可能是一位天才人物，并且已经发现了真正的答案；或者，你相当明智地明白，为什么这里本来就没有问题。然而，更有可能的是，你正陷入许多帮你避开真实问题的诱人困境中。"[①]

——苏珊·布莱克摩尔

一个独特的理论必然会引起学术界的高度关注和激烈讨论，查尔莫斯的意识理论也不例外。意识问题就如一块沼泽地、一个黄蜂窝，充满了竞争的理论和想法。本章主要介绍查尔莫斯与塞尔、丹尼特围绕泛心论、意识"难问题"以及无心人这三个焦点问题展开的争论，下面首先分析查尔莫斯与塞尔关于泛心论的不同看法。

第一节　关于泛心论的反驳与回应：查尔莫斯 VS 塞尔

无论在本体论意义上还是认识论意义上，泛心论都把心灵视为世界最基本的要素。近代以前泛心论长期占有主导地位，人们热衷于对心灵的探讨，后来随着近现代自然科学的兴起和发展，这一理论不断受到冲击，逐渐被边缘化了，特别是物理科学的发展使得这一理论受到了强烈的攻击。

[①] ［英］苏珊·布莱克摩尔：《人的意识》，耿海燕、李奇等译校，中国轻工业出版社2008年版，绪论。

但是，现代心灵哲学反其道而观之，依据泛心论与自然科学（特别是认知神经科学与生物学）之间的联系对该理论进行了重新阐释，使其获得了一线生机。

作为一种争议较大的形而上学方案，关于泛心论的分析必须寻求其发展基础。分析问题先从概念入手，著名哲学家西格尔指出："泛心论是以心智在形而上学意义上是基本的、普遍的论断为核心的一系列教条。在某种意义上，心智是基本的就说明它不能够通过其他事物来解释和还原；说心智是普遍的主要指具体存在的每一个方面在一定程度上都分享了心智。"① 在此基础上，他将非物理的"隐变量"确定为意识的基本形式，他认为物理世界是不完善的，其间存在一种"隐变量"，"它伴随每一物质粒子的运动，与我们的心理事实相比，与我们的意识相比，具有难以想象的简单性，正像物质分子的运动比之于我们大脑的运动时所显现的那种难以想象的简单性一样"②。也就是说，有一种意识的基本单元，它比意识和心灵事实的结构要简单，但是这种意识的基本单元却是一种伴随在所有物质粒子运动中的"隐变量"。由此，西格尔得出结论：心灵（或意识）是世界的绝对根本的特征，物理世界的每一个要素都不乏其相关的心理方面。

此外，当代心灵哲学家内格尔也表现出了泛心论的理论倾向，他给出了如下看法："所谓泛心论，即认为宇宙的基本物质成分不管其是否属于生命有机体，都具有心灵的属性。"③ 也就是说，构成物质对象的粒子成分都具有心理学属性，心灵（或意识）被具体化为了世界的根本特征。

一　查尔莫斯的泛心论立场

回到前面查尔莫斯的理论分析，他的信息双面论原则表明信息无处不在，充斥于宇宙中的每一个空间：压缩的唱片播放机内含信息加工过程，汽车的引擎依赖信息加工，运行的计算机源于信息加工，甚至恒温器也充

---

①　Seager, W. "Panpsychism". In McLaughlin, B., Beckermann, A. & Walter, S. (eds.), *The Oxford Handbook of Philosophy of Mind*. Oxford University Press, 2009, p. 206.

②　[美]威廉·西格尔：《意识、信息与泛心论》，载高新民、储昭华主编：《心灵哲学》，商务印书馆2002年版，第417页。

③　[美]托马斯·内格尔：《人的问题》，万以译，上海译文出版社2000年版，第193页。

满了信息加工……事实上，信息的普遍存在性恰恰是由于无处不有的因果作用，那么以此类比，意识经验是普遍存在的吗？

事实上，查尔莫斯的信息双面论支持了一种泛心论形式，他说："经验比我们确认的要广泛得多，因为信息无处不在。这首先是反直觉的，但基于反思，我觉得这个观点具有某种合理性和简明性。在有简单信息加工的地方，便有简单的经验，在有复杂信息加工的地方，就有复杂的经验。"① 具体来说，他将意识经验归为扩充意义上的信息，认为所有系统都包含这种扩充意义上的信息（如用力将苹果掰成两半，因为双手的作用力造成了苹果的变化），因而这些系统都是有意识的，意识是普遍存在的。

但是从后来他与塞尔的对话中可以看出，他承认泛心论是反直觉的，表明自己对该理论一直持怀疑态度："只是对这种立场进行了探究，而且在这一问题上我坚持的是不可知论"②，然而不管怎样，他在著作中关于"成为一只恒温器会是什么样子"的讨论足以说明他在理论建构过程中还是支持泛心论的。他说："如果存在着与恒温器相关联的经验，那就有可能到处都存在着经验：有因果互动的地方就会有信息，而有信息的地方就有经验。"③

二 塞尔对查尔莫斯泛心论的反驳

关于泛心论问题，塞尔与查尔莫斯展开了激烈的争论。首先，塞尔认为查尔莫斯提出的有意识的恒温器无法说明意识的组合问题，他从两方面进行了质疑：（1）假若恒温器具有意识，它的每一个组成部分都具有一个单一的分离意识，那么要想解释这些分离意识如何融贯为恒温器的整体意识就变得有些困难了；（2）如果恒温器在整体形式上具有意识，而它的组成部分并不拥有独立的分离意识，那么就很难说明仅仅使得恒温器成为有意识的东西的依据是什么。

---

① ［澳］查默斯：《勇敢地面对意识难题》，载高新民、储昭华主编：《心灵哲学》，商务印书馆2002年版，第391页。
② ［美］约翰·塞尔：《意识的奥秘》，刘叶涛译，南京大学出版社2009年版，第114页。
③ Chalmers, D. J. *The Conscious Mind: in Search of a Fundamental Theory*. Oxford University Press, 1996, p. 297.

其次，塞尔认为查尔莫斯重新诠释"无心人论证"得出的结论并不成立，所以他通过解构"无心人论证"来反驳泛心论，他在《意识的奥秘》一书中指出："无心人论证"是无效的。查尔莫斯要设想一个在物理特征方面与我们的世界相同但缺乏意识的世界（无心人世界），就必须同时设想自然规律也会随之发生变化。当然也可以设想自然规律有所差异的各种世界，比如可以设想一个在微观结构方面与我们相同，但拥有各种不同高阶属性的世界，"如猪会飞的世界、桌子和石头有生命的世界等。这些世界是一些科幻的世界，但是并不足以表明飞行的生活和行动不是物理属性和事件"①。也就是说，塞尔认为"这个世界的物理结构与增加飞着的猪同样是协调的，但由此推不出飞是非物理特征"②。同理，也难以将意识作为随附在物理世界之上的新特征，如此一来，泛心论也就失去了存在的理论根基。

塞尔认为泛心论是一种荒谬的观点，没有任何理由能够说明该理论存在科学性和合理性，人们需要从根本上加以否定这一理论。为了使自己的立场更清晰，塞尔进一步指出具有意识的系统只能是人类和某些灵长类动物的大脑，因为只有这些系统是"具有特定类型神经系统的活着的系统"③，而诸如低等生物、岩石、茶杯之类的系统则根本不具有心灵。

三　查尔莫斯对塞尔反驳的回应

从前几章内容可知，查尔莫斯将主观经验视为物理世界的新特征，他认为物理世界并不是纯粹客观的，它包含着意识和心理学方面，并坚信如果人们咬紧牙关、硬着头皮坚持接受所有的信息都有意识经验的面向，那么经验就会是普遍存在的。假若这是正确的话，那么经验甚至会与恒温器这样的简单系统相联系，同时该系统会表现出低级意识。由此，查尔莫斯深入地考察了塞尔的反对意见，并对其进行了如下回应：

首先，查尔莫斯主张对信息双面论原则加以限制，说明恒温器是一个具有有效因果联系的信息过程系统，与其相关的意识经验是一个程度问

---

① [美] 约翰·塞尔：《意识的奥秘》，刘叶涛译，南京大学出版社2009年版，第100页。
② 同上书，第113页。
③ 同上书，第118页。

题。恒温器作为几乎最为简单的信息加工系统，只具有三个信息状态：凉、热和无反应。它的每一个信息状态都对应着一个现象学状态，其中信息状态的变化会引起现象学状态的变化，如此这般，人们就会发问：这些现象学状态的特征是什么？即成为一个恒温器会是什么样子？当然，成为一个恒温器并不有趣。由于恒温器的信息加工非常简单，因此人们期待对应的现象学状态也同样简单。通过类比，查尔莫斯将这些状态视为黑白灰三种经验，即一个恒温器能够有全黑、全白或者全灰的现象学区域，这就说明"认为恒温器有意识经验并不是说它们有大量的精神生活方式的那种经验，……并不是说恒温器可以进行思考"[1]，甚至可以将恒温器与意识经验的关系表述为"关联"而不是"拥有"，尽管他自己也曾多次不加区分地进行表述；或者更加明确地说，恒温器这样的简单信息系统只可能拥有比意识经验更为根本的原现象学属性。此外，他还采用了乒乓策略为自己的观点辩护，要求塞尔解释为什么恒温器不会具有意识，这更加激化了二人观点的不可协调性，将争论推向了极致。

其次，查尔莫斯认为塞尔的批评是无效的，因为塞尔犯了两个基本错误：第一，塞尔错误地理解了"无心人论证"的形式，要想表明飞是非物理特征，只需表明这个世界的物理结构与飞的缺乏不矛盾。而这是很容易说明的，因为人们把飞添加给物理世界这一事实，并不能推出任何东西。第二，塞尔描述的场景与无心人的场景是不一致的，二者不能混为一谈。[2] 一个有飞猪的世界与当下的物理世界是不一样的，这违反了最初的设想条件，飞猪的存在造成了两个世界结构的根本差异。退一步讲，想象一个在物理层面同一于我们的世界，但在其中没有飞翔、或者没有猪、或者没有石头是不成立的，因为物理上同一就说明包括飞翔、猪或石头这些属性或事物。但是正如塞尔本人所承认的，假设存在这样一个世界，它在物理上与我们的世界相同但其中没有意识，却不会产生任何矛盾。也就是说，"飞猪以及世界上其他几乎每一样东西的地位，在逻辑上都可以从世界的物理结构中导出，但意识的存在却不能如此。"[3] 可见，塞尔对"无

---

[1] Chalmers, D. J. *The Conscious Mind*: *in Search of a Fundamental Theory*. Oxford University Press, 1996, p. 295.
[2] ［美］约翰·塞尔:《意识的奥秘》，刘叶涛译，南京大学出版社2009年版，第113页。
[3] 同上书，第114页。

心人论证"的解构很不到位，完全忽略了情境的差异性，因此并没有驳倒泛心论。

此外，查尔莫斯认为并不存在反对泛心论的强有力论证，"泛心论仅仅是经验自然随附在物理之上可能发挥作用的一种方式"[①]。他指明该理论之所以容易引发争论，主要是因为它暗示了一种观点，基于这种观点人们倾向于认为简单系统中的经验是最基本的，并且复杂经验是这些较为简单的经验的总和。

四 小结：泛心论存在一定问题

仔细分析二人的争论会发现，查尔莫斯与塞尔对泛心论的主要论证支撑（"无心人论证"）的合理性所持的态度取决于他们在本体论意义上对待意识问题的根本立场和基本信念。查尔莫斯的"无心人论证"其实是为他的属性二元论辩护的，他在形而上学意义上已经对意识与物理世界做了区分，将意识看作自然随附在物理世界之上的新属性，这是查尔莫斯"无心人论证"的前提，却也是他"无心人论证"的结论。所以，通过"无心人论证"得出意识不是逻辑随附于物理世界的结论，只不过是查尔莫斯已经为其意识理论设定好的论证前提，而泛心论仅仅是实现论证的一种方式。

此论证最大的问题是，无心人的想象基于意识的定义。让我们再次回到本书开头谈到的关于意识的定义。内格尔在《作为一只蝙蝠是什么样子？》一文中对意识的讨论，意识是那些具有主观性，感觉起来是什么样的体验，而"感觉起来是什么样子"恰恰是意识中最为特殊的部分。意识的定义是根据其表现性质进行自我确认的，在这一点上它不同于一般物理世界的东西，如"水"就不是根据"无色、透明、可饮用的液体"这些表现性质来确认的。所以，正如塞尔所说，查尔莫斯的"无心人论证"的前提也是"无心人论证"的结论：他在设想无心人时，在设想的出发点上就已经假设了"意识不是一种物

[①] Chalmers, D. J. *The Conscious Mind: in Search of a Fundamental Theory.* Oxford University Press, 1996, p.299.

理特征"①。所以,查尔莫斯通过"无心人论证"阐明意识是物理世界新属性的做法并不合理。

查尔莫斯是一个泛心论者,他认为要想解决意识"难问题",必须把经验视为一种不可还原的基本性质,并使其充当意识理论的关键要素。但是泛心论自身具有天生的不合理性,是一种危险的倾向,具体表现在:(1)查尔莫斯仅仅通过规定视觉领域的不同维度而过分地将结构归因于恒温器的经验是有问题的。人们确实应该期待某种更为简单的东西,但其在人们的经验中却不存在类比,人们无法富有同情心地想象成为一个恒温器会是什么样子,或者说人们无法感觉恒温器的不同现象学经验,人们所能做的只是理智地认识恒温器的基础物理结构。(2)从方法论角度来看,意识作为外部世界的主观属性这一点似乎并不能说明意识的普遍存在性,它只有被在第一人称意义上加以体验时才存在,即只有从第一人称视角加以审视时,意识才可能存在。故在此意义上说,泛心论表现出很大的不合理性。

第二节 关于意识"难问题"的否定与回应:查尔莫斯 VS 丹尼特

意识"难问题"(即感受性问题)是查尔莫斯意识理论的核心问题,他承认主观经验的存在性,认为"意识的难问题是经验问题,当我们思考和理解时,有一个规则的信息加工,但同时也伴随着一个主观方面,正如内格尔所言,存在某种成为有意识的有机体的东西"②。而丹尼特则彻底否认"难问题",指出"人的心灵本身是觅母在重构人脑时为了使其成为觅母的更好栖息地而创造出来的一种人工制品"③,因此需要解释的只有功能,意识只是一种假想的错觉。可见他们在认识意识"难问题"的

---

① [美]约翰·塞尔:《意识的奥秘》,刘叶涛译,南京大学出版社 2009 年版,第 121 页。

② Chalmers, D. J. "The hard problem of consciousness". In Velmans, M. & Schneider, S. (eds.), *The Blackwell Companion to Consciousness.* Blackwell Publishing, 2007, p. 226.

③ Dawkins, R. "Virues of the mind". In Dahlbom, B. (ed.), *Dennett and His Critics: Demystifying Mind.* Blackwell, 1993, p. 13.

本体论地位的过程中存在着严重的分歧。

一 丹尼特对意识"难问题"的否定

关于是否存在意识"难问题"①，丹尼特认为最自然的回应是采用彻底的取消主义立场，他的这一观点集中反应在《否定的感受性》一文中，从文章的题目可以看出丹尼特要对"难问题"进行颠覆性的否定论证。他指出，"查尔莫斯从意识的真正'难'问题中区分出'易'问题的尝试难以作为一个重要的理论贡献，其引发了许多假象，只能是一个错觉产生器"②，而"难问题"就是一种完全由错觉引起的纯粹幻象。对此，他给出了一个在某种意义上相似的论证，即活力论者的难问题，并将其与查尔莫斯的说明进行类比。

活力论者坚信，生命的易问题包括繁殖、成长、新陈代谢、自我修复、免疫自卫等现象的解释，但它们很容易与真正的难问题（即生命）形成对比，人们可以想象能够完成繁殖、成长、新陈代谢、自我修复等活动的事物，但它终究不是有生命的。可见，所有易问题的解释都没有触及生命的剩余奥秘，虚假的活力论者并不清楚如何将易问题的解释方案等同于难问题的解释方案。此外，活力论在21世纪早期就被人们否定了，由此可见该理论指明的生命难题根本就不存在，只是一种幻象。以此类比，丹尼特认为查尔莫斯将意识分为"易问题"和"难问题"的做法将人们的注意力引向了错误的方向，他指出引人注目的意识"难问题"是一种错觉，并将其看作一种子虚乌有的东西，认为感觉经验都是人们构造出来的，根本不存在意识"难问题"。同理，他还将虚构的认知科学家Crock建构的知觉特征与"难问题"进行类比，并以此来说明意识"难问题"的虚无性。

通过上述分析可以得知，这些类比论证明确说明丹尼特否定意识"难问题"，认为感受性、意识经验等主观特性给人们造成了很多困扰，

---

① 由于第二章已对意识"难问题"的实质及其相关问题进行了详细的分析与论述，基本上将它同义于感受性、意识经验、现象学性质等术语，因此本小节中对"难问题"的否定也就是在取消感受性等主观特性。

② Dennett, D. C. "Facing backwards on the problem of consciousness". *Journal of Consciousness Studies*, 1996, 3 (1), pp. 4–6.

折磨了人们的想象力，应该采取实际行动将其否定。他通过用右手拧左臂上的皮肤的实验说明不存在这种具有拧捏感的疼的感觉，即否认具有第一人称的感受性，即主观经验。他认为实验过程中存在的只是第三人称现象，比如刺激输入、神经元激活、生物反应等，科学方法的客观性推出大脑就是一台高速运行的计算机，意识只是计算机中的虚拟要素，没有实存性。他明确指出查尔莫斯的解释是一种不合理的行为，认为查尔莫斯错误地建构了意识的概念和理论，其关于意识"难问题"的主张容易忽视功能系统的作用。此外，当问及是什么促使查尔莫斯研究意识概念时，他给出了令人失望的回答，即经验现象中的某一信念。显然他的回答带有循环性，意识概念实际上并未做任何解释性工作。

在此基础上，丹尼特给出了他对意识和知觉的理解。在他看来，意识是主体神经回路中的一种倾向复合物。比如说，他把人们看到毒蛇之后的恐慌感解释为"内建到我们神经系统中的天生偏向，这些偏向有利于释放肾上腺素，触发搏斗或逃跑程序，而且通过激活各种联结体的衔接，引起许多方案的实施，其中包括危险、暴力和破坏。原始灵长类动物的这种厌恶，在我们身上，以成百上千的方式得到改变、修正和偏转，而这都是因为觅母，因为觅母利用它、同化它、塑造它"[1]。从本质上说，丹尼特否定了意识的实质内容而只保留了它的语词外壳。就知觉而言，他认为"知觉毫无疑问是丰富的，但是这种丰富性很容易通过认知科学把握，比如注意力和学习记忆等。对意识研究的关注依托于视觉工作记忆中的视觉信息的本质，这些信息在几乎不具有高保真性的对象之外获得"[2]。

为了更加形象地说明自己的取消主义立场，丹尼特还提出了"感受性之筝模型"。这一模型指出当今学术界就感受性的地位和本质而言存在许多不同观点：有的坚持心脑同一论，将感受性还原为物理行为；有的坚持属性二元论，将感受性视为自然世界的主观属性；有的坚持取消论，认为感受性是一种主观幻象……他认为这些观点如同千斤重物拖在感受性这只正要起飞的风筝上，使得感受性之筝顿时处于瘫痪状态。为此，丹尼特

---

[1] Dennett, D. C. *Consciousness Explained*. Little, Brown and Company, 1991, pp. 385 – 386.

[2] Cohen, M. A., Dennett, D. C. & Kanwisher, N. "What is the bandwidth of perceptual experience?". *Trends in Cognitive Sciences*, 2016, 20 (5), pp. 324 – 335.

主张去掉"重物",取消这些繁杂的观点,而实现这一目的的唯一办法就是从根本上彻底否定感受性的实质内容。

二 查尔莫斯对丹尼特反驳的回应

意识"难问题"是查尔莫斯意识理论的核心,故面对丹尼特的质疑,他必将不遗余力地阐明"难问题"的实质与地位,解释其独特性与合理性。在查尔莫斯看来,"难问题"超出了功能实现的问题,构成了功能主义的困境;或者说,当我们在解释所有认知行为的功能实现时,仍存在一个尚未回答的"难问题",即为什么这些功能的实现伴随着意识经验?当然,丹尼特依据前面提到的例子也会给出同样枯燥的问题:为什么这些功能的实现伴随着生命?

面对这一困惑,查尔莫斯认为二者不能相提并论:一方面,站在活力论者的立场,生命问题就是一个概念性错误;另一方面,他们的解释重心完全不同:在生命的例子中,需要解释的唯一问题是结构与功能问题,说明在新陈代谢等属性之外并不存在任何需要进一步解释的属性;但意识并不能与其相类比,因为在此分析中需要解释的经验问题超出了功能分析的层面。查尔莫斯进一步指出,任何关于物理世界的事实都无法替代玛丽所拥有的关于蓝色天空的原初感觉,"经验是我们心灵生活中最核心、最明了的方面,……经验不可能像活力论那样,当新的理论出现时就被抛弃。"①

概括地说,查尔莫斯认为丹尼特仅仅在形式上保留意识这个词,而否定其内在主观本质的做法是反直觉的;指明丹尼特试图错误地依据意识状态的悖论性来否定其存在性,在论证的过程中偷换了概念,犯了严重的逻辑错误。再者,假如丹尼特的观点是科学的,那么我们就可以被视为缺少感觉经验的无心人,这在现实世界中是多么荒谬的推论。

此外,关于丹尼特提出的"感受性之筝模型",查尔莫斯有所肯定,有所否定。肯定的是这一模型反映了当今学术界关于感受性问题的基本看法和争论焦点;否定的是丹尼特直接诉诸取消主义否定感受性的做法,认

---

① Chalmers, D. J. "The hard problem of consciousness". In Velmans, M. & Schneider, S. (eds.), *The Blackwell Companion to Consciousness*. Blackwell Publishing, 2007, p. 231.

为这实际上是一种逃避性的解答方式,缺乏论证的合理性。

三 小结:意识"难问题"的确是一个难问题

丹尼特已经成为一名"难问题"的著名批评者,他只是简单地把意识解释为"一个倾向的复合物,其内容包括一切天生的和学到的联结,以及由某种特殊的方式触发的反应的倾向"[①],认为并不存在内在的、第一人称意义上的感觉经验,因而从根本上否定了查尔莫斯将意识作为世界基本性质的观点。

这的确对查尔莫斯意识理论形成了很大的挑战,在一定程度上质疑了查尔莫斯自然主义二元论思想的论证基础。但是丹尼特对意识问题的分析建立在计算功能主义之上,他机械地把大脑看作计算机,将意识视为并联机器中计算机程序的想法很容易受到学术界的质疑,很多心灵哲学家认为他不合理地否认了主体意识经验所对应的第一人称感觉数据,其中塞尔就将其视为一种"理智病患"。

从根源上来说,丹尼特之所以否认意识经验的存在,是由于他在论证过程中采用了客观的或第三人称的研究方法,他认为科学方法的客观性使得人们不可能去研究主观经验,而且没有任何理由可以说明为什么客观方法不可以研究主观层面的问题。也就是说,丹尼特的分析具有很大的局限性,他错误地取消了主客观之间的恰当联系,没有认识到"方法在认识论上的客观性,不能排除内容在本体论上的主观性"[②]。此外,他在对意识进行解释的过程中,一味地将觅母与基因进行类比也是成问题的。与之相比,查尔莫斯的看法更符合人们的直觉,"难问题"的确超出了功能解释的范围。

第三节 关于无心人的责难与回应:查尔莫斯 VS 丹尼特

丹尼特在否定感觉经验的基础上,进一步否定了无心人的可想象性,他认为我们和那些不具有主观意识经验的机器没有什么差别。更明确地

---

① Dennett, D. C. *Consciousness Explained*. Little, Brown and Company, 1991, pp. 388 – 389.
② [美] 约翰·塞尔:《意识的奥秘》,刘叶涛译,南京大学出版社 2009 年版,第 83 页。

说，无论对于我们，还是对于无心人，都不拥有疼痛、口渴、伤心、兴奋等意识经验状态，故在此意义上无心人是无需想象的。

一 丹尼特对无心人的责难

无心人的所有感官模块在主观方面都是空白的，它无法证实内部对话或"意识流"，但是其外在的行为表现都很正常，包括关于主观知觉和内在对话的口头报告。也就是说，无心人可以在客观的信息处理过程中很好地进行观察，但是它缺少我们拥有的感官现象学信息。退一步讲，如果无心人是可想象的，那么想象与正常人一样拥有全部物理功能、但在感官方面主观空白的人就变得极为容易。

作为一个物理主义者，丹尼特认为查尔莫斯通过基本规律说明无心人在直觉方面具有合理性的做法缺乏独立的理由，除非事先同时接受如下两点：其一，意识将宇宙划分为二，即有意识的部分和无意识的部分；其二，有无意识是一种根本性的形而上学差别，但是他认为现在根本没有理由让我们相信这一点。也就是说，丹尼特极力否认无心人的可想象性，他认为"可想象性仅仅是表面上的，哲学家们会经常误认为他们能够想象无心人，但实际上他们都犯了严重的错误"[1]，人们没有充分的理由来确信无心人的存在，关于无心人现有的任何论证都不够充分，无心人只是一个持久性的认知幻象，长期思考无心人的哲学家已经"失去了对现实的掌握"[2]。然而他又指出，一直谈论无心人就会为其可想象性提供充分的原因。基于此，丹尼特主张采用一种更加公平的方法来寻找论证的证据，即理解无心人这一概念是否会产生意义的问题。

丹尼特认为无心人的提法没有意义，因为如果任何一个系统能像我们一样在高低不平的地面上行走、玩套环游戏、讨论绘画、看报纸等，那么它必然是有意识的。对此，他通过"盲视"患者的例子加以说明：尽管这类患者的视觉系统出现问题，但他们有时也描述自身有趣的视觉行为，承认自己关于视觉方面的口头报告并不是在每一个层次都与正常

---

[1] Dennett, D. C. *Sweet Dreams: Philosophical Obstacles to a Science of Consciousness*. The MIT Press, 2006, p. 15.

[2] Dennett, D. C. "Cow-sharks, magnets, and swanpman". *Mind & Language*, 1996, 11(1), pp. 76–77.

人相同。这就使得我们想象这类患者可能曾经拥有正常视觉体验的神经相关物，包含有意识的现象学附属物，但是现在他丧失了视觉意识，即视觉功能可以在意识缺失的情况下存在，在此意义上可以将这类患者看作无心人。

丹尼特从他的科学立场出发，认为如果充分发展的无心人是可想象的，那么想象这样的盲视患者就变得容易多了，但是情况截然相反。按照常理，盲视现象根本不存在，关于盲视患者的说明是极不可能的，他们不可能在正常视力功能受到损害的情况下，依然做出正确的口头报告，表现出与正常人一样的行为（如在行走过程中巧妙地绕开障碍物等），这在人们看来是难以想象的。由此反推，说明无心人的可想象性同样匪夷所思。

举例来说，在丹尼特给出的各种尝试中，我们的"超级盲视者"可能会说："广场上的国旗迎风飘扬，人们在空旷的广场上悠闲地散步，太阳掠过停放在广场上的车辆，发出了耀眼的光亮，使人感觉每一辆汽车的尾灯都亮着。"事实上像往常一样，这些患者没有现象意识，无法以此方式看到刚才在他们眼前闪过的情景，这些都只是他们无意识记录下来的，因此，可以将"超级盲视者"视为无心人，而不是得出如下结论：发言人经历了一些奇怪的错觉。

丹尼特强烈说明那一刻我们从来没有倾向于相信直觉，而是始终坚信不受主观现象学的影响，没有感觉起来像什么的内在体验。仔细想想，上述问题同样可以发生在正常人身上，一天早上你醒来睁开眼睛，你首先会注意到什么？阳光照射在玻璃上，闹钟正在报时，你的家人正在敲打键盘，还是……尽管那时你可以记录下所有这一切，但是事实上你不能看到任何东西，也不会产生任何实实在在的意识经验。或者退一步讲，早上醒来你会发现自己的所有感官模块在主观方面都是空白的（尽管你仍然能够得到所有信息）。再者，你首先会注意到什么：阳光、鸟叫声、远处的嘈杂声、早餐的浓香味抑或是感觉特性的完全缺失？这就暗示此时主体的表现说明他在那一时刻就是无心人，因而也就根本无需想象一个外表完整的无心人了，可见，无心人可想象性在本体论层面上被否定了。

此外，丹尼特还进一步指出具有可想象性的是高阶无心人，仅有这种无心人能够通过严苛的图灵测试，他们具有复杂的内在认知结构，声称自己是有意识的，具有自省能力，能够监控自己的行为活动，与其他存在进行信息交流,"具有关系着它自身其他低阶信息状态的内在(无意识的)高阶信息状态"①,而这些信息状态足以构成意识。也就是说,依据罗森塔尔的理论,丹尼特心目中已经没有无心人了,他承认的只是高阶无心人,而高阶无心人已经是与我们没有任何区别的、拥有主观意识的正常人了,它们"能够正确报告它所处的心理学状态,甚至在它没有意识的情况下,它也会认为自己是有意识的"②。可见,高阶无心人完全不同于查尔莫斯意义上的无心人,它可以独立反思自己的内在意识状态。因此,丹尼特就通过高阶无心人的解释否定了无心人存在的价值,指明查尔莫斯关于无心人的可想象性论证失去了意义,认为想象无心人具有不可思议的荒谬性。

从上一小节的内容来看,丹尼特对意识"难问题"的否定已经说明他是一个取消主义者了,但他对无心人可想象性的否定似乎更加坚定了他的这一立场,他说:"如果哲学家停止错误地想象无心人,那么无心人的哲学传统可以在一夜之间消失"③,但是他并没有直接的证据来说明这一看法的先验性。可以说,作为一个强人工智能的代表人物,丹尼特对无心人的态度是:无需想象无心人,我们就是无心人。

二 查尔莫斯对丹尼特责难的回应

查尔莫斯肯定无心人的可想象性,并以此来支持他的属性二元论立场,表明意识并不是同一于、而是自然随附于我们身体之上的基本属性。从认识论的理解方式出发,他认为可想象性的成立直接依赖于人们的认知能力。

查尔莫斯在"跳跃感受性"论证中提出我们的感觉装置在内部感受性模式与普通信息模式之间不断替换,而人们无法注意到感受性的缺失与重现,这一结果必然要以无心人的可想象性为前提,当然查尔莫斯并没有论证这一方案是可信的。这里需要说明一下,查尔莫斯如履薄冰,一方面,他认可缺乏感受性的正常人的功能复制品无心人在

---

① Dennett, D. C. *Consciousness Explained*. Little, Brown and Company, 1991, p. 310.
② Ibid., p. 311.
③ Dennett, D. C. "The unimagined preposterousness of zombies". *Journal of Consciousness Studies*, 1995, 2 (4), pp. 322–326.

直觉上的吸引力，而且相信它是可靠的，完全可以想象的（逻辑可能的），正如我们所看到的，这是他的论证的组成部分；另一方面，他又承认无心人在现实意义上是不可信的。这两方面存在矛盾吗？毫无疑问，可想象性问题和可信度问题是两个完全不同的问题，二者之间并不冲突，下面的例子可以提供清晰的说明：在热咖啡杯中自发形成小冰块是可想象的，这一逻辑可能性无法通过量子力学理论加以排除，但是它会被赋予接近于零的概率。可见自发形成小冰块的可想象性与实际的可信度之间原则上并不存在矛盾，一个正常人不会相信装满热咖啡的杯中会形成小冰块，因为这是不符合热力学定律的。但是这的确是人们能够想象的极为滑稽的事情。

同样，查尔莫斯指出不能将无心人可想象性与可信度混为一谈。回到跳跃感受性的思想实验中，查尔莫斯认为异乎寻常的可能性似乎仅仅是逻辑可能的，而不是可信的。他认为可能存在一个无心人世界，在其中对应于我们每一个人都有一个无心人对应体，但它们却没有意识。他支持无心人可想象性的态度至少部分是基于这一思想：人类的认知和觉知本质上是信息处理和行为调整过程，在定性的主观伴随物缺失的情况下想象被处理的信息和被调整的行为是相当容易的。想想恒温器、杂货店门上的光电池或者你的个人笔记本，这些系统都可以在主观性缺失的情况下完成它们的功能任务。这一问题类似于前面提到的盲视现象学，在某种程度上，盲视主体能够在盲区内区分世界展示给他们的状态，但是他们并不存在与盲区相联系的主观视觉感受。可见，查尔莫斯肯定了无心人的可想象性（即使不会在现实的世界出现，也会在无心人世界中出现），并以此来证明意识是自然随附在物理行为之上的新性质。

三 小结：具体分析无心人的解释效力

纵观二人的不同看法，有关无心人的争论主要集中在其可想象性上：如果你认为无心人是不可想象的，"那么你必然会相信，任何能够表现出我们能够表现的一切行为的东西必然是有意识的，在这种情况下，其神秘性不在于我们究竟为什么要有意识，而是在于对于表现出像我们所能表现的那种行为的造物来说，为什么必然要有意识，或者说意识是如何必然存在的"①；如果认为在物理层面与正常人完全相同但是没有意识经验的无心人是可想象的，则可以证明物理主义是错误的，因为诉诸"无心人论证"可以证明意识不能完全还原为物理过程，或者说，无心人不是真正意义上的人，意识这一特殊现象不能完全在物理层面得到解释，它只是自然随附在物理世界之上的一种新属性，而这种新属性在较弱意义上往往被视为副现象，因为无论有无意识，人们都可以表现出没有任何明显区别的行为活动，由此，为什么我们都有意识就成为一个难问题了。可见，不论无心人是否具有可想象性，它作为一个直觉概念，都为人们提出了新的难题，体现了其应有的解释效力。

从中立的立场出发，无心人问题似乎应该基于其所具有的哲学价值进行具体处理：由于无心人会使功能主义陷入困境，因此丹尼特坚信无心人不可能存在，主要是为他的意识理论提供解释性前提；查尔莫斯相信无心人存在，并将其逻辑可能性作为论证前提，主要是基于他反对物理主义、支持属性二元论的诉求。

公正地讲，无心人的解释效力需要具体分析。在对其进行论证的过程中，查尔莫斯需要隐含预设带有反物理主义色彩的论证前提，否则他将无法仅仅从主体大脑内的客观神经生理活动事实得出反物理主义结论。这说明要想保证其论证的有效性，他还需要进一步解释关于无心人的前提假设，回应可想象性在自然主义框架中的解释（想象是大脑的活动）。作为取消主义的代表人物，丹尼特为了更加有力地论证他的意识理论，在论证之初就果断地否定了无心人的可想象性，主张我们与无心人没有区别，都不具有感觉意识这样的东西，不对经验做本体论承诺。然而作为一个著名的心灵哲学家，要想为其功能主义立场进行彻底辩护，就必须正视无心人带来的现象学问题，不能单纯走工具主义路线。

---

① ［英］苏珊·布莱克摩尔：《人的意识》，耿海燕、李奇等译，中国轻工业出版社2008年版，第26页。

第八章　关于查尔莫斯意识思想的系统思考

"我被抛入如此严重的怀疑中，使我既不能忘掉它们，也看不到任何解决它们的办法。我就好像不经意间掉入了一个很深的漩涡，旋转翻滚，既不能站稳在水底也不能浮在水面。"[①]

——勒内·笛卡儿

第一节　查尔莫斯意识思想的几大特点

在意识理论百家争鸣的背景下，查尔莫斯主张在信息概念的基础上建立带有自然主义色彩的属性二元论观点，这在学术界引起了广泛的关注和激烈的争论。就其思想内容而言，表现出如下几大特点：

一　明晰的自然化色彩

当代自然主义思想在科学哲学发展史上占有重要地位，20世纪初期，在寻找知识的确定性基础的过程中，奎因的哲学思想表现出了明显的自然主义特点。他发展了自然主义认识论，指出"本体论问题与自然科学是等同的"[②]，自然主义方法论可以运用于一切哲学思考与科学领域中。具体到当代心灵哲学研究中，自然主义思想主要体现在本体论与方法论层面，对此，田平教授高度概括了奎因的观点：他"反对在科学之外寻求那种使科学可以得到辩护的第一哲学的传统做法，即放弃第一哲学的梦

---

① ［法］勒内·笛卡儿：《第一哲学沉思集》，徐陶译，九州出版社2007年版，第41页。
② ［美］威拉德·奎因：《从逻辑的观点看》，江天骥等译，上海译文出版社1987年版，第41页。

想，而将哲学作为与科学的其他部分相连续的自己的关于世界的体系的追求；将科学看作是确定事物的真实存在的最后仲裁者，主张实在应当是在科学自身之中而不是在某种在先的哲学之中得到确认与描述"①。也就是说，奎因自然主义思想高度肯定了自然科学的一般立场，重在表明自然科学在本体论与方法论层面的地位与作用，要求借助自然科学的基本理论与研究方法来确定世界的真实存在和实体属性。

就心灵现象而言，同样需要通过自然科学确定心灵在自然秩序中的位置，实现心灵的自然化。需要明确的是，自然主义在这里并不是作为一种逻辑分析的手段，其真正的价值在于实现意义理论的自然化。依据心灵的还原论，意识经验的还原解释就是要实现心理状态与大脑状态的类型同一，然而，多重可实现性指明每一个心理事件与某些物理事件相同一，由此否定了类型同一论，但其本质依然是从还原论的角度去理解心理属性。基于此，戴维森指出还原论会使心灵丧失自主性，心理属性的因果解释力会大打折扣，这也是心灵哲学家们开始借助随附性进行解释的主要原因。作为重要践行者之一，查尔莫斯在阐明现象意识的本体论地位时坚持了心灵研究科学化的路径，重新思考了身心关系、心灵与外在世界的关系等传统哲学问题，提出了自然随附性，指明意识是自然世界的随附属性，将自然主义思想贯彻到了本体论之中，表现出明显的自然化趋向。

上述说明恰恰验证了黑尔的论断："对自然主义的承诺就是对随附性或某种类似随附性的东西的承诺。"② 对此，田平教授进一步明确了与随附相关的事项的存在性："那些与特许的个体、性质和关系有因果关系的或是随附在这些特许的个体、性质和关系之上的个体、性质和关系都可以获得特殊的地位。"③

从方法论层面来看，自然主义可以使本体论解释更加丰富，这就要求我们采用那些经得住科学检验的论证形式和解释方案。心灵的自然化主张自然科学方法是解释现象意识的最有效方法，要想揭开意识之谜，必须诉诸自然科学研究，将心理物理法则运用到自然世界之中。

---

① 田平：《自然化的心灵》，湖南教育出版社2000年版，第5页。
② Heil, J. *The Nature of True Minds*. Cambridge University Press, 1992, p. 5.
③ 田平：《自然化的心灵》，湖南教育出版社2000年版，第11页。

二 较强的包容性

意识问题历久弥新，其复杂且具体。之所以复杂是因为其本质意义上的身心问题是一个形而上学问题，其内含许多变量，涉及各类知识现象，特别是关于意识本质问题的争论至今依然存在着诸多分歧；之所以具体是由于缺乏整体意义上的一般性概括，至今尚未出现可以统领具体观点的普遍性理论。

面对这一难题，心灵哲学家们一直在不停地建构解释方案，表现出不同程度的解释力。就查尔莫斯的意识理论而言，其最大的特点在于：一方面，新颖地为计算功能主义冠以"非还原性"；另一方面，试图挖掘意识的本真状态，将意识解释为一种自然随附在物理世界之上的新属性，表现出属性二元论特点。具体而言，查尔莫斯提出结构一致性原则、组织恒定性原则和信息双面论原则来阐释他的意识思想。结构一致性原则在物理世界与现象意识之间呈现了一种有用的解释性关系，意在揭示意识的认知机制，发挥了"认识论杠杆"作用。组织恒定性原则强调功能性组织在因果关系意义上的解释模式，从历史来看，这一原则的提出在很大程度上受到了普特南的启发，是博采众长的结果。普特南早在20世纪50年代后期就称自己的心灵哲学观点带有"机能主义"的特点，他说："各种各样的逻辑可能的'系统'可能或存在，可能是有意识的，表现为精神和情感等等……多种不同物理（甚至'非物理的'）结构可能有着同样的机能组织。"[1] 正是这种功能组织确定了意识经验，但这并非强形式的功能主义，其仅仅是意识经验存在的一个条件，意识经验并不需要还原为功能主义，故应称其为"非还原性计算功能主义"。信息双面论原则通过分析、处理心理信息在物理世界与意识经验之间建立了基本联系，将二者统一为信息状态的基本构成（物理世界是信息状态的外在方面，现象意识是信息状态的内在方面），形成了独特的心理物理学理论，体现了属性二元论立场。

可见，查尔莫斯的意识理论突破了原有的认识论视域，赋予一些概念

---

[1] ［美］希拉里·普特南：《实在论的多副面孔》，冯艳译，中国人民大学出版社2005年版，第11页。

以新的特征，在认识论意义上为认知系统提供了基础而又有限的解释空间，突显了问题研究的深入性、内涵拓展的丰富性和思想发展的包容性，这也是该理论能够产生深远影响的重要原因。

三　严密的逻辑性

查尔莫斯的自然主义二元论逻辑性强，推理论证严密，是重要的阐释性研究纲领①。其逻辑性贯穿理论的始终，《有意识的心灵》中的四大部分内容之间层层递进，从意识研究的复杂性入手给出了"易问题"与"难问题"之分，结合"难问题"的实质讨论了意识经验的不可还原性，立足非还原解释立场，详尽地阐述了三大基本原则的基本内容、解释作用及其彼此之间的关系，提出了意识的基本理论，巧妙地将意识问题纳入了自然主义和自然科学的解释框架，确立了意识在自然世界中的本体论地位，严格遵循了提出问题—分析问题—解决问题的逻辑思路。

从细节分析来看，思想论证的逻辑性主要体现在下述两个方面：（1）查尔莫斯指出无心人拥有心理学术语的物理主义功能意义，但却缺少关于这些术语意识层面上的理解，故而无心人没有真正的感受性。进而他通过无心人的例子说明意识不可能在逻辑上只存在于主体的行为或功能性组织中，它还可能随附于无心人的行为模式，而且还可能通过无心人表现出来，存在于无心人的行为模式中，但由于无心人不具有主观的意识经验，由此说明意识只是与行为或功能性组织相关的东西，而不是被还原的对象，从而为意识的不可还原性论证提供了基础性说明。（2）物理事件要由物理起因来解释，寻求纯物理性解释，而意识不是物理事件，需要诉诸其他解释，但这样的解释又离不开觉知和心理实在的功能问题，具体可通过结构一致性原则的逻辑分析进行说明。这一原则的核心内容是："意识的结构通过功能性组织的结构反映出来，功能性组织通过意识的结构反映出来"②。诚然，这一原则立足二者之间的结构映射关系，阐明正当的功能性组织可以恰当说明其中的认知机制，促成二者之间的系统关联和计算

---

①　阐释性研究纲领不同于描述性的、解释性的和设计性的研究纲领，较之三者，其更具包容性，不仅用于经验科学，而且更多地运用于分析哲学中。

②　[美] 约翰·塞尔：《意识的奥秘》，刘叶涛译，南京大学出版社 2009 年版，第 102 页。

功能的"实现",保证意识与认知之间的因果联系,并以此作为意识解释的重要组成部分,因为心灵内部的任何变化都会反映在行为主体的功能性组织的变化上。

第二节 查尔莫斯意识思想的核心:计算功能主义与属性二元论结合

查尔莫斯充分领会物理主义、功能主义、神秘主义等思想的精要之处,在诠释组织恒定性原则时明确对其思想的基本形式进行了说明:"就像人们可以相信意识源于物理系统,但其并不是一种物理状态一样,人们也可以相信意识源于功能性组织,但其并不是一种功能性状态。我所提倡的观点具有这样的形式——我们可以称其为非还原性功能主义。它可以被看作一种结合了功能主义和属性二元论的方式。"[①] 可以看出,这也是查尔莫斯意识思想的独到之处与真正难点。比如,在当代心灵哲学中是什么使得查尔莫斯将计算功能主义与属性二元论结合在一起的?这种结合背后有什么样的哲学背景?结合之后会面临什么样的困境和批评……从具体内容来看,可以分解为三大任务:(1)分析认知问题,充分运用计算功能主义理论再现心灵的认知进程;(2)解决意识"难问题",将其视为一种自然随附在物理世界之上的基本性质;(3)诠释融通问题,指明功能主义与非还原论之间结合的合理性与必要性。

一 计算功能主义与属性二元论相结合的哲学分析

随着认知神经科学的发展,查尔莫斯很难放弃计算功能主义的观点,意识问题的研究无法摆脱物理世界的因果关系,难以绕开物理学、信息科学等学科的分析思路和研究方法。同时,他还坚持属性二元论立场,把意识作为添加到外部物理世界之上的随附性质,这在很大程度上受到了塞尔、克里普克等人的影响。为了能够严密地进行论证,查尔莫斯重提无心人假设,重新规范"CP论题",打通了认知领域与模态领域之间的鸿沟,

---

[①] Chalmers, D. J. *The Conscious Mind: in Search of a Fundamental Theory*. Oxford University Press, 1996, p. 249.

表明了可想象性与可能性之间的支撑关系，与意识问题的属性二元论论证实现了一定程度上的关联。

为了使论证更加明晰化，还需为目前的科学实践做出辩护，以通达意识和现象意识为例，通达意识可以借助计算功能主义加以解释，而现象意识内含复杂的现象学结构，从本质上来说，它可以被解释为质性特征与体验特征的共存。可见意识本身的解释完全被排除到因果闭合的物理世界之外，如此一来，必然面临一个挑战：主体经历的难解的现象意识究竟为何物？为此，查尔莫斯结合科学实践给出了新的思想理论，将意识"难问题"看作自然随附在物理世界之上的新属性。

查尔莫斯之所以指明意识"难问题"是我们真正需要理解的东西，并试图构建自然主义二元论这一理论框架，在一定程度上受到了布洛克思想的影响。在布洛克看来，目前的科学研究只能解释通达意识，而通达意识并非"难问题"的来源，因此，只有关于现象意识的解释理论才有可能揭开意识之谜的神秘面纱。正是受此启发，查尔莫斯表明了自己的非还原功能主义立场，将计算功能主义与属性二元论结合起来解释"难问题"：一方面，计算功能主义可以充分表明意识信息能力的广泛使用，为意识问题的解释提供强有力的功能意义；另一方面，"无心人论证"与信息双面论原则的运用可以为其属性二元论立场做出很好的铺垫，明确意识问题的存在方式和存在意义。

二　计算功能主义与属性二元论相结合的主要难题

查尔莫斯的解释方案力图澄清计算功能主义与属性二元论之间有机结合的合理性，然而与此同时也受到了来自各方面的质疑与挑战，陷入了解释的困境，具体表现如下：

假若意识仅仅是自然随附在物理世界之上的新属性，那么它似乎只是一种存在意义上的副现象，难以诠释心灵与物理世界之间的因果关系，因为物理世界具有因果封闭性，物理事件需要诉诸物理性或功能性解释，这种解释可能与我们关于意识的判断有关，但与意识自身无关。例如，如果你因为自己兴奋而去唱歌，或者因为口渴而去喝水，或者因为讨厌某人而远离他，或者因为精神状态不佳而放弃外出旅游……那么你在分析上述情况的原因时就犯了错误。具体来看，提及的每一个情况最终外显出来的都是一个具体行为，而这些物理行为的发生完全依赖于功能认知的还原解释。对此，查尔莫斯的解释非常含糊："副现象论是一种没有致命问题的融贯观点。同时，它又是一种笨拙的观点，产生了一幅断裂的自然图景，根据这幅图景，物理属性和现象属性在自然界中只是非常贫弱地结合在一起。当然它也是一种违背直觉的观点，但很多人发现难以接受它。笨拙和违背直觉比不融贯要好；因此，如果有正当的论证促使我们把副现象论看成最融贯的观点，那么我们就应该认真对待它。但同时，我们也应该认真考察别的观点"①，如罗素一元论、交互作用二元论、多元决定论等。

基于此，查尔莫斯分析了普通行为与意识经验的关系以及"现象学判断的悖论"问题。在他看来，物理行为与意识经验在解释上不相关的事实有些反直觉，但并非是一个难解的悖论，实际上，这些物理行为的解释无需调用现象意识，完全可以诉诸于主体心理学状态的功能分析，一个人去唱歌、去喝水、远离他人、放弃旅游等行为表现就是心理学层面的功能知觉（或者说思想内容）作用的结果。所谓"现象学判断的悖论"，可以做如下理解：

（1）我们知道我们是有意识经验的，意识不是逻辑随附于物理世界之上，不能被还原解释，但是与意识相关的现象学判断逻辑地随附于物理世界之上，在原则上可以得到功能还原解释；

（2）由此，就需要说明为什么会做出关于意识现象学判断功能解释的功能解释；

（3）如此一来，意识自身的现象学解释就会与其现象学判断的功能解释分属两个完全不同的阵营；

（4）然而，关于意识的现象学判断又如何能离得开具有特定现象学特征的意识而有所作为呢？悖论由此出现。

这一悖论的存在，特别是意识经验与二阶、三阶现象学判断之间的关系使得副现象论问题变得非常棘手，面临如下难题："关于意识的知识如何与意识是解释上无关于现象学判断的事实相一致？假若现

---

① ［澳］查默斯：《意识在自然中的位置》，载［美］斯蒂芬·P. 斯蒂克、特德·A. 沃菲尔德主编：《心灵哲学》，高新民、刘占峰、陈丽等译，中国人民大学出版社 2014 年版，第 147 页。

象学判断产生的原因独立于意识,那么如何辩解这些判断不是毫无根据的?"① 在查尔莫斯看来,简单否定构成悖论的任何前提只会给人带来瞬间的满足感,是不充分的。为此,他给出了来自认识论和指称的论证,但这些强论证只是说明"有充分的理由使我们相信经验的认识论与语义学在本质意义上不可能是因果的"②,诉诸属性二元论是一条可行路径,遗憾的是,这种设计玄妙的"高楼"的地基不够稳固,需要多方论证加以夯实。

正如塞尔所认为的那样,计算功能主义与属性二元论的结合是一种奇怪的现象,实际论证起来难上加难:"一方面,很难放弃计算功能主义,因为这是认知科学的主要研究程序;但另一方面,没有谁有能力就意识提供一种哪怕是稍显合理的功能主义说明"③。从当前情况来看,查尔莫斯只是明确肯定了意识在自然世界中的本体论地位,并诉诸反直觉的分析来减轻副现象论面临的解释压力,他看起来进退维谷,似乎没有找到回应心灵因果性难题的强有力证据,"经验的因果关联问题依然是一个悬而未决的问题"④。故而在问题得到澄清之前,查尔莫斯仍需继续清除障碍,实现经验属性与因果作用之间的意义融贯。

第三节 关于查尔莫斯意识思想的辩证评价

一 查尔莫斯意识思想的理论意义

查尔莫斯说:"意识经验是世界中最为熟悉的事情,也是最为神秘的事情。没有其他的事情比我们对意识经验的了解更为直接,但很不清楚的是意识经验怎样与我们所知道的其他的事情相互融洽。"⑤ 对此,他提出了一种新的解释方案——自然主义二元论。

---

① Chalmers, D. J. *The Conscious Mind: in Search of a Fundamental Theory*. Oxford University Press, 1996, p. 225.

② Ibid., p. 257.

③ [美] 约翰·塞尔:《意识的奥秘》,刘叶涛译,南京大学出版社2009年版,第99页。

④ Chalmers, D. J. *The Conscious Mind: in Search of a Fundamental Theory*. Oxford University Press, 1996, p. 160.

⑤ Ibid., p. 3.

从科学哲学的观点来看，查尔莫斯的自然主义二元论是一个具有较强增殖力的理论，"所谓增殖力是一个研究纲领以创造性的和富有成果的方式解决问题和克服异例的能力，也是它是否包含富有启发性的思想，是否有可能朝着尚未探求过的方向进行扩展的标志。"① 下面，具体从五个方面对其进行综合说明：

第一，查尔莫斯的意识理论独辟蹊径，他关于"易问题"与"难问题"的区分以及解决"难问题"的新尝试为意识问题研究做出了重要的理论贡献，无疑为心灵哲学提供了独特的研究视域。查尔莫斯对意识"难问题"的研究与传统的观点极为不同，其意识思想的特点在于，它不像传统哲学中的解决方案那样仅仅在笛卡儿的理论框架内看待身心问题，而是超越了传统的实体二元论，重新开拓了解决"难问题"的新视域，形成了自己的理论风格。查尔莫斯通过重新分析心灵的两种概念，给出了意识"易问题"和"难问题"的划分，可见，他没有陷入传统研究路径的窠臼，而是以一种全新的视角诠释了意识理论。更为重要的是，这对概念的划分引起了众多当代心灵哲学家的关注和讨论，特别是激发了关于主观经验产生机制和作用原理的研究，由此引出了形而上学意义上的解释性鸿沟，可以说为身心关系问题的研究提供了一种新思路。同时，查尔莫斯通过严密的逻辑推论揭示了还原方法的局限性，并在此基础上给出了非还原论解释方案，体现了较强的逻辑性。

可以说，查尔莫斯的自然主义二元论是心灵哲学史上全新的范式。如果他成功了，那么人们就有了关于意识"难问题"的合理解释；如果他失败了，至少人们也可以总结经验教训，为后期的意识理论研究提供思想借鉴。因此，研究查尔莫斯的意识"难问题"及其自然主义二元论思想，对当代心灵哲学研究具有重要的启示性作用。

第二，心灵自然化的工作建立在古希腊哲学家德谟克利特原子论的基础之上，智能化的符号操作系统是物质运动的结果，其反映的是不同组织结构层次之间的关系。依据心灵自然化的基本原则，关于心灵的哲学说明以及我们的知识和语言必定最终都将与自然科学保持连续性与一致性，遵

---

① 郦全民：《认知计算主义的威力和软肋》，《自然辩证法研究》2004年第8期，第1—3页。

循自然科学的纲领和方法。查尔莫斯认识到对心灵问题的研究必须正视其经验属性与客观物理属性之间的差异性，并将二者统一到自然科学的图景中进行考察，进而澄清因果还原问题带来的困惑。

总的来说，查尔莫斯的自然主义本体论立场有利于摆脱心灵现象纯粹思辨式研究引起的理论困境，有利于运用自然科学的方法揭开心灵的神秘面纱，有利于为意识经验问题的解决提供坚实的科学基础；他的自然科学研究方法对心灵哲学的传统方法构成了挑战，弥补了心灵哲学研究在方法论上的缺陷。

第三，一般来说，非还原功能主义与属性二元论之间是相互排斥的，它们的理论基调是不一致的，但查尔莫斯对这一认识盲区重新进行了探索，努力将二者结合起来，在一定程度上实现了心灵哲学研究的理论创新，建立了一种新颖的认识论解释模式。

查尔莫斯在计算功能主义阵营中独树一帜：一方面，他重点强调系统的因果关系，主张心理状态就是功能状态，意识源于功能性组织；另一方面，他将认知的本质视为计算机的信息处理过程，主张以计算功能主义思维分析信息以及它所内含的经验，体现了强人工智能的观点。同时，查尔莫斯的属性二元论观点也引起了学术界的高度关注，他指出大脑既有神经生理功能，又有意识体验功能，说明物质和心灵是大脑的两大属性。但是在他之前，属性二元论的处境并不乐观，大多数心灵哲学家对二元论持批判态度，赖尔甚至将其称为"机器中的幽灵说"[①]。综合来说，非还原功能主义与属性二元论的结合充分体现了意识"难问题"的实存性，表明了意识是一种自然属性，从而使意识问题以一种新姿态重新回到了自然科学家的研究视域中。

第四，查尔莫斯的自然主义二元论思想研究试图将内在论与外在论有机地结合起来，有利于促进意识研究水平的提升。一般来说，内在论用来表示有机系统的解释是通过其内在性质完成的，外在论用来说明有机系统内在性质的解释需要其所依托的外部环境的参与。查尔莫斯的自然主义二元论思想试图从两个层面将内在论与外在论有机结合起来，这一思想一方面强调有机体内在属性或内部机制的特定作用；另一方面又通过它的论证

---

① ［英］吉尔伯特·赖尔：《心的概念》，刘建荣译，上海译文出版社1988年版，第10页。

工具（二维语义学）表现出语义学意义上的外在论倾向，从而推动了脑科学家和认知科学家进入哲学领域。

具体来说，他关于心身随附性的思考充当了其内在论观点的重要动机，自然随附性原则要求心灵方面的发展依赖物理基础和功能状态，在此意义上可以说该原则"逻辑地蕴含了对窄内容的主张，或者说，窄内容在一定意义上也就是随附在信念持有者当下身体内部的物理状态之上的内容"①。在普特南的孪地球思想实验中，生活在地球上和孪地球上的两个人，他们基本相同的神经生理学基础决定了其心理过程和意识状态的一致性，至于 H_2O 和 XYZ 之间的差别则只能说明二者所处的可能世界不同。从表征内容的角度来看，外部世界的相关性以及它们语义学的差异性表明查尔莫斯的意识理论具有一定的外在论倾向，这主要源于主体的"头脑—世界"关系不同。从巴格丹强调的近端解释与终极解释②的观点来看，存在内外两种因果效力，而表征意义问题的目的论解释突出了环境的终极解释作用，为查尔莫斯的外在论立场进行了辩护，但是有些人对这种分析是否具有实质性意义仍持有怀疑态度。不管怎样，语义学上的外在论倾向与意识经验的内在论解释是两个不同层面的问题，二者并非必然相互矛盾，是可能实现统一的，为此，查尔莫斯做出了一定的努力。

第五，全面、系统、深入分析查尔莫斯的自然主义二元论思想，对理解意识科学的发展有重要意义。巴尔斯在给出意识解释时指出，意识是与人类关系最为密切的现象，而且现在研究意识问题的人已经很多了，查尔莫斯就是意识科学研究阵营中的一员，他试图将意识的哲学研究与认知科学研究结合起来，表现了对意识问题进行跨学科研究的态势，这就为意识"难问题"的科学研究提供了有价值的认识论平台。

正是在此意义上，我们说研究查尔莫斯自然主义二元论思想有着积极的指导意义。首先，他的意识思想推动了计算功能主义在心灵哲学中的发展与研究，他说："模拟了我们功能组织的系统必定是有意识的，即使它们是由硅构成的，由水管组成的，或由一群人所例示的。因此可以说，本

---

① 田平：《自然化的心灵》，湖南教育出版社 2000 年版，第 179 页。
② 在巴格丹看来，近端解释是具有因果的或功能的包摄性的解释，而终极解释不是包摄性的，而是再造性的，它的运用依赖于对系统功能或任务的再造。

书的论证为人工智能的某些雄心勃勃的计划提供了基础。"① 总之，从认知的角度对计算功能主义问题进行反复论证，有利于人们对其进行新的定位和判断，了解它的本质特征，并在众多纷争中寻找一条清晰的路径。

其次，查尔莫斯站在自然主义的立场上，将功能主义与属性二元论结合起来，为我们呈现了一幅意识科学的新图景。在这一图景中，他将"经验"添加为新元素，并阐述了信息双面论，认为所有信息都有两个最基本的方面：物理的方面和经验的方面，即"每当存在一种意识体验时，它便是信息状态的一个方面；而另一方面则存在于大脑的物理组织中"②。有了这一观点，我们就可以在科学世界观的研究框架内解释意识"难问题"，从而突显意识科学的地位和作用。

二 查尔莫斯意识思想存在的问题

从本质上来说，查尔莫斯的自然主义二元论思想只是一种理论建构，它的形成基于人们对现实生活世界的理解，主要遵循的是细致入微的概念分析和逻辑严谨的思想论证，因此，这一思想难免会伴有一定程度的主观性和猜测性，体现出一些问题，下面从四个方面进行具体说明：

第一，查尔莫斯的思想论证缺乏实证性。他在阐述信息双面论的过程中反映出对泛心论观点的认同，尽管他没有明确地表明态度。他将信息等同于意识经验，承认意识是世界上普遍存在的自然属性，说明整个物质世界中的任何组成部分都可以被视为意识系统，因为信息无所不在这一点是毋庸置疑的。然而，这种形而上学式的思辨研究只具有逻辑可能性，看似合理却无法证实，不能给予心灵以及心灵现象以实证的科学说明。

在诉诸论证的过程中，查尔莫斯提及了大量的思想实验，如杰克逊的"知识论证"、内格尔的"蝙蝠论证"、克里普克的"模态论证"以及他自己的"无心人论证"等。这些思想实验可谓独出心裁，尽管它们给人的感觉是直接从现实生活中概括出来的，并试图要证实某种理论，但事实上它们可能并不具有现实性，只能在逻辑语境赋予的反事实情形中成立，

---

① Chalmers, D. J. "Absent qualia, fading qualia, dancing qualia". In Metzinger, T. (ed.), *Conscious Experience*. Schöningn / Imprint Academic, 1995, pp. 327 - 328.

② Chalmers, D. J. "The puzzle of conscious experience". *Scientific American*, 1995, 273 (6), pp. 80 - 87.

缺乏现实可能性和科学实证性的依托，很难做出精确的科学解释。因此，对这些思想实验的分析和梳理是理解哲学家们建构其意识理论的前提，只有在梳理清楚这一系列思想实验的基础上，才能真正了解哲学家们的理论出发点、落脚点及其论证过程的逻辑思路。

第二，查尔莫斯意识思想的解释原则表现出反直觉性。按照查尔莫斯的计算功能主义观点，不管系统的物理化学构成是什么（如岩石、啤酒罐、乒乓球、中国头、硅片等），只要能够保证功能性组织的因果作用，就可以说该系统可能具有像感觉、信念、欲望、意志、自我等心灵属性，但这在人们看来是反直觉的。比如说，大脑的功能性组织可能由适当组织起来的全体中国人例示，但是"中国头"这一整体功能性组织怎么可能具有独特的心灵属性或内在感受性？同样，岩石、啤酒罐、乒乓球、硅片等物体具有低级意识也是反直觉的，因为在人们看来它们只是无生命的东西而已。

查尔莫斯在《有意识的心灵》中为自己的属性二元论提供了实质性说明："意识自然随附（而不是逻辑随附）在物理之上。"[1] 但是他关于现象意识的自然随附性说明不得不使自己陷入副现象论的困境中，他的"无心人论证"暗示了意识在较弱意义上是大脑物理过程的副产品，其在物理世界中是副现象论的，这在很多人看来是反直觉的，人们更倾向于将意识理解为人脑特有的机能，认为意识会在高层次形而上学问题的思考中表现出一定的因果效力。

第三，查尔莫斯的意识解释方案充满着不确定性。由于物理知识对意识缺乏因果解释效力，故与"易问题"不同，某种东西可能存在于"难问题"之中。这种东西就是感受性，是主体在经验某种状态时所具有的基本特征，即借助大脑的神经生理过程使主体产生的不可言说的感觉，比如针刺的痛感。由此可见，现象意识的解释不应该是先验的，不会拥有概念真理的地位，不能习惯性地诉诸思想实验进行论证和反驳；同样，意识理论的提出与建构也不是真理性认识的实现，其间必然会表现出困惑与不解，查尔莫斯的自然主义二元论也不例外。比如说，他提出的结构一致性

---

[1] Chalmers, D. J. *The Conscious Mind: in Search of a Fundamental Theory*. Oxford University Press, 1996, p. 124.

原则要求人们从意识经验的结构性特征出发把握觉知的结构性特征，然而事实上觉知的这些特征在更大程度上依赖于主体的认知机制和信息的处理方式，而不仅仅依赖于结构一致性的简单映射，这就说明他的论证过程还不够完善，表现出不确定性。

第四，查尔莫斯的思想分析带有不一致性。从方法论角度来看，人们需要论证第一人称现象学研究的科学合理性，将现象学与认知神经科学相联系，并以此来理解主观上的意识经验与客观上特征化的物理现象之间的认识论张力，从而填补解释性鸿沟，这是查尔莫斯论证的焦点。对此，他给出了两点解答：第一，科学解释的对象是一种主观上可以通达的心理学状态，因此，科学解释活动本质上带有显著的主观性；第二，物理现象是一个复杂体，关于这些现象完全科学的解释是不可能的。这些解答足以说明他承认了意识经验的作用，但作为一个属性二元论者，查尔莫斯从自然科学的角度研究意识，最终得出结论，将意识视为一种对外部世界不起作用的随附属性，并一再表明他的副现象论在较弱的意义上能够站得住脚，"自然随附性给人的感觉是一种副现象"[1]，经验事实以微妙的方式与因果关系发生关联，但在更强的意义上解释是因果不相关的，对相互作用二元论持有否定态度。如此一来，他的理论分析又会表现出不一致性，使得经验的因果关联问题变得模糊不清。

查尔莫斯关于自然随附性的分析也具有不一致性。他区分了逻辑随附性与自然随附性，并对自然随附性做了如下的理解：上帝可能创造一个世界W'，事实A在世界W'中的出现同一于它在世界W中的出现，但是随附事实B在世界W'中的出现不同于它在世界W中的出现，即"在世界W和W'中，决定事实B出现的不仅仅是事实A，还有不同世界中例示的随附性关系"[2]。而依据罗兰茨的观点，引入随附性的最初目的是在说明：在一个特定世界中，事实A可以单独决定事实B的出现。如此一来就可以看出，查尔莫斯对自然随附性的说明与随附性的普遍概念是不一致的，正如罗兰茨所言："依照查尔莫斯的理解方式，如果事实B自然随

---

[1] Chalmers, D. J. *The Conscious Mind: in Search of a Fundamental Theory.* Oxford University Press, 1996, p. 156.

[2] Rowlands, M. *The Nature of Consciousness.* Cambridge University Press, 2001, p. 30.

附在事实 A 之上，那么事实 B 似乎并不能随附（指随附性最初产生时的含义）在事实 A 之上"[1]。可见，查尔莫斯对随附性的理解是不合理的，它与此概念的原初意义发生了矛盾，如此一来，就会使得随附性概念变得更加费解，使得依附于自然随附性的副现象论立场遭受质疑。

---

[1] Rowlands, M. *The Nature of Consciousness*. Cambridge University Press, 2001, pp. 30 – 31.

第九章　有待进一步思考的问题:4E 认知

　　"我们的目光所及,只能在不远的前方,但是可以看到,那里有大量需要去做的工作。"①

　　　　　　　　　　　　　　　　　　　　——阿兰·麦席森·图灵

　　夏皮罗曾说:"认知始于大脑的输入终于大脑的输出,认知科学能够对头部进程的调查加以限制。"② 长期以来,哲学家们寄希望于认知科学来厘清一些概念范畴,他们认为认知科学研究是在了解人类大脑结构与功能的基础上对主观层面的意识问题作出合理解释和形式化表达,以使认知科学与心灵哲学之间形成复杂的交织关系,使认识论研究发生了认知转向,促成了"第二代认知科学"③ 的兴起,从而推动了人工智能的发展,引发了一系列认知哲学问题。

　　人工智能意在模拟和服务人类智能,其发展与心灵的产生机制、经验问题密切相关,需要跨越计算表征理论,重新回到大脑与身体的生物学研究,这也是第二代认知科学的基本要求。正是这股新的认知浪潮,超越了

---

① ［英］阿兰·麦席森·图灵:《计算机器与智能》,载［英］玛格丽特·博登编:《人工智能哲学》,刘西瑞、王汉琦译,上海译文出版社 2006 年版,第 72 页。
② Shapiro, L. *Embodied Cognition*. Routledge, 2011, p. 27.
③ "第二代认知科学"是由认知语言学家拉考夫和约翰逊在《体验哲学:涉身认知及其对西方思想的挑战》(Philosophy in the Flesh: the Embodied Mind and its Challenge to Western Thought, 1999) 中首次提出,其依赖的是涉身认知、嵌入认知、生成认知、延展认知和情境认知这五种认知方式,突出强调"人的身体的物理条件在认知中占据首要地位;认知是具体的、局域性的、情境依赖的;认知是嵌入社会的,是在富含人类文化和知识的技术和社会环境中产生的,认知主体是在各种人类共同体中与环境交互作用的"。(参见刘晓力:《延展认知与延展心灵论辨析》,《中国社会科学》2010 年第 1 期,第 48—57 页。)

笛卡儿式的认知科学，重新审视了人类智能的认知边界，回应了"我们的心灵终止于何处，心灵以外的世界又始于何处？"[1]的问题，进一步将人类的视野拓展到了大脑之外的身体与环境中，为意识问题的当代诠释提供了新的视角，具体体现在涉身认知、嵌入认知、生成认知和延展认知构成的4E认知理论。

第一节 涉身认知

受"无表征智能理论"[2]和动态认知论的影响，人们开始跳出计算和表征的范围，综合思考智能产生的根源问题及其内在作用机制。人类心灵是一个具有自主能动性的动力系统，我们可以动态地诠释主体的认知能力，将认知行为与主体大脑之外的身体相联系，使身体获得了主体性的认知地位，表现出涉身性。对此，夏皮罗给出了涉身认知的基本主旨[3]：（1）概念化：有机体获得的概念由身体的属性决定，并受其限定；（2）替换：有机体身体与环境之间的交互作用机制代替了表征进程的需要，因此，在不诉诸计算进程或表征状态的情况下，认知可以得到解释；（3）构成：认知的组成成分延展到了人的大脑之外，为此身体或世界在认知科学中并不单纯发挥因果作用。由此看来，德雷福斯兄弟的论断具有较强的预见性，即"认知科学家只有意识到身体的基本作用，他们的努力才不会付之东流。"[4]

罗兰茨指出："心理进程……部分地由神经元以外的身体结构和过程所构成。"[5] 也就是说，涉身心理能力主要依赖于与身体相关的心理表征

---

[1] Clark, A. &Chalmers, D. J. "The extended mind". *Analysis*, 1998, 58 (1), pp. 7 – 19.

[2] "无表征智能理论"是人工智能专家布鲁克斯在《无表征的智能》一书中提出来的，这种理论主张无需对外部世界进行表征，有机体与身体、外在环境之间存在互动耦合关系，构成了认知动力系统，动态地再现认知过程的实时性与非线性。

[3] Shapiro, L. *Embodied Cognition.* Routledge, 2011, pp. 4 – 5.

[4] Dreyfus, H. & Dreyfus, S. "The challenge of Merleau – Ponty's phenomenology of embodiment for cognitive science". In Weiss, G. & Haber, H. (eds.). *Perspectives on Embodiment.* Routledge, 1999, p. 118.

[5] Rowlands, M. *The New Science of the Mind: from Extended Mind to Embodied Phenomenology.* The MIT Press, 2010, p. 3.

或进程。对此,盖尔德专门通过计算装置与离心动力装置的对比加以说明,前者明确地将认知系统看作精于计算的表征结构,后者则将离心控制器看作一个因果耦合的复杂动力系统,阐明认知计算并不是揭示其本质的核心观点,动力学进路应该是一条新的出路。此外,就涉身认知是否存在表征,克拉克区分了激进涉身性与温和涉身性,前者反对心灵表征论,完全接受"无表征智能理论",主张认知行为是无表征的,从根本上否定了传统表征认知观,带有绝对主义特点,容易受到质疑;后者使得立场具有不确定性,指出意识经验不可能在运动表征激活作用缺失的情况下产生,承认知觉行动中存在表征,但对表征的作用进行了限制,认为既有的表征模式无法解决认知科学的深层次问题。这也在某种意义上说明并非涉身认知的所有支持者都是反表征主义者。

为什么认知的动力学解释更能为人们所接受呢?夏皮罗在《涉身认知》中明确指出计算机模型难以全面再现认知的动态过程,而持续更新的动力系统则不同,它内含了一条时间轴,能够用坐标图清晰地描绘认知的变化状态。此外,既然认知系统各要素、各环节之间相互依赖,那么参与认知活动的大脑、身体与外部环境之间也必然相互作用,形成有机整体,可以很好地回应认识论的解释性鸿沟。然而需要明确的是,"动力学进路固然可以独自存在,但只有当其与涉身认知、情境认知的观点相结合时才最为深邃。"[1]

就涉身认知而言,其主要内涵是人的认知过程不仅依赖于大脑内部的神经元活动,其部分是由人的身体活动过程引起。也就是说,瓦雷拉、汤普森、拉考夫、布鲁克斯等人看到了梅洛—庞蒂身体现象学的理论价值,在其基础上突出强调了主体身体的神经系统在理解认知活动过程中的依赖性和构成性作用。此外,涉身认知还对认知的本质进行了重新定位,传统意义上的计算本质在这里终将被打破,社会文化、历史情境等外部性因素在认知活动过程中的作用开始突显出来,共同形成了一个丰富的有机体,由此提升了认知解释的有效性。

诚然,要想充分认识涉身认知,就必须澄清涉身性理论。"涉身性理

---

[1] Beer, R. "Dynamical approaches to cognitive science". *Trends in Cognitive Science*, 2000, 4 (3), pp. 91-99.

论在人工智能、神经科学等领域的兴起使得认知科学突破了狭隘的符号表征认知观,重新审视以神经为物质基础的心智的运作方式和进化的生物原理,推动了认知科学范式的转换。"[1] 可以说,涉身性是整个 4E 认知研究的核心。在现实世界中,涉身心灵总是嵌入在某种环境中,并通过生成各种能力和倾向而发生涉身性交互作用,同时通过外在条件的运用和日常社会实践的参与维系这种作用。反过来,这些洞见又引发了与延展心灵相关的认识。

究其理论核心而言,《剑桥哲学辞典》中明确指出:"客观身体与现象学身体的区分是理解涉身性思想的核心。"[2] 顾名思义,身体被重新拉回到了认知科学的研究视域中,涉身性在胡塞尔、海德格尔、梅洛—庞蒂的现象学工作基础上产生。客观身体就是指我们实实在在的肉身,而现象学身体人们却知之甚少,这也正是涉身认知的关键所在。现象学身体是真正活的身体,是主体可以体验到的身体,带有较强的自主性、动态性和开放性。更形象地说,现象学身体是处于行动中的身体,这样的身体行为与外部世界相互交织在一起,带有重要的认识论和社会实践意义,是一个开放的动力系统。

第二节 嵌入认知

嵌入认知是涉身认知的自然延伸,布鲁克斯在涉身认知的基础上将认知主体与外部环境之间的相互作用进一步描述为嵌入式关系。在他看来,嵌入认知符合"007 原则"(认知主体总是会以最低成本来完成任务,如果直接与环境打交道较之信息处理更为便捷的话,那么就没有必要以更高的成本来获取、存储和处理信息了)和"狂吠狗原则"(如果现有的狗可以帮助主体完成部分狂吠任务的话,那么主体就没有必要完全亲力亲为,毕竟狗可以帮助自己减轻负担),要求主体具有操作和改善环境的能力,这种能力可以大大减轻大脑的认知负担,降低任务成本。

---

[1] 杨唐峰、张秋杭:《Embodiment 概念综述》,《西安外国语大学学报》2010 年第 4 期,第 31—34 页。

[2] Audi, R. *The Cambridge Dictionary of Philosophy*. Cambridge University Press, 1999, p. 258.

从外在论角度来看，嵌入认知更多地是将认知行为看作了一种社会文化介入进程，要求充分发挥认知系统的整体属性功能，这种功能除了关注能动的身体要素，还综合考虑外部环境的制度文化因素。以塞尔的"中文屋"思想实验为例，就塞尔这个个体而言，他不懂中文，说不出一个中文词，却能够顺利地完成中文字符串所标识的指令，这就表明实验设定的整体情境在认知过程中发挥了重要作用，整体认知系统包含了极为复杂的属性，是大脑神经结构难以企及的，认知任务的完成离不开系统中的历史文化因素的作用。

嵌入认知强调认知与环境之间存在的是依赖性关系，而非构成性关系，认知主体嵌入在环境之中，"仅当心理进程与主体大脑之外的特定环境耦合时才能发挥其设计功能"[1]。就这一点而言，嵌入认知思想与传统认知观并不冲突，二者的区别仅仅体现在嵌入认知意指的依赖性更为直接明了，主体与外部环境之间的相互作用日益明晰，抽象的表征也变得可有可无。

第三节 生成认知

一般来说，认知科学有三种进路[2]（表2），其中传统的计算—表征认知模式以笛卡儿主客二分的实体论为基础，主体与环境表征之间相互分离；而新的认知模式与梅洛—庞蒂现象学思想对笛卡儿二元论的颠覆与发展密切相关。对此，休伯特·德雷福斯明确指出："主流认知科学主张智能行为必须基于心灵或大脑中的表征，与之相反，梅洛—庞蒂认为，作为最基本的智能行为，熟练应付能够并且必须无需求助表征加以理解。"[3]可以说，生成认知就是在承认大脑神经活动是认知过程构成要素的基础

---

[1] Rowlands, M. *The New Science of the Mind: from Extended Mind to Embodied Phenomenology*. The MIT Press, 2010, p. 3.

[2] Varela, F., Thompson, E. & Rosch, E. *The Embodied Mind: Cognitive Science and Human Experience*. The MIT Press, 1991, p. 7. 转引自刘晓力、孟建伟：《认知科学前沿中的哲学问题：身体、认知与世界》，金城出版社2014年版，第83页。

[3] Dreyfus, H. "Merleau-Ponty and Recent Cognitive Science". In Taylor, C. & Hansen, M. (eds.). *The Cambridge Companion to Merleau-Ponty*. Cambridge University Press, 2005, p. 129.

上，突出强调主体与世界的相互作用是构成整个认知系统的根本要素，表明生命与心智之间存在着密不可分的蕴含关系，环境已由客观存在的物质对象转为动态生成的能动主体。

表2

	认知主义	涌现（联结主义）	生成（涉身—交互认知）
心灵隐喻	数字计算机	并行式分布网络	与体验和环境不可分
认知隐喻	符号加工	整体状态地涌现	持续地互动
环境与人类的关系	环境相对于人类是分离的、客观的；环境是可表征的（以符号形式）	环境相对于人类是分离的、客观的；环境是可表征的（以神经网络激活模式）	环境是介入性的、被生成的；环境是可呈现的（通过行动）
心与身/环境	可分离；笛卡儿主义二元论（心与身是相互隐藏的实体）	可分离；副现象主义二元论（心灵通过涌现与身体和环境相关）	不可分离；现象学（心灵环境在互动历史中生成）
思想的倡导者	西蒙，纽维尔，乔姆斯基，福多，皮利辛	鲁梅哈特，麦克莱兰，丹尼特，霍夫斯塔特	马图拉纳，拉克夫，罗蒂，皮亚杰，休伯特·德雷福斯

瓦雷拉、汤普森和罗施首先引入了"生成"概念："我们提出'生成的'这一术语旨在强调一个日益增长的确信，即认知不是一个既定的心智对既定的世界的表征，它毋宁是在'在世存在'施行的多样性活动之历史基础上的世界和心智的生成。"[1] 他们作为生成认知的奠基者，意在说明主体体验到的世界既不是关于外部客观世界的计算表征，也不是心灵凭空构造出来的臆想之物，而是认知系统与环境结构要素之间相互作用生成的，而且认知结构的变化与主体的感觉刺激、知觉行动等密

---

[1] Varela, F., Thompson, E. & Rosch, E. *The Embodied Mind: Cognitive Science and Human Experience*. The MIT Press, 1991, p.9.

切相关。

然而，问题是这种作用的生成机制到底是什么？对此，汤普森明确给出了答案，他把认知系统的自主性和涌现过程视为动力学原因。自主性旨在说明认知系统的并非传统意义上的输入输出装置，其活动进程是由内部的自组织动力学要素决定的，这也正是第二代认知科学区别于传统认知科学的关键所在。认知革命的发生使得系统由被动的他治性变为主动的自治性。涌现性是指部分要素与整体系统之间相互构建，彼此约束，共同生成认知的动力学机制，这种机制突出一种双向因果作用。

在瓦雷拉、汤普森等人之后，诺伊进一步发展了生成知觉理论。他在《知觉中的行动》（Action in Perception, 2004）中用"生成性"一词来指称知觉是一种可以探知外部世界信息的认知活动，它要求主体具有某种技能性知识，即感觉运动知识。在诺伊看来，"感知者的感知能力是（部分地）由感觉运动知识构成的（即通过实践把握感觉刺激随着感知者运动而变化的方式）。"① 也就是说，主体对感觉运动知识的拥有构成了某种知觉能力，但知觉能力并非单纯依赖于这种知识，知觉经验并不完全发生在大脑中，这就是他的生成知觉理论。

随后，赫托和麦因在其基础上提出了激进的生成知觉。他们指出诺伊夸大了技能性知识的作用，作为一种探索性活动，生成知觉应该彻底放弃内部表征的观点，不能诉诸于技能性知识来理解知觉。体验作为一种知觉能力，内在于主体自身，我们无法通过技能性知识教会别人如何去感知、体验、探求外部世界。

总体来看，无论是瓦雷拉等人的生成认知、诺伊的生成知觉，还是赫托和麦因的激进生成认知理论，都肯定了认知系统的主观能动性，否定了认知系统内部表征的必要性，其核心思想似乎与延展心灵捍卫者提出的主张相契合。

第四节 延展认知

1998 年，克拉克和查尔莫斯在《延展心灵》一文中首次提出"延展

---

① Nöe, A. *Action in Perception*. The MIT Press, 2004, p. 12

认知"概念，在他们看来，"在当下的认知情境中，人类有机体与外部物理的和社会环境共同构建了一个动态的耦合系统"①，认知存在于这一系统中。时隔十年，亚当斯和艾泽瓦进一步拓展了延展认知论题的基本内涵，综合概括了延展认知的五种论证方式，它们分别是对等性论证、互补性论证、过程耦合论证、系统耦合论证和进化论证。

延展认知是反莱布尼茨式的，其旨在说明主体的认知过程部分由其外在环境构成，"延展"二字是这一认知方式的核心，"既包括身体的延展、使用语言对思想的延展，也包括对自我的延展，对共同体和社会的延展。"② 对等性论证是克拉克和查尔莫斯给出的关于延展认知的最早论证，该论证重在强调行为结果产生的对等性原则，即如果外在世界的部分要素能够执行与有机体大脑相对等的功能任务，我们就可以说认知过程延展到了这些要素。依据他们提出的英伽—奥托思想实验，我们可做如下事例说明：公司秘书被告知今天上午要到机场去接机，航班号是CA1136，他会通过大脑的记忆系统想起该航班的到达时间为9：55，于是他有了"9：55之前必须到达机场"的认知信念，并据此认知行为到机场接站；而如果失忆症患者同样被告知今天上午到机场接乘坐该航班的朋友时，他只能经常打开随身携带的智能手机查看航班到达的具体时间，产生"9：55之前必须到达机场"的认知信念，在这里，智能手机充当了与生物记忆对等的功能，前者通过生物记忆产生的认知信念与后者通过智能手机获取的认知信念并无根本差异。因此可以说，对等性的建立使得有机体的认知过程延展到了大脑之外的智能手机。然而遗憾的是，克拉克和查尔莫斯只看到了内部认知过程与外部认知过程之间的对等性，而忽视了二者之间存在的差异性，引起了学者们的质疑。对此，萨顿给出了延展认知的互补性论证，该论证同样依托于认知过程的互补性原则。顾名思义，这一原则强调整个认知系统的不同成分发挥不同作用，大脑内部与外部世界之间的差异性要求内外部认知过程相互补充完善。可以说，英伽和奥托在认知上是互补的，失忆症患者的大脑认知系统与其智能手机的外部认知过程之间存在

---

① 刘晓力：《延展认知与延展心灵论辨析》，《中国社会科学》2010年第1期，第48—57页。

② 同上。

着认知互补性。

相比之下,延展认知更为普遍的论证方式是耦合论证,克拉克和查尔莫斯也对此论证有过描述:"人类有机体以双向交互作用的方式与外在实体相联系,并由此产生出一个耦合系统,这个系统就其本身可以被视为认知系统……这种耦合过程同样可被视为认知过程,无论其是否完全发生在头脑内。"① 也就是说该论证可细分为过程耦合论证与系统耦合论证:前者主张有机体的大脑、身体和外部世界之间形成的耦合关系直接说明大脑之外的构成要素可以实现认知过程;后者也承认因果耦合关系的存在,只是系统耦合论证指明大脑、身体和外部世界之间首先形成的是一个延展认知系统,在此基础上才会进一步体现出延展认知过程。

伴随着生物学哲学的突飞猛进,生物进化论思想渗透到了延展认知的论证中,许多生物学先驱致力于认知问题研究。借丹尼特的话来说:达尔文的基本思想犹如一种能侵蚀一切,渗透一切,什么都无法阻挡的"万能之酸"。进化论作为一门覆盖极其广泛的学科,在延展认知的论证过程中发挥了重要作用。罗兰茨指出,要想证明过程 P 是认知的,必须满足以下四个条件②:

(1) 过程 P 与信息程序相关联——承载信息结构的操作与转换;

(2) 这一信息程序具有将有机体或后续操作先前不可通达的信息转变为可通达信息的适当功能;

(3) 有机体表征状态在过程 P 中的产生使得相关信息变得可利用;

(4) 过程 P 要从属于产生表征状态的有机体。

其中条件(2)中提及的适当功能就是在进化过程中通过自然选择产生的适应性设计,由此便可推出认知资源是一种进化产物,延展认知是进化过程中的资源整合的结果。

诚然,上述五种论证的提出引发了学术界的热议,鲁伯特、福多等学者对其进行了质疑,他们认为外部延展信念完全不同于主体内部记忆产生的认知信念;就亚当斯和艾泽瓦而言,他们也承认这些论证仅仅具有逻辑

---

① Clark, A. & Chalmers, D. J. "The extended mind". *Analysis*, 1998, 58 (1), pp. 7 – 19.

② Rowlands, M. *The New Science of the Mind: from Extended Mind to Embodied Phenomenology.* The MIT Press, 2010, pp. 112 – 113.

可能性。诺伊则不同,他指明延展认知论证适用于意识经验,不仅无意识的认知装置能够超越大脑、身体与世界的界限,而且意识经验同样可以做到。环境能够部分构成和推动认知进程,同样也能够部分构成和推动意识经验的产生。

第五节 4E 认知的情境交互性

不难看出,情境充当了认知的前提条件,所有的认知其实都是情境认知或与情境有关的[1],涉身认知将大脑之外具有各种感觉运动能力的身体视为认知过程的调节者,嵌入认知依赖于身体之外的社会文化过程,生成认知离不开环境与有机体的互动,延展认知将环境作为认知系统的构成要素。可见,情境是伴随认知过程的重要因素,有机体在与大脑、身体和外部世界的关系中总是表现出一种情境化色彩,基于此,吉布森将情境与认知的关系称为"供给性"[2]。

"认知发生在一个具体的情境中,认知的功能是在与环境发生交互作用的基础上实现的,因此,认知和环境共同形成了一个认知系统。"[3] 这里的情境具有极强的包容性,既包括有机体所处的自然地理环境,也包括社会文化环境。自然地理环境的重要性不言而喻,这里需要特别强调社会文化环境在认知产生的过程中发挥了关键性作用,"文化刻画了系统的认知过程并允许分析单元的边界超越了个体的界限,从而使个体成为了复杂文化环境的一个要素"[4]。

心灵的功能是充分运用身体和外部现实环境控制和指导行为,也正是在此意义上可以将情境交互性看作认知能力的基本遵循。一方面,社会文化在语言、记忆、想象发生的过程中扮演了推动者的角色,就这一点而

---

[1] 参见 Clark, A. "Embodied, situated, and distributed cognition". In Bechtel, W. & Graham, G. (eds.), *A Companion to Cognitive Science*. Blackwell Publishers. 1998, pp. 506 – 517.

[2] 吉布森在《供给性理论》(1977 年)一文中详尽地阐述了"供给性"关系的具体内涵,主张人可以直接感知环境呈现出来的现象,并将其作为生态心理学的核心思想。

[3] 于小涵:《认知系统性的研究——基于分布式认知的视角》,博士学位论文,浙江大学,2010 年,第 18 页。

[4] 同上书,第 4 页。

论，情境对主体理解认知关系有着限制作用；另一方面，社会文化环境是保障主体完成认知任务的必要条件，当然也是实现这一过程的重要手段。没有社会文化环境，人的认知能力将不复存在；没有社会文化环境，人的生活将不成其为生活。

基于此，涉身认知、嵌入认知、生成认知与延展认知之间表现出整合的可能性。比如，罗兰茨明确指出知觉生成理论与延展认知理论之间有着整合的可能，二者在本质上有着内在一致性：（1）世界是外在信息的存储器；（2）一些认知进程与内在控制和外在操作杂乱地联系在一起；（3）外在操作表现为具体的行为方式，如外在环境结构的处理、利用、转化等；（4）一些内在进程关注主体如何恰当使用环境中的相关结构性要素。

第六节 4E认知与意识问题

传统认知科学更多是在笛卡儿意义上揭示身心关系的复杂性，关注的是大脑内部的计算与表征，4E认知则强调了认知主体的系统性和整体性，将大脑之外的身体结构与外部环境放入了有机体的整体范畴中，弥合了人与自然之间的鸿沟，使得人的生物性与社会性实现了统一，为意识"难问题"提供了解释空间。

4E认知纲领的科学探索可以帮助我们解释意识的特定方面，基于此，普林茨给出了关于意识的认识："意识不是感觉，我们没有意识也可以感觉。意识也不是使生活更加快乐或痛苦，这些只是侧面效应。相反，意识与行为相关，通过使世界对那些允许我们选择利于目的实现的行为方式的认知系统有效的进程，意识得以产生。当我们抵制激进的情境和涉身理论时，我们不能无视这一基本事实。"[①] 意识问题与大脑之外的身体与环境相关联，产生于情境化的认知系统，意识经验对外部环境要素有着极强的依赖性，具体体现为：（1）语义依赖：心理内容的语义诠释依赖外部世界蕴含的情境要素，意向性内容依赖于心灵与世界之间因果性的、目的论的或信息学的关系；（2）因果性依赖：主体拥有的意识经验可能在因果

---

① Jesse, P. "Is consciousness embodied?". In Robbins, P. & Aydede, M. (eds.), *The Cambridge Handbook of Situated Cognition*. Cambridge University Press, 2009, p. 434.

意义上依赖于其所处的外部环境，只有当心灵与外部环境之间发生因果关系时，意识经验才会产生；（3）构成性依赖：意识构成性地依赖于外部环境，"意识经验随附在与内在状态相连同的环境特征之上，意识状态通过延展到身体之外的动力系统得以实现"[1]。

尽管瓦雷拉极力强调："新的心灵科学研究的扩展，需要包容鲜活的人类体验及其内在的可能变化。另外，人类的体验也需要通过心灵的科学研究所提炼的洞察和分析而丰富。"[2] 然而，目前这种解释依旧存在一定难度，面临塞尔等人的质疑。塞尔承认现象学理论对认知科学发展的促进作用，承认现象学在意向性分析方面是一个好的开端（或者说提出了问题），但他更加鲜明地指出："当前心灵哲学的研究存在'现象学幻象'，实际上，现象学不能代表一切，难以解释意向性的重要逻辑特征，因为这些特征没有现象学意义上的当下的实在性"[3]。也就是说，某种事情在现象学上并不真实，因为这种事情没有心理、意向性或逻辑的实存性。可见，这种"现象学幻象"从反面说明这种促进作用极为有限，只可能用来解决意义、功能、命题表征等问题，"只能在接受基本事实存在以及心灵依赖于基本事实的前提下才能发挥出来"[4]。

第七节 4E认知走向未来：人工智能与人类智能

今天，4E认知纲领的出现表明关于智能的理论研究呈现势如破竹的发展态势，许多认知科学家和人工智能研究者都坚信4E认知所体现的涉身性和情境性是智能最新研究的基石；也就是说，涉身性和情境性既是人类也是人工系统中的核心属性。对此，著名科学家霍金、工程师比尔·盖茨等人担忧人工智能将会危及人类安全，指出其发展在不断走向"技术

---

[1] Jesse, P. "Is consciousness embodied?". In Robbins, P. & Aydede, M. (eds.), *The Cambridge Handbook of Situated Cognition*. Cambridge University Press, 2009, p. 421.

[2] Varela, F., Thompson, E. & Rosch, E. *The Embodied Mind: Cognitive Science and Human Experience*. The MIT Press, 1991, p. xv.

[3] Searle, J. "The phenomenological illusion". In Searle, J. (ed.), *Philosophy in a New Century: Seclected Essays*. Cambridge University Press, 2008, pp. 322-323, 有改动。

[4] 刘晓力、孟建伟：《认知科学前沿中的哲学问题：身体、认知与世界》，金城出版社2014年版，第124页。

奇点"。

然而迄今为止，我们没有足够有效的证据表明认知超出了人脑界限，4E认知未来的发展可能会走向人工智能与人类智能的长期博弈。首先，我们需要澄清人工智能在操作层面如何处理问题：起初人们主要研究机器如何切分一段或一类语词，试图借助一定的逻辑语法规则在符号信息串中找到语义，但这种语词切分只是关于自然语言的处理，完全不涉及语言本身，不具有通用性，需要具体分析，也就是说人工智能只是在局部层面上解决语义问题，表现出局部有效性，如此一来问题依然无法解决。于是，人们就给出一系列与语词相关的语义（近义词），用概率方法确定语词与语料库中哪些事物相近；随着问题的不断推进，语义本体（规则与概率）分析开始受到关注，但逐渐也陷入了困境，以"妻子"这一主体性语词为例，语料库会呈现出一些相关联的语义，如夫人、内人、娘子、老婆、糟糠、纪检委等，而"妻子"与"纪检委"之间没有直接的关联度，可见这一方法的解释力有待商榷。2012年，Google提出的"知识图谱"再次实现了突破，其主要用于语义搜索，所谓的知识图谱就是从本体出发进行句子检索，找到相关联的信息知识形成的语义网络。诚然，在此基础上未来很可能会出现语篇检索，需要在语法语义语用层面上解决问题。

霍金曾言："对于人类来说，强大AI的出现可能是最美妙的事，也可能是最糟糕的事，我们真的不知道结局会怎样"。所谓"最美妙的事"指机器智能技术的发展能够推动人类社会的进步，所谓"最糟糕的事"指强人工智能对人类智能构成的挑战，如赫拉利在首届"XWorld大会"上言说的"无用阶层"的出现。

其次，必须明确何为人类智能？依据丹尼特的解释，"智能人的最为核心的特征——如果不说它是限定性特征的话——就是它能够'先看而后行'。更好一些则是，它能够先思而后行。智能（至少部分）是一个恰当使用你的认识的问题"[①]。具体来说，人类智能可以理解为"神经、心理、语言、思维、文化五个层级上所体现的人类的认知能力"[②]。而在这

---

① ［美］丹尼尔·丹尼特：《认知之轮：人工智能的框架问题》，载［英］玛格丽特·博登编：《人工智能哲学》，刘西瑞、王汉琦译，上海译文出版社2006年版，第159页。
② 蔡曙山、薛小迪：《人工智能和人类智能：从认知科学五个层级的理论看人机大战》，《北京大学学报》（哲学社会科学版）2016年第4期，第145—154页。

五个层级上，人工智能一直在模拟人类智能，特别是在语言、思维和文化层级上人工智能与人类智能还有较大的差距。但是正如丹尼特所指出的那样，"哲学家们（以及每个别的人）都很清楚，人——无疑还有所有智能执行者——能够从事快速、灵敏、有风险但有价值的其余情况相同推理。人们是怎样做到这一点的呢？AI 可能还没有令人满意的解答，但是它至少已经与这个问题碰面了。"[①] 具体来说，"碰面"以后遇到了种种难题，在不同层级上表现出不同的解题能力：在较低级的神经层次上，人工智能表现出较好的模仿能力，如视觉、听觉、嗅觉等基本感官认知能力，至于中枢神经系统控制下的情感和情绪等认知活动人工智能尚处于通过计算机算法模拟人类神经活动的水平，显得心有余而力不足。在心理认知层级上，观察、记忆、想象、知觉等都是人工智能难以超越的，比如计算机很难获得观察不同色系的事物带来的心理暗示。在语言层级上，计算机语言是人类智慧的结晶，是一种纯粹形式化的句法，不带有任何语义内容；人类语言是一种自然语言，可以摆脱语法限制自由地呈现语义内容，如一语双关、褒贬互换、通感移情等表述等，机器很难理解"进京赶考的人常会收到'菜头'（彩头）"的深刻含义。思维、文化层级往往建立在语言层级的基础之上，随着科学技术的飞速发展，机器可以像人类一样进行概念、判断和推理等，如 AlphaGo 采用高级算法程序战胜了韩国围棋选手李世石，但是这并不能说明人工智能已经超越人类智能，因为人类是唯一可以进行创造性思维的主体，人类智能是大自然经过长期试错设计出来的自然智能，身体和外在环境的构成要素即使能够像人类一样表现出认知活动，也不会出现真正能够与人平起平坐的思维机器。在文化层级上，人工智能表现的更是相形见绌，计算机永远无法创造出承载特定社会背景和历史文化意义的宏篇伟著，如《红楼梦》《三国演义》《水浒传》等。

因此，从功能意义上说，尽管对认知的社会性认识处于起步阶段，但是人类未来仍然有可能会被智能机器所奴役，也就是说，仅就生存威胁而言，如果有人设计出具有破坏性功能的程序并被执行的话，那么人工智能就有可能威胁人类智能，现代社会的单个人完全有可能会被其他物种取

[①] ［美］丹尼尔·丹尼特：《认知之轮：人工智能的框架问题》，载［英］玛格丽特·博登编：《人工智能哲学》，刘西瑞、王汉琦译，上海译文出版社 2006 年版，第 181—182 页。

代，到那时人类社会也许会表现出悲剧式的生存方式和生活状态，带来难以诠释的伦理问题。然而，如果将威胁理解为超越人类理性的创造能力，虽说原则上具有超越的逻辑可能性但实则并非一件易事，在遥远的未来这样的情况只能出现在科幻小说和电影中。人类的进化过程极为复杂，人工智能的发展水平尚处于功能模仿阶段。人们没那么容易被自己设计的二级智能打败，毕竟二级智能在一定程度上会继承人类智能的局限性；换言之，人类认知能力有其局限性，基于这种有限能力设计的二级智能肯定会表现出同源局限性，在可见的未来似乎很难达到人工智能超越人类智能的奇点时刻，但这并不否定人工智能与人类智能融合发展，智慧共享。

结语：作为一个认识论问题的意识

"具有自然主义倾向的哲学家要面对两个主要的问题。首先是如何以宽泛的物理学概念来解释意识的问题：为什么物理有机体产生了意识？其次是如何以宽泛的物理学概念来解释表征性内容——意向性——的问题：是什么使得物理有机体能够意向性地指向外部世界？我们想知道意识是如何依赖于物理世界的，也想通过自然的物理概念来理解，思想和主观经验是如何关于事态的。"①

——考林·麦金

麦金通过上述一段话道出了心灵现象的两个问题，而在大多数学者看来，这两个问题具有很大的不对称性，对于心理状态的表征解释，人们持有乐观态度；对于意识本身的解释，大家显得心有余而力不足，因为"没有什么东西比意识经验与我们的联系更直接、更密切，但也没有什么东西比意识经验更难以解释。"② 意识问题作为当今学术界的研究热点与难点，引起了心灵哲学家、语言哲学家、认知神经科学家以及心理学家的高度关注，他们绞尽脑汁，试图从不同的角度对意识现象进行解释。

查尔莫斯意识理论的独特之处在于明晰地区分了意识问题研究中的"易问题"和"难问题"，并给出了一种解决"难问题"的非还原性解释方案，试图将计算功能主义与属性二元论结合起来。基于"无心人论证"，他提出了反物理主义的主张，认为我们应当把意识理解为随附于物理系统之上的一种基础性质。从某种意义上说，查尔莫斯立足于心灵的两

---

① [英]考林·麦金：《意识问题》，吴杨义译，商务印书馆2015年版，第33—34页。
② 田平：《自然化的心灵》，湖南教育出版社2000年版，第285页。

种概念来探究物理层面与经验层面的因果相关性,以此说明意识具有第一人称的主体性,无法向第三人称的客观现象进行功能还原,表明查尔莫斯解决意识"难问题"的理论方案——自然主义二元论——为人们提供了一条新的解释路径。

然而,由于意识非还原性解释理论内部存在一些不可调和的问题,故而遭到了来自塞尔和丹尼特的质疑,他们之间围绕纯粹物理过程与主观经验之间的解释壁垒问题进行了反复博弈,甚至同样持有二维主义观点的斯塔尔纳克也对查尔莫斯的认知解释方案表示不满,坚持认为"元语义解释更符合直觉"[1]。此外,查尔莫斯的意识理论还存在一些普遍性问题,很多人认为这种理论缺乏实证性,具有反直觉性、不确定性和不一致性。综合来说,查尔莫斯的自然主义二元论思想依然无法揭示意识"难问题"及其深层次问题。

意识问题不仅仅是一个哲学问题,更是一个科学问题。必须承认查尔莫斯的自然主义二元论思想终究是一次有价值的尝试,揭示了非还原性解释的必要性,但就计算功能主义与属性二元论之间结合的有效论证而言,仍有待时间的验证。也许,随着我们对相关自然科学的深入研究,意识"难问题"将会迎刃而解,其内含的不确定性事实会浮出水面。当然,情况也可能会如第二代认知科学视域下的4E认知研究,不断遭到批评和质疑,然而不管怎样,我们应该热衷于对意识"难问题"发出自己的声音。

事实上,克瑞斯勒关于意识问题的分析对我们认识查尔莫斯的意识"易问题"与"难问题"有重要启示意义,他明确指明意识是微妙的,需要从两个方面加以解释,即主体的意识经验面临两方面的解释性挑战:一是要解释使得大多数人的注意力集中在意识问题上的构成性形式,即解释为什么主体是有意识的而不是无意识的;二是要解释其可区分的形式,即为什么主体经验有如此这般的现象学内容而非其他。具体可概述为:"(1)意识问题:主体为什么拥有意识经验?(2)特征问题:主体的这种经验以什么形式或特征呈现出来?"[2] 就如同一要解释天空为什么会飘落

---

[1] Stalnaker, R. & Baldwin, T. "On considering a possible world as actual". *Proceedings of the Aristotelian Society*, 2001, 75 (1), pp. 141–174.

[2] Chrisley, R. "Philosophical foundations of artificial consciousness". *Artificial Inteligencel in Medicine*, 2008, 44 (2), pp. 119-137.

东西，二要解释天空飘落的是雪而不是雨，或者说一要说明我为什么是父母的后代；二要说明我是父母的女儿而不是儿子。

意识问题意在回答主体为什么正在经历意识经验的问题。从第一人称来看，意识状态在因果意义上是有效的，关于主体的任何物理事实都无法断定主体是否是无心人。意识问题本质上就是身心问题，依据天启论，我们需要直接"拜访"意识，意识的基本内在特性应该显现于宇宙的中心，当且仅当我们有那些体验。倘若如此，我们就需进一步明确与直觉相关的信念机制发挥作用的合法性，而这种合法性主要源于主体对具体事件的特定信念，即关于某种事物的心理状态。正是在此意义上，意识被认为是并且必须是关于某种事物的意识，"必须用心理状态本身对意识进行描述。意识在我们的感觉、信仰、期望、知觉等复杂层面的某个地方能找到。但这并不意味着任何一个有心理生活的生物都有意识……但是这句话确实意味着，具有我们这样心理状态的任何生物是有意识的"①，即具有感受性的心理状态。

特征问题意在回答具体什么东西感觉起来是经验主体，它们是被冠以红色还是绿色，柔软还是坚硬，光滑还是粗糙的特征。意识的出现源于信息加工，但它自身又并不参与任何形式的信息处理。要想说明人类信息处理过程中意识经验的功能表征形式，就需要明确意识如何与信息处理相关联，以及主体思维进程如何区分于不具有意识的物理进程。作为包含计划、思考、创造等各种各样心理状态在内的复杂系统，思维进程对于选择、想象、学习、记忆等能动行为而言是必要且重要的。

尽管问题没那么简单，但是我们依然需要澄清自己的认识。意识问题是关于"知道为什么"的问题，与意识自身的自然属性密切相关；特征问题是关于"知道怎么样"的问题，与意识主体的感知觉能力相关，表现出来的功能属性没有任何质的特征。乍看起来这并不奇怪，人们承认二者之间的区别，但是要想阐明意识面临的解释性挑战，二者之间的联系似乎显得尤为重要。意识自然属性的表征依赖于信念的因果关系，因而与特征问题相关联的命题态度相伴生；反之，知道意识怎么样出现以及以什么

---

① ［新］戴维·布拉登—米切尔、［澳］弗兰克·杰克逊：《心灵与认知哲学》，魏屹东译，科学出版社2015年版，第109页。

形式出现的事实却无法说明主体经验的内在感受性。举例来说，如果一个人仅仅通过书本获得金榜题名是什么感觉的知识语句，记得书中描写的样子，那么他不可能真正解释意识问题，除非他以第一人称的姿态去感知事情本身。

参考文献

一 外文期刊论文

1. Adams, F. & Aizawa, K. "The bounds of cognition". *Philosophical Psychology*, 2001, 14 (1), pp. 43 – 64.

2. Adams, F. "The informational turn in philosophy". *Minds and Machines*, 2003, 13 (4), pp. 471 – 501.

3. Alper, G. "A psychoanalyst takes the Turing Test". *Psychoanalytic Review*, 1990, 77 (1), pp. 59 – 68.

4. Anderson, D. "Is the Chinese Room the real thing?". *Philosophy*, 1987, 62 (241), pp. 389 – 393.

5. Anderson, M. L. "Embodied cognition: a field guide". *Artificial Intelligence*, 2008, 149 (1), pp. 91 – 130.

6. Aydede, M. "Is feeling pain the perception of something?". *The Journal of Philosophy*, 2009, CVI (10), pp. 531 – 567.

7. Baars, B. J. "Contrastive phenomenology: a thoroughly empirical approach to consciousness". In Block, N., Flanagan, O. & Güzeldere, G. (eds.), *The Nature of Consciousness: Philosophical Debates*. The MIT Press, 1997, pp. 187 – 202.

8. Bechtel, W. "Levers of description and explanation in cognitive science". *Minds and Machines*, 1994, 4 (1), pp. 1 – 25.

9. Bechtel, W. & Mundale, J. "Multiple realizability revisited: linking cognitive and neural states". *Philosophy of Science*, 1999, 66 (2), pp. 175 – 207.

10. Bechtel, W. "Cognitive neuroscience: relating neural mechanisms

and cognition". In Machamer, P. , McLaughlin, P. & Grush, R. (eds.), *Theory and Method in the Neurosciences*. University of Pittsburgh Press, 2001, pp. 81 – 111.

11. Beer, R. "Dynamical approaches to cognitive science". *Trends in Cognitive Science*, 2000, 4 (3), pp. 91 – 99.

12. Berridge, K. C. "Pleasures of the brain". *Brain and Cognition*, 2003, 52 (1), pp. 106 – 128.

13. Bickhard, M. H. "Representational content in humans and machines". *Journal of Experimental and Theoretical Artificial Intelligence*, 1993, 5 (4), pp. 285 – 333.

14. Block, N. & Fodor, J. "What psychological states are not". *The Philosophical Review*, 1972, 81 (2), pp. 159 – 181.

15. Block, N. "Troubles with functionalism". *Minnesota Studies in the Philosophy of Science*, 1978, 9. pp. 261 – 325.

16. Block, N. "Are absent qualia impossible?". *Philosophical Review*, 1980, 89 (2), pp. 257 – 274.

17. Block, N. "Can the mind change the world?". In Boolos, G. (ed.), *Meaning and Method: Essays in Honor of Hilary Putnam*. Cambridge University Press, 1990, pp. 137 – 170.

18. Block, N. "On a confusionabout a function of consciousness". *Behavioral and Brain Sciences*, 1995, 18 (2), pp. 227 – 287.

19. Block, N. "Mental paint and mental latex". *Philosophical Issues*, 1996, 7 (1), pp. 19 – 49.

20. Block, N. "On a confusion about a function of consciousness". In Block, N., Flanagan, O. & Güzeldere, G. (eds.), *The Nature of Consciousness: Philosophical Debates*. The MIT Press, 1997, pp. 375 – 415. (Originally appeared in *Behavioral and Brain Sciences*, 1995, 18 (2), pp. 227 – 247.)

21. Block, N. & Stalnaker, R. "Conceptual analysis, dualism, and the explanatory gap". *Philosophical Review*, 1999, 108 (1), pp. 1 – 46.

22. Block, N. "Consciousness, accessibility, and the mesh between psy-

chology and neuroscience". *Behavioral & Brain Sciences*, 2007, 30 (5), pp. 481 – 548.

23. Bourget, D. "Consciousness is underived intentionality". *Noūs*, 2010, 44 (1), pp. 32 – 58.

24. Bourget, D. & Chalmers, D. J. "What do philosophers believe?". *Philosophical Studies*, 2014, 170 (3), pp. 465 – 500.

25. Boutel, A. "How to be a type – C physicalist". *Philosophical Studies*, 2013, 164 (2), pp. 301 – 320.

26. Braun, D. "The objects of belief and credence". *Mind*, 2016, 125 (498), pp. 469 – 497.

27. Bratcher, D. "David Chalmers' arguments for 'property dualism'". *Philosophy Today*, 1999, 43 (3), pp. 292 – 301.

28. Brooks, R. "Intelligence without representation". *Aritificial Intelligence*, 1991, 47 (1 – 3), pp. 139 – 159.

29. Brooks, R. & Stein, L. A. "Building brains for bodies". *Autonomous Robots*, 1994, 1, pp. 7 – 25.

30. Carruthers, P. "Brute experience". *Journal of Philosophy*, 1989, 86 (5), pp. 258 – 269.

31. Chalmers, D. J. "On implementing a computation". *Minds and Machines*, 1994, 4 (4), pp. 391 – 402.

32. Chalmers, D. J. "Facing up to the problem of consciousness". *Journal of Consciousness Studies*, 1995, 2 (3), pp. 200 – 219.

33. Chalmers, D. J. "Absent qualia, fading qualia, dancing qualia". In Thomas Metzinger (ed.), *Conscious Experience*. Schöningn / Imprint Academic, 1995, pp. 309 – 328.

34. Chalmers, D. J. "The puzzle of conscious experience". *Scientific American*, 1995, 273 (6), pp. 80 – 87.

35. Chalmers, D. J. "Does a rock implement every finite – state – automaton?". *Synthese*, 1996, 108 (3), pp. 309 – 333.

36. Chalmers, D. J. "Availability: the cognitive basis of experience?". *Behavioral and Brain Sciences*, 1997, 20 (1), pp. 148 – 149.

37. Chalmers, D. J. "Moving forward on the problem of consciousness". *Journal of Consciousness Studies*, 1997, 4 (1), pp. 3 – 46.

38. Chalmers, D. J. "The problems of consciousness". *Advances in Neurology*, 1998, 267 (77), pp. 7 – 16.

39. Chalmers, D. J. "Materialism and the metaphysics of modality". *Philosophy and Phenomenological Research*, 1999, 59 (2), pp. 473 – 496.

40. Chalmers, D. J. "A computational foundation for the study of cognition". *Journal of Cognitive Science*, 2000, 12 (4), pp. 323 – 357.

41. Chalmers, D. J. &Jackson, F. "Conceptual analysis and reductive explanation". *Philosophical Review*, 2001, 110 (3), pp. 315 – 360.

42. Chalmers, D. J. "Does conceivability entail possibility?". In Gendler, T. &Hawthorne, J. (eds.), *Conceivability and Possibility*. Oxford University Press, 2002, pp. 145 – 200.

43. Chalmers, D. J. "Consciousness and its place in nature". In Stich, S. & Warfield, F. (eds.), *The Blackwell Guide to Philosophy of Mind*. Blackwell Publishing, 2003, pp. 102 – 142.

44. Chalmers, D. J. "How can we construct a science of consciousness?". In Gazzaniga, M. (ed.), *The Cognitive Neurosciences*Ⅲ. The MIT Press, 2004, pp. 1111 – 1119.

45. Chalmers, D. J. "Epistemic two – dimensional semantics". *Philosophical Studies*, 2004, 118 (1), pp. 153 – 226.

46. Chalmers, D. J. "The foundations of two – dimensional semantics". In Garcia-Carpintero, M. & Macia, J. (eds.), *Two Dimensional Semantics*. Oxford University Press, 2006, pp. 55 – 140.

47. Chalmers, D. J. "Two – dimensional semantics". In Lepore, E. &Smith, B. (eds.), *The Oxford Handbook of Philosophy of Language*. Oxford University Press, 2006, pp. 574 – 606.

48. Chalmers, D. J. "Scott Soames' two – dimensionalism". For an author – meets – critics session on Scott Soames' *Reference and Description*: *the Case Against Two – dimensionalism*. The Central Meeting of the American Philosophical Association, Chicago. Apr. 29, 2006.

49. Chalmers, D. J. "The hard problem of consciousness". In Velmans, M. &Schneider, S. (eds.), *The Blackwell Companion to Consciousness*. Blackwell Publishing, 2007, pp. 225 – 235.

50. Chalmers, D. J. "Naturalistic dualism". In Velmans, M. & Schneider, S. (eds.), *The Blackwell Companion to Consciousness*. Blackwell Publishing, 2007, pp. 359 – 368.

51. Chalmers, D. J. "The two – dimensional argument against materialism". In McLaughlin, B., Beckermann, A. & Walter, S. (eds.), *The Oxford Handbook of Philosophy of Mind*. Oxford University Press, 2009, pp. 313 – 339.

52. Chalmers, D. J. "Frege's puzzle and the objects of credence". *Mind*, 2011, 120 (479), pp. 587 – 635.

53. Chalmers, D. J. "A computational foundation for the study of cognition". *Journal of Cognitive Science*, 2011, 12 (4), pp. 323 – 357.

54. Chalmers, D. J. & Rabern, B. "Two – dimensional semantics and the nesting problem". *Analysis*, 2014, 74 (2), pp. 210 – 224.

55. Chalmers, D. J. "Frontloading and Fregean sense: reply to Neta, Schroeter and Stanle ". *Analysis Reviews*, 2014, 74 (4), pp. 676 – 697.

56. Chalmers, D. J. "Intensions and indeterminacy: reply to Somas, Turner, and Wilson". *Philosophy and Phenomenological Research*, 2014, LXXXIX (1), pp. 249 – 269.

57. Chalmers, D. J. "Strong necessities and the mind – body problem: a reply". *Philosophical Studies*, 2014, 167 (3), pp. 785 – 800.

58. Chalmers, D. J. "Referentialism and the objects of credence: a reply to Braun". *Mind*, 2016, 125 (498), pp. 499 – 510.

59. Chrisley, R. "Philosophical foundations of artificial consciousness". *Artificial Intelligencein Medicine*, 2008, 44 (2), pp. 119 – 137.

60. Churchland, P. M. "Eliminative materialism and propositional attitudes". *Journal of Philosophy*, 1981, 78 (2), pp. 255 – 270.

61. Churchland, P. M. & Churchland, P. S. "Stalking the wild epistemic engine". *Noüs*, 1983, 17 (1), pp. 5 – 18.

62. Clark, A. "Embodiment and the philosophy of mind". *Royal Institute of Philosophy Supplement*, 1998, 43. pp. 35 – 51.

63. Clark, A. "Embodied, situated, and distributed cognition". In Bechtel, W. & Graham, G. (eds.), *A companion to cognitive science*. Blackwell Publishers. 1998, pp. 506 – 517.

64. Clark, A. & Chamlers, D. J. "The extended mind". *Analysis*, 1998, 58 (1), pp. 7 – 19.

65. Clark, A. "An embodied cognitive science?". *Trends in Cognitive Science*, 1999, 3 (9), pp. 345 – 351.

66. Clark, A. "Intrinsic content, active memory and the extended mind". *Analysis*, 2005, 65 (1), pp. 1 – 11.

67. Clark, A. "Pressing the flesh: a tension in the study of the embodied, embedded mind?". *Philosophy and Phenomenological Research*, 2008, 76 (1), pp. 37 – 59.

68. Cohen, M. A. & Dennett, D. C. "Consciousness can not be separated from function". *Trends in Cognitive Sciences*, 2011, 15 (8), pp. 358 – 364.

69. Cohen, M. A., Dennett, D. C. & Kanwisher, N. "What is the bandwidth of perceptual experience?". *Trends in Cognitive Sciences*, 2016, 20 (5), pp. 324 – 335.

70. Cole, D. J. "Functionalism and inverted spectra". *Synthese*, 1990, 82 (2), pp. 207 – 222.

71. Colombo, M. "Social motivation in computational neuroscience: or if brains are prediction machines, then the humean theory of motivation is false". *Revista Do Instituto De Medicina Tropical De São Paulo*, 2016, 35 (1), pp. 89 – 92.

72. Craver, C. F. "Role functions, mechanisms and hierarchy". *Philosophy of Science*, 2001, 68 (1), pp. 53 – 74.

73. Crick, F & Koch, C. "Towards a neurobiological theory of consciousness". *Seminars in the Neuroscience*, 1990, 2, pp. 263 – 275.

74. Crick, F & Koch, C. "A framework for consciousness". *Nature*

Neuroscience, 2003, 6 (2), pp. 119 – 126.

75. Cummins, R. "Functional analysis". *Journal of Philosophy*, 1975, 72 (20), pp. 741 – 765.

76. Cummins, R. "'How does it work?' vs. 'what are the laws?' two conceptions of psychological explanation". In Keil, F. & Wilson, R. (eds.), *Explanation and Cognition*. The MIT Press, 2000, pp. 117 – 144.

77. Davidson, D. "Mental events". In Davidson, D. (ed.), *Essays on Actions and Events*, Clarendon Press, 1980, pp. 207 – 224.

78. Davies, M. "Reference, contingency, and the two – dimensional framework". *Philosophical Studies*, 2004, 118 (1), pp. 83 – 131.

79. Dawkins, R. "Virues of the mind". In Bo Dahlbom (ed.), *Dennett and His Critics: Demystifying Mind*. Blackwell, 1993, pp. 13 – 27.

80. Dennett, D. C. "Why you can't make a computer that feels pain". *Synthese*, 1978, 38 (3), pp. 415 – 456.

81. Dennett, D. C. "Ways of establishing harmony". In McLaughlin, B. (ed.), *Dretske and His Critics*. Basil Blackwell, 1991, pp. 118 – 130.

82. Dennett, D. C. "The unimagined preposterousness of zombies". *Journal of Consciousness Studies*, 1995, 2 (4), pp. 322 – 326.

83. Dennett, D. C. "Cow – sharks, magnets, and swanpman". *Mind & Language*, 1996, 11 (1), pp. 76 – 77.

84. Dennett, D. C. "Facing backwards on the problem of consciousness". *Journal of Consciousness Studies*, 1996, 3 (1), pp. 4 – 6.

85. Dretske, F. "Misrepresentation". In Bogdan, R. (ed.), *Belief: Form, Content and Function*. Oxford University Press, 1986, pp. 17 – 36.

86. Dretske, F. "Conscious experience". *Mind*, 1993, 102, pp. 263 – 283.

87. Eden, A. H. "Some philosophical issues in computer science". *Minds and Machines*, 2011, 21 (2), pp. 123 – 133.

88. Endicott, R. "Functionalism, superduperfunctionalism, and physicalism: lessons from supervenience". *Synthese*, 2016, 193 (7), pp. 2205 – 2235.

89. Field, H. "Causation in a physical world". In Loux M. J. & Zimmerman D. W. (eds.), *The Oxford Handbook of Metaphysics*. Oxford University Press, 2003, pp. 435 – 460.

90. Floridi, L. "Information". In Floridi, L. (ed.), *The Blackwell Guide to the Philosophy of Computing and Information*. Blackwell, 2003, pp. 40 – 61.

91. Fodor, J. A. "The mind – body problem". *Scienfitic American*, 1981, 244 (1), pp. 124 – 132.

92. French, R. "The Turing Test: the first 50 years". *Trends in Cognitive Science*, 2000, 4, pp. 115 – 122.

93. Fritz, P. "A logic for epistemic two – dimensional semantics". *Synthese*, 2013, 190 (10), pp. 1753 – 1770.

94. Garber, D. "Descartes, mechanics, and the mechanical philosophy". *Midwest Studies in Philosophy*, 2002, 26 (1), pp. 185 – 204.

95. Gbenga, F. & Oyelakin, R. T. "A further problem of the hard problem of consciousness". *Ife Psychologia*, 2011, 19 (2), pp. 337 – 351.

96. Geroch, R. & Hartle, J. B. "Computability and physical theories". *Foundations of Physics*, 1986, 16, pp. 533 – 550.

97. Gillett, C. "The metaphysics of realization, multiple realizability, and the special sciences". *Journal of Philosophy*, 2003, 100 (11), pp. 591 – 603.

98. Gillett, C. "The dimensions view of realization: a ciritique of the standard view". *Analysis*, 2002, 62 (4), pp. 316 – 323.

99. Gillett, C. "Understanding the new reductionism: the metaphysics of science and compositional reduction". *Journal of Philosophy*, 2007, 104 (4), pp. 193 – 216.

100. Glennan, S. "Mechanisms and the nature of causation". *Erkenntnis*, 1996, 44, pp. 49 – 71.

101. Hameroff, S. R. "Quantum coherence in microtubules: a neural basis for an emergent consciousness?". *Journal of Consciousness Studies*, 1994, 1 (1), pp. 91 – 118.

102. Hankins, P. "The character of consciousness". *Journal of Consciousness Exploration & Research*, 2010, 1 (9), pp. 1225 – 1228.

103. Heil, J. "Functionalism, realism, and levers of being". In Conant, J. & Zeglen, U. M. (eds.), *Putnam: Pragmatism and Realism*. Routledge, 2002, pp. 128 – 142.

104. Hellman, G. "Determination and logical truth". *The Journal of Philosophy*, 1985, 82 (11), pp. 607 – 616.

105. Horgan, T. "Supervenient qualia". *The Philosophical Review*, 1987, 96 (4), pp. 491 – 520.

106. Hummel, J. E. & Biederman, I. "Dynamic binding in a neural network for shape recognition". *Psychological Review*, 1992, 99, pp. 480 – 517.

107. Jackson, F. "Epiphenomenal qualia". *Philosophical Quarterly*, 1982, 32 (127), pp. 127 – 136.

108. Jackson, F. "What Mary didn't know". *The Journal of Philosophy*, 1986, 83 (5), pp. 291 – 295.

109. Jesse, P. "Is consciousness embodied?". In Robbins, P. & Aydede, M. (eds.), *The Cambridge Handbook of Situated Cognition*. Cambridge University Press, 2009, pp. 419 – 436.

110. Johnson – Laird, P. "A computational analysis of consciousness". *Cognition and Brain Theory*. 1983 (6), pp. 499 – 508.

111. Kaplan, A. S. & Medin, D. L. "The coincidence effect in similarity and choice". *Memory and Cognition*, 1997, 25 (4), pp. 570 – 576.

112. Kim, J. "Concepts of supervenience". *Philsophy and Phenomenological Research*, 1984, 45 (2), pp. 153 – 176.

113. Kim, J. "Supervenience as a philosophical concept". *Metaphilosophy*, 1990, 21 (1), pp. 1 – 27.

114. Kim, J., Pinker, S., Prince, A. & Parasada, S. "Why no mere mortal has ever flown out to center field". *Cognitive Science*, 1991, 15 (2), pp. 173 – 218.

115. Kim, J. "Postcripts on supervenience". In Sosa, E. (ed.), *Supervenience and Mind: Selected Philosophical Essays*. Cambridge University

Press, 1993, pp. 161 – 171.

116. Kim, J. "Horgan's naturalistic metaphysics of mind". *Grazer Philsophische Studien*, 2002, 63 (1), pp. 27 – 52.

117. Kim, J. "Emergence: core ideas and issues". *Synthese*, 2006, 151 (3), pp. 547 – 559.

118. Levine, J. "On leaving out what it's like". In Davies, M. & Hunphreys, G. (eds.), *Consciousness: Psychological and Philosophical Essays*. Blackwell, 1993, pp. 121 – 136.

119. Koch, C. "Hard – headed dualism". *Nature*, 1996, 381, pp. 123 – 124.

120. Koch, C. "A theory of consciousness". *Scientific American Mind*, 2009, 20 (4), pp. 16 – 19.

121. Kriegel, U. "Consciousness, higher – order content, and the individuation of vehicles". *Synthese*, 2003, 134 (3), pp. 477 – 504.

122. Kriegel, U. "Consciousness and self – consciousness". *Monist*, 2004, 87 (2), pp. 185 – 209.

123. Langsam, H. "Experiences, thoughts and qualia". *Philosophical Studies*, 2000, 99 (3), pp. 269 – 295.

124. Latham, N. "Chalmers on the addition of consciousness to the physical world". *Philosophical Studies*, 2000, 98 (1), pp. 67 – 93.

125. Lewis, D. "How to define theoretical terms". *Journal of Philosophy*, 1970, 67 (13), pp. 427 – 446.

126. Lewis, D. "Psychophysical and theoretical identifications". *Australasian Journal of Philosophy*, 1972, 50 (3), pp. 249 – 258.

127. Levine, J. "Materialism and qulia: the explanatory gap". *Pacific Philosophical Quarterly*, 1983, 64 (4), pp. 354 – 361.

128. Lindblom, U., Merskey, H., Mumford, J. M., Nathan, P. W., Noordenbos, W. & Sunderland, S. "Pain terms: a current list with definitions and notes on usage". *Pain*, 1986, 24 (supplement 1), pp. S215 – S221.

129. Loar, B. "Phenomenal intentionality as the basis of mental content". *Annals of Surgery*, 2003, 79 (4), pp. 499 – 505.

130. Lombardi, O., Holik, F. & Vanni, L. "What is Shannon information?". *Synthese*, 2016, 193 (7), pp. 1983 – 2012.

131. Manson, N. C. "Epistemic consciousness". *Studies in the History and Philosophy of Science*, 2002, 33, pp. 425 – 441.

132. Manson, N. C. "Why is consciousness a mongrel concept?". *London Review of Philosophy*, 2003, 1, pp. 24 – 30.

133. Marcel, A. J. "Phenomenal experience and functionalism". In Marcel, A. J. & Bisiach, E. (eds.), *Consciousness in Contemporary Science*. Clarendon Press, 1988, pp. 121 – 158.

134. Markman, A. & Dietrich, E. "In defense of representations". *Cognitive Psychology*, 2000, 40 (2), pp. 138 – 171.

135. Marras, A. "Kim's supervenience argument and nonreductive physicalism". *Erkenntnis*, 2007, 66 (3), pp. 305 – 327.

136. McClelland, T. "The problem of consciousness: easy, hard or tricky?". *Topoi*, 2014, 35 (1), pp. 1-14.

137. McCormick, M. "Questions about functionalism in Kant's philosophy of mind: lessons for cognitive science". *Journal of Experimental & Theoretical Artificial Intelligence*, 2003, 15 (2), pp. 255 – 266.

138. McGinn, C. "Can we solve the mind – body problem?". *Mind*, 1989, 98 (391), pp. 349 – 366.

139. McLaughlin, B. "Varieties of supervenience". In Elias E. Savellos &Umit D. Yalcin (eds.), *Supervenience: New essays*. Cambridge University Press, 1995, pp. 16 – 59.

140. Meltzoff, A. & Moore, M. "Imitation, memory, and the representation of persons". *Infant Behavior and Development*, 1994, 17 (1), pp. 83 – 99.

141. Menary, R. "Introduction to the special issue on 4E cognition". *Phenomenology and the Cognitive Sciences*, 2010, 9 (4), pp. 459 – 463.

142. Michels, R. "Soames's argument 1 against strong two – dimensionalism". *Philosophical Studies*, 2012, 161, pp. 403 – 420.

143. Molyneux, B. "How the problem of consciousness could emergein

robots". *Minds and Machines*, 2012, 22 (4), pp. 277 – 297.

144. Moody, T. "Conversations with zombies". *Journal of Consciousness Studies*, 1994, 1 (2), pp. 196 – 200.

145. Moor, J. H. "Explaining computer behavior". *Philosophical Studies*, 1978, 34 (3), pp. 325 – 327.

146. Nagel, T. "What is it like to be a bat?". *Philosophical Review*, 1974, 83 (4), pp. 435 – 450.

147. Papineau, D. "What exactly is the explanatory gap". *Philosophia*, 2011, 39 (1), pp. 5 – 19.

148. Putnam, H. "Is water necessarily H_2O?". In James Conant (ed.), *Realism With a Human Face*. Harvard University Press, 1990, pp. 54 – 79.

149. Revonsuo, A. "Binding and the phenomenal unity of consciousness". *Consciousness and Cognition*, 1999, 8 (2), pp. 173 – 185.

150. Rosenthal, D. "Two concepts of consciousness". *Philosophical Studies*, 1986, 49 (3), pp. 329 – 359.

151. Rosenthal, D. "The independence of consciousness and sensory quality". *Philosophical Issues*, 1991, 1 (1), pp. 15 – 36.

152. Rosenthal, D. "Higher – order thoughts and the appendage theory of consciousness". *Philosophical Psychology*, 1993, 6 (2), pp. 155 – 166.

153. Rowlands, M. "Extended cognition and the mark of the cognitive". *Philosophical Psychology*, 2009, 22 (1), pp. 1 – 19.

154. Seager, W. "Functionalism, qualia and causation". *Mind*, 1983, 92 (366), pp. 174 – 188.

155. Seager, W. "Panpsychism". In McLaughlin, B., Beckermann, A. & Walter, S. (eds.), *The Oxford Handbook of Philosophy of Mind*. Oxford University Press, 2009, pp. 206 – 220.

156. Searle, J. R. "Is the brain's mind a computer program?". *Scientific American*, 1990, 262 (1), pp. 26 – 37.

157. Seddon, G. "Logical possibility". *Mind*, 1972, 81 (324), pp. 481 – 494.

158. Sellars, W. "Mental events". *Philosophical Studies*, 1981, 39 (4), pp. 325 – 345.

159. Shallice, T. "Dual functions of consciousness". *Psychological Review*, 1972, 79 (5), pp. 383 – 393.

160. Shannon, C. "A mathematical theory of communication". *The Bell System Technical Journal*, 1948, 27, pp. 379 – 423.

161. Shanon, B. "A simple comment regarding the Turing Test". *Journal for the Theory of Social Behavior*, 1989, 19 (2), pp. 249 – 256.

162. Shapiro, L. "Multiple realizations". *Journal of Philosophy*, 2000, 97 (12), pp. 653 – 654.

163. Shoemaker, S. "Functionalism and qualia". *Philosophical Studies*, 1975, 27 (5), pp. 291 – 315.

164. Shoemaker, S. "Identity, properties, and causality". *Midwest Studies in Philosophy*, 1979, 4 (1), pp. 321 – 342.

165. Shoemaker, S. "The inverted spectrum". *The Journal of Philosophy*, 1982, 79 (7), pp. 357 – 381.

166. Shoemaker, S. "Some varieties of functionalism". In Biro, J. & Shahan, R. (eds.), *Mind, Brain, and Function*. University of Oklahoma Press, 1982, pp. 93 – 119.

167. Smart, J. J. "Sensations and brain processes". *Philosophical Review*, 1959, 68 (2), pp. 141 – 156.

168. Stalnaker, R. &Baldwin, T. "On considering apossible world as actual". *Proceedings of the Aristotelian Society*, 2001, 75 (1), pp. 141 – 174.

169. Thompson, E. & Varela, F. "Radical embodiment: neural dynamics and consciousness". *Trends in Cognitive Science*, 2001, 5 (1), pp. 418 – 425.

170. Thompson, E. & Stapleton, M. "Making sense of sense – making: reflections on enactive and extended mind theories". *Topoi*, 2009, 28 (1), pp. 23 – 30.

171. Tye, M. "Naturalism and the mental". *Mind*, 1992, 101 (403),

pp. 421 – 441.

172. Tye, M. "Blurry images, double vision, and other oddities: new problems for representationalism?". In Smith, Q. & Jokic, A. (eds.), *Consciousness: New Philosophical Perspectives*. Oxford University Press, 2003, pp. 7 – 32.

173. Tye, M. "Philosophical problem of consciousness". In Velmans, M. &Schneider, S. (eds.), *The Blackwell Companion to Consciousness*. Blackwell Publishing, 2007, pp. 23 – 35.

174. Van Gulick, R. "Functionalism". In McLaughlin, B., Beckermann, A. & Walter, S. (eds.), *The Oxford Handbook of Philosophy of Mind*. Oxford University Press, 2009, pp. 128 – 151.

175. Velmans, M. "Is human information processing conscious?". *Behavioral and Brain Sciences*, 1991, 14 (4), pp. 651 – 669.

176. Walter, S. "Situated cognition: afield guide to some open conceptual and ontological issues". *Review of Philosophy and Psychology*, 2014, 5 (2), pp. 241 – 263.

177. Wilson, M. "Two views of realization". *Philosophical Studies*, 2001, 104 (1), pp. 1 – 31.

178. Wilson, M. "Six views of embodied cognition". *Psychological Bulletin and Review*, 2002, 9 (4), pp. 625 – 636.

179. Wilson, J. "On characterizing the physical". *Philosophical Studies*, 2006, 131 (1), pp. 61 – 91.

180. Wilson, J. "Non – reductive realization and the powers – based subset strategy". *Monist*, 2011, 94 (1), pp. 121 – 154.

181. Wimsatt, W. C. "Reductionism, levers of organization, and the mind – body problem". In Globus, G., Maxwell, G. & Savodnik, I. (eds.), *Consciousness and the Brain: a Scientific and Philosophical Inquiry*. Plenum Press, 1976, pp. 202 – 267.

182. Woodward, J. "What is a mechanism? a counterfactual account". *Philosophy of Science*, 2002, 69 (S3), pp. S366 – S377.

183. Wright, C. D. "Eliminativist undercurrents in the new wave model

of psychoneural reduction". *Journal of Mind and Behavior*, 2000, 21 (4), pp. 413 – 436.

184. Wright, W. "Explanation and the hard problem". *Philosophical Studies*, 2007, 132 (2), pp. 301 – 330.

185. Woodward, J. "Data and phenomena". *Synthese*, 1989, 79, pp. 393 – 472.

186. Yablo, S. "Mental causation". *The Philosophical Review*, 1992, 101 (2), pp. 245 – 280.

187. Ziemke, T. "What's that thing called embodiment?". In Alterman, R. & Kirsch, D. (eds.), *Proceedings of the 25th Annual Conference of the Cognitive Science Society*. Lawrence Erlbaum, 2003, pp. 1305 – 1310.

二　外文著作

1. Agre, P. *Computation and Human Experience*. Cambridge University Press, 1997.

2. Aleksander, I. & Burnett, P. *Thinking Machines: the Search for Artificial Intelligence*. Oxford University Press, 1987.

3. Armstrong, D. *A Materialist Theory of the Mind* (2nd edition). Routledge, 1993.

4. Audi, R. *The Cambridge Dictionary of Philosophy*. Cambridge University Press, 1999.

5. Bechtel, W. & Graham, G. (eds.). *A Companion to Cognitive Science*. Blackwell Publishers, 1998.

6. Bedau, M. & Humphries, C. *Emergence: Contemporary Readinds in Philosophy and Science*. The MIT Press, 2008.

7. Blackmore, C. & Greenfield, S. (eds.). *Mindwaves: Thoughts on Intelligence, Identity and Consciousness*. Basil Blackwell, 1987.

8. Blackmore, S. *Conversations on Consciousness: What the Best Minds Think about the Brain, Free Will, and What it Means to Be Human*. Oxford University Press, 2006.

9. Block, N., Flanagan, O. & Güzeldere, G. (eds.). *The Nature of*

Consciousness: *Philosophical Debates*. The MIT Press, 1997.

10. Brooks, R. *Cambrian Intelligence*: *the Early History of the New AI*. The MIT Press, 1999.

11. Carruthers, P. *Phenomenal Consciousness*. Cambridge University Press, 2000.

12. Chalmers, D. J. *The Conscious Mind*: *in Search of a Fundamental Theory*. Oxford University Press, 1996.

13. Chalmers, D. J. (ed.). *Philosophy of Mind*: *Classical and Contemporary Readings*. Oxford University Press, 2002.

14. Chalmers, D. J. *The Character of Consciousness*. Oxford University Press, 2010.

15. Chalmers, D. J. *Constructing the World*. Oxford University Press, 2012.

16. Clark, A. *Supersizing the Mind*: *Embodiment, Action, and Cognitive Extension*. Oxford University Press, 2008.

17. Clark, A. *Surfing Uncertainty*: *Prediction, Action, and the Embodied Mind*. Oxford University Press, 2016.

18. Churchland, P. M. *A Neurocomputational Perspective*: *the Nature of Mind and the Structure of Science*. The MIT Press, 1992.

19. Churchland, P. S. *Neurophilosophy*: *Toward a Unified Science of the Mind – Brain*. The MIT Press, 1986.

20. Copeland, B. J. *Artificial Intelligence*: *a Philosophical Introduction*. Blackwell, 1993.

21. Copeland, B. J. (ed.). *The Essential Turing*. Oxford University Press, 2004.

22. Cover, T. & Thomas, J. A. *Elements of Information Theory*. Wiley, 1991.

23. Cummins, R. *The Nature of Psychological Explanation*. The MIT Press, 1983.

24. Cummins, R. & Cummins, D. D. *Minds, Brains, and Computers*: *the Foundations of Cognitive Science*. Blackwell Publishers, 2000.

25. Damasio, A. R. *The Feeling of What Happens*: *Body and Emotion in the Making of Consciousness*. Harcourt Brace and Company, 1999.

26. Dennett, D. C. *Brainstorms*: *Philosophical Essays on Mind and Psychology*. The MIT Press, 1980.

27. Dennett, D C. *The Intentional Stance*. The MIT Press, 1987.

28. Dennett, D C. *Consciousness Explained* . Little, Brown and Company, 1991.

29. Dennett, D C. *Sweet Dreams*: *Philosophical Obstacles to a Science of Consciousness*. The MIT Press, 2005.

30. Dietrich, E. & Markman, A. (eds.) . *Cognitive Dynamics*: *Conceptual Change in Humans and Machines*. Lawrence Erlbaum, 2000.

31. Dretske, F. *Knowledge and Flow of Information*. The MIT Press, 1981.

32. Dretske, F. *Naturalizing the Mind*. The MIT Press, 1995.

33. Dreyfus, H. L. & Dreyfus, S. E. *Mind over Machine*. Blackwell, 1986.

34. Dreyfus, H. L. *What Computer Still Can't Do*: *a Critique of Artificial Reason* (3rd Edition) . The MIT Press, 1992.

35. Edelman, G. *The Remembered Present*: *a Biological Theory of Consciousness*. Basic Books, 1989.

36. Eyksenck, M. & Keane, M. *Cognitive Psychology*: *a Student's Handbook*, *the 6th Edition*. Psychology Press, 2010.

37. Feldman-Barrett, L. , Niedenthal, P. & Winkielman, P. (eds.) . *Emotion and Consciousness*. Guilford, 2005.

38. Floridi, L. *Information*: *a very Short Introduction*. Oxford University Press, 2010.

39. Floridi, L. *The Philosophy of Information*. Oxford University Press, 2011.

40. Fodor, J. A. *The Language of Thought*. Thomas Y. Crowell, 1975.

41. Fodor, J. A. *The Modularity of Mind*. The MIT Press, 1983.

42. Fodor, J. A. *A Theory of Content and Other Essays*. The MIT

Press, 1990.

43. Fodor, J. A. *Where is My Mind? London Review of Books*, 2009.

44. Gibson, J. *The Ecological Approach to Visual Perception*. Lawrence Erlbaum Associates, 1986.

45. Giere, R. *Explaining Science: a Cognitive Approach*. University of Chicago Press, 1988.

46. Gopnik, A. &Meltzoff, A. *Words, Thoughts and Theories*. The MIT Press, 1997.

47. Hahn, M. & Ramberg, B. (eds.). *Reflections and Replies: Essays on the Philosophy of Tyler Burge*. The MIT Press, 2003.

48. Hardcastle, V. G. *How to Build a Theory in Cognitive Science*. SUNY Press, 1996.

49. Heil, J. *The Nature of True Minds*. Cambridge University Press, 1992.

50. Heinämaa, S., Lähteenmäki, V. & Remes, P. (eds.). *Consciousness: from Perception to Reflection in the History of Philosophy*. Springer, 2007.

51. Hutchins, E. *Cognition in the Wild*. The MIT Press, 1995.

52. Johnson, M. The Body in the Mind: the Bodily Basis of Meaning, Imagination, and Reason. University of Chicago Press, 1987.

53. Kim, J. *Supervenience and Mind*. Cambridge University Press, 1993.

54. Kim, J. *Philosophy of Mind*. Westview Press, 1996.

55. Kim, J. *Mind in a Physical World: an Essay on the Mind – Body Problem and Mental Causation*. The MIT Press, 1998.

56. Kim, J. *Physicalism, or Something Near Enough*. Princeton University Press, 2005.

57. Kim, J. *Philosophy of Mind (2nd editon)*. Westview Press, 2006.

58. Kiverstein, J. (ed.). *The Routledge Handbook of Philosophy of the Social Mind*. Routledge, 2016.

59. Kripke, S. *Naming and Necessity*. Oxford University Press, 1980.

60. Lakoff, G. & Johnson, M. *Philosophy in the Flesh: the Embodied Mind and its Challenge to Western Thought*. Harper Collins Publishers, 1999.

61. Levine, J. *Purple Haze: the Puzzle of Consciousness*. Oxford University Press, 2001.

62. Machery, E. *Doing without Concepts*. Oxford University Press, 2009.

63. Marcel, A. J. & Bisiach, E., (eds.). *Consciousness in Contemporary Science*. Clarendon Press, 1988.

64. Marr, D. *Vision: a Computational Investigation into the Human Representation and Processing of Visual Information*. The MIT Press, 2010.

65. Martin, C. B. *The Mind in Nature*. Clarendon Press, 2008.

66. McGinn, C. *The Mysterious Flame: Conscious Minds in a Material World*. Basic Books, 1999.

67. McLaughlin, B., Beckermann, A. & Walter, S. (eds.). *The Oxford Handbook of Philosophy of Mind*. Oxford University Press, 2009.

68. Metzinger, T. (ed.). *Neural Correlates of Consciousness*. The MIT Press, 2000.

69. Nagel, T. *The View from Nowhere*. Oxford University Press, 1986.

70. Newell, A. *Unified Theories of Cognition*. Harvard University Press, 1990.

71. O'Hear (ed.). *Current Issues in Philosophy of Mind*. Cambridge University Press, 1998.

72. Penrose, R. *Shadows of the Mind: a Search for the Missing Science of Consciousness*. Oxford University Press, 1994.

73. Perner, J. F. *Understanding the Representational Mind*. The MIT Press, 1991.

74. Poland, J. *Physicalism*. Clarendon Press, 1994.

75. Putnam, H. *Renewing Philosophy*. Harvard University Press, 1992.

76. Quine, W. V. O. *From a Logical Point of View*. Harvard University Press, 1961.

77. Rey, G. *Comtemporary Philosophy of Mind*. Blackwell, 1997.

78. Robbins, P. & Aydede, M. (eds.). *The Cambridge Handbook of Situated Cognition*. Cambridge University Press, 2009.

79. Rowlands, M. *The Body in Mind: Understanding Cognitive Processes*.

Cambridge University Press, 1999.

80. Rowlands, M. *The Nature of Consciousness*. Cambridge University Press, 2001.

81. Rowlands, M. *Body Language: Representation in Action*. The MIT Press, 2006.

82. Rowlands, M. *The New Science of the Mind: from Extended Mind to Embodied Phenomenology*. The MIT Press, 2010.

83. Salmon, W. C. *Scientific Explanation and the Causal Structure of the World*. Princeton University Press, 1984.

84. Schank, R. C. *The Cognitive Computer*. Addson – Wesley, 1984.

85. Schneider, S. *Daniel Dennett on the Nature of Consciousness*. Blackwell, 2007.

86. Searle, J. (ed.). *Philosophy in a New Century: Seclected Essay*. Cambridge University Press, 2008.

87. Shallice, T. *Consciousness in Contemporary Science*. Oxford University Press, 1988.

88. Shallice, T. *From Neuropsychology to Mental Structure*. Cambridge University Press, 1988.

89. Shapiro, L. *The Mind Incarnate*. The MIT Press, 2004.

90. Shapiro, L. *Embodied Cognition*. Routledge, 2010.

91. Shear, J. *Explaining Consciousness: the Hard Problem*. The MIT Press, 1997.

92. Scheutz, M. (ed.). *Computationalism: New Directions*. The MIT Press, 2002.

93. Shoemaker, S. *Physical Realization*. Oxford University Press, 2007.

94. Smith, Q. & Jokic, A. (eds.). *Consciousness: New Philosophical Perspectives*. Oxford University Press, 2003.

95. Soames, S. *Reference and Description: the Case Against Two – Dimensionalism*. Princeton University Press, 2005.

96. Sterelny, K. *The Representational Theory of Mind*. Blackwell, 1990.

97. Stich, S. P. *Deconstructing the Mind*. Oxford University Press, 1996.

98. Strawson, G. *Mental Reality*. The MIT Press, 1994.

99. Thelen, E. & Smith, L. B. *A Dynamic Systems Approach to the Development of Cognition and Action*. The MIT Press, 1994.

100. Thau, M. *Consciousness and Cognition*. Oxford University Press, 2002.

101. Tye, M. *Ten Problems of Consciousness: a Representational Theory of the Phenomenal Mind*. The MIT Press, 1995.

102. Tye, M. *Consciousness, Color, and Content*. The MIT Press, 2000.

103. VanFraassen, B. C. *The Empirical Stance*. Yale University Press, 2002.

104. Varela, F., Thompson, E. & Rosch, E. *The Embodied Mind: Cognitive Science and Human Experience*. The MIT Press, 1991.

105. Velmans, M. & Schneider, S. (eds.). *The Blackwell Companion to Consciousness*. Blackwell Publishing, 2007.

106. Wheeler, M. *Reconstructing the Cognitive World*. The MIT Press, 2005.

107. Woodward, J. *Making Things Happen: a Theory of Causal Explanation*. Oxford University Press, 2003.

108. Young, R. M. *Mind, Brain, and Adaptation in the 19th Century: Cerebral Localization and its Biological Context from Gall to Ferrier*. Clarendon Press, 1970.

三 中文期刊论文

1. 蔡曙山、薛小迪：《人工智能和人类智能：从认知科学五个层级的理论看人机大战》，《北京大学学报》（哲学社会科学版）2016年第4期，第145—154页。

2. 陈吉胜：《查莫斯型二维语义学研究述评》，《湖南科技大学学报》（社会科学版）2014年第2期，第31—36页。

3. 陈吉胜：《"金三角"的断裂与重建——查莫斯型二维语义学的批判性考察》，《自然辩证法研究》2014年第9期，第27—32页。

4. 陈吉胜：《认知二维语义学与克里普克理论之关系探析》，《自然辩证法研究》2015 年第 10 期, 第 3—7 页。

5. 陈敬坤:《怪人假设与可设想性论证——查尔莫斯二维语义学探析》, 硕士学位论文, 山西大学, 2008 年。

6. 陈敬坤、魏屹东:《后天必然性与认知二维主义——兼论认知可能性与形而上学可能性的关系》,《人文杂志》2013 年第 12 期, 第 1—8 页。

7. 陈敬坤:《首届认知哲学国际学术研讨会综述》,《自然辩证法研究》2015 年第 4 期, 第 121—122 页。

8. 陈敬坤:《认知二维语义学的逻辑基础和困境》,《人文杂志》2015 年第 10 期, 第 1—6 页。

9. 陈巍:《当前认知科学哲学中的他心直通理论之谱系》,《哲学动态》2017 年第 2 期, 第 78—86 页。

10. 陈晓平:《关于功能系统的三种随附性》,《湖南社会科学》2015 年第 4 期, 第 6—13 页。

11. 郭贵春、郝宁湘:《丘奇—图灵论点与人类认知能力和极限》,《齐鲁学刊》2004 年第 5 期, 第 65—70 页。

12. 郝宁湘:《计算: 一个新的哲学范畴》,《哲学动态》2000 年第 11 期, 第 32—36 页。

13. 傅小兰、刘超:《认知心理学研究心智问题的途径与方法》,《自然辩证法通讯》2003 年第 5 期, 第 96—101 页。

14. 高新民:《心理世界的"新大陆"——当代西方心灵哲学围绕感受性质的争论及其思考》,《自然辩证法通讯》1999 年第 5 期, 第 6—13 页。

15. 高新民:《民间心理学及其阐释问题》,《华中师范大学学报》(人文社会科学版) 2001 年第 6 期, 第 5—13 页。

16. 高新民:《心灵哲学中二元论和自然主义发展的新趋势——以查莫斯自然主义二元论为线索》,《学术月刊》2011 年第 9 期, 第 43—50 页。

17. 黄正华:《功能主义与"心"》,《华南理工大学学报》(社会科学版) 2006 年第 6 期, 第 26—31 页。

18. 惠继红:《必然性、先验性和分析性与二维语义理论》,《自然辩证法通讯》2011 年第 1 期, 第 7—13 页。

19. 黄益民：《心灵哲学中反物理主义主要论证编译评注》，《世界哲学》2006 年第 5 期，第 16—22 页。

20. 黄益民：《可想象性论证与后天必然性》，《云南大学学报》（社会科学版）2007 年第 2 期，第 40—47 页。

21. 黄益民：《二维语义学及其认知内涵概念》，《哲学动态》2007 年第 3 期，第 52—59 页。

22. 黄益民：《二维语义学与反物理主义》，《哲学研究》2012 年第 12 期，第 56—63 页。

23. 李恒威：《意识经验的感受性和涌现》，《中国浙江省委党校学报》2006 年第 1 期，第 94—100 页。

24. 李恒威、肖家燕：《认知的具身观》，《自然辩证法通讯》2006 年第 1 期，第 29—34 页。

25. 李恒威、王小潞、唐孝威：《如何处理意识研究中的"难问题"》，《自然辩证法通讯》2007 年第 1 期，第 35—40 页。

26. 李恒威、肖云龙：《论生命与心智的连续性》，《中国社会科学》2015 年第 4 期，第 37—52 页。

27. 李建会：《还原论、突现论与世界的统一性》，《科学技术与辩证法》1995 年第 5 期，第 5—8 页。

28. 李涓：《论意识"困难问题"》，硕士学位论文，华中师范大学，2001 年。

29. 李楠：《障瘴论证并不能驳倒物理主义》，《自然辩证法通讯》2012 年第 4 期，第 19—23 页。

30. 李楠：《高阶信念理论如何解决关于意识的难问题》，《自然辩证法研究》2012 年第 5 期，第 15—19 页。

31. 郦全民：《认知计算主义的威力和软肋》，《自然辩证法研究》2004 年第 8 期，第 1—3 页。

32. 刘东：《语义理论研究的新进展——从双索引赋值到二维语义学》，《哲学动态》2012 年第 9 期，第 104—109 页。

33. 刘玲：《"感受质"概念溯源》，《自然辩证法通讯》2013 年第 3 期，第 60—63 页。

34. 刘明海：《克里克等人意识研究的"新策略"》，《华中科技大学学报》（社会科学版）2007 年第 5 期，第 7—11 页。

35. 刘晟光：《论心—脑关系——关于心—脑随附性关系的理解》，《学理论》2009 年第 2 期，第 62—63 页。

36. 刘晓青：《意识"难问题"的本质及其深层次问题研究》，《自然辩证法研究》2012 年第 8 期，第 22—26 页。

37. 刘晓青：《意识的本质及其还原解释策略研究》，《武汉科技大学学报》（社会科学版）2012 年第 6 期，第 652—656 页。

38. 刘晓力：《认知科学研究纲领的困境与走向》，《中国社会科学》2003 年第 1 期，第 99—108 页。

39. 刘晓力：《交互隐喻与涉身哲学：认知科学新进路的哲学基础》，《哲学研究》2005 年第 10 期，第 73—80 页。

40. 刘晓力、孟伟：《交互式认知建构进路及其现象学哲学基础》，《中国人民大学学报》2009 年第 6 期，第 55—61 页。

41. 刘晓力：《延展认知与延展心灵论辨析》，《中国社会科学》2010 年第 1 期，第 48—57 页。

42. 彭杉杉：《克里普克在华讲学暨"克里普克、逻辑和哲学国际研讨会"述要》，《哲学动态》2013 年第 2 期，第 107—110 页。

43. ［美］P. M. 丘奇兰德：《功能主义 40 年：一次批判性的回顾》，田平译，《世界哲学》2006 年第 5 期，第 23—34 页。

44. 任会明：《二维语义学如何重建"金三角"？》，《哲学研究》2009 年第 3 期，第 92—102 页。

45. 荣立武、李建华：《内涵的刻画与认知的可能世界——兼评查尔莫斯的二维语义理论》，《湖南科技大学学报》（社会科学版），2007 年第 6 期，第 35—39 页。

46. 苏瑞：《心灵何以具有自然因果性——以戴维森为例对自然化理论的探究》，《自然辩证法通讯》2017 年第 1 期，第 64—71 页。

47. 唐热风：《论功能主义》，《自然辩证法通讯》1997 年第 1 期，第 6—12 页。

48. 唐热风：《心的本质是计算吗？》，《自然辩证法研究》1998 年第 4 期，第 1—6 页。

49. 田平：《物理主义框架中的心和"心的理论"——当代心灵哲学

本体和理论层次研究述评》，《厦门大学学报》（哲学社会科学版）2003年第 6 期，第 22—29 页。

50. 宋荣：《心理内容：构造心灵的基石——西方心灵哲学中的心理内容范畴分析》，《科学技术哲学研究》2015 年第 1 期，第 8—13 页。

51. 魏屹东、陈敬坤：《可想象性论证及其问题——评查尔莫斯的认知二维语义学》，《科学技术哲学研究》2010 年第 1 期，第 33—39 页。

52. 魏屹东：《结构主义与科学表征》，《逻辑学研究》2016 年第 2 期，第 61—83 页。

53. 魏屹东：《心理表征的自然主义解释》，《山西大学学报》（哲学社会科学版）2016 年第 4 期，第 12—19 页。

54. 维之：《心—身问题的出路何在?》，《科学技术与辩证法》2007 年第 5 期，第 22—25 页。

55. 吴胜锋：《查尔莫斯的自然主义二元论》，《甘肃社会科学》2009 年第 5 期，第 39—42 页。

56. 谢鉴：《二维语义学的发展脉络》，《广西民族师范学院学报》2013 年第 2 期，第 98—101 页。

57. 谢鉴：《查尔莫斯的二维语义学》，硕士学位论文，广西大学，2013 年。

58. 徐英瑾：《对于"感受质"之"不可言说性"的一种自然主义解释》，《自然辩证法通讯》2015 年第 4 期，第 15—22 页。

59. 吴胜锋、高新民：《当代脑科学中的新二元论》，《自然辩证法研究》2009 年第 7 期，第 11—15 页。

60. 叶峰：《关于克里普克模态性的一个自然主义解释》，《哲学研究》2008 年第 1 期，第 81—90 页。

61. 叶峰：《当前表征内容理论的难点与一个解决方案》，第二届分析哲学讨论会论文集，北京，2006 年 4 月。

62. 于小涵：《认知系统性的研究——基于分布式认知的视角》，博士学位论文，浙江大学，2010 年。

63. 曾向阳：《查尔默斯的意识理论评析》，《自然辩证法研究》2001 年第 3 期，第 5—9 页。

64. 张琳：《自然主义视阈中的感受质问题研究》，硕士学位论文，山西大学，2012 年。

65. 张文俊：《为先验物理主义辩》，硕士学位论文，山东大学，2015 年。

66. 周昌乐：《关于人工意识研究途径的哲学反思》，科学技术中的哲学问题学术研讨会论文集，清华大学，2002 年 11 月。

67. 朱建平：《意义、理性和模态——二维语义学之向度》，《江南大学学报》（人文社会科学版）2012 年第 5 期，第 27—32 页。

四 中文著作

1. ［美］杰拉尔德·埃德尔曼、朱利欧·托诺尼：《意识的宇宙》，顾凡及译，上海科学技术出版社 2004 年版。

2. ［英］玛格丽特·博登：《人工智能哲学》，刘西瑞、王汉琦译，上海译文出版社 2006 年版。

3. ［英］苏珊·布莱克摩尔：《意识新探》，薛贵译，外语教学与研究出版社 2007 年版。

4. ［英］苏珊·布莱克摩尔：《人的意识》，耿海燕、李奇等译校，中国轻工业出版社 2008 年版。

5. ［美］休伯特·德雷福斯：《计算机不能做什么：人工智能的极限》，纪树立译，三联书店 1986 年版。

6. ［美］安东尼奥·R. 达马西奥：《感受发生的一切》，杨韶刚译，教育科学出版社 2007 年版。

7. ［美］韦恩·戴尔：《神圣的自我：如何释放内在能量、寻求高层次自我》，袁静译，天津社会科学院出版社 2009 年版。

8. ［美］丹尼尔·丹尼特：《意识的解释》，苏德超、李涤非、陈虎平译，北京理工大学出版社 2008 年版。

9. ［美］丹尼尔·丹尼特：《心灵种种：对意识的探索》，罗军译，上海科学技术出版社 2010 年版。

10. ［法］勒内·笛卡儿：《第一哲学沉思集》，徐陶译，九州出版社 2007 年版。

11. ［美］彼得·戈弗雷—史密斯：《心在自然中的位置》，田平译，湖南科学技术出版社 2001 年版。

12. ［英］苏珊·格林菲尔德：《人脑之谜》，杨雄里译，上海科学技术出版社 2012 年版。

13. ［美］R. M. 哈尼什：《心智、大脑与计算机：认知科学创立史导论》，王淼、李鹏鑫译，浙江大学出版社 2010 年版。

14. ［美］约翰·海尔：《当代心灵哲学导论》，高新民等译，中国人民大学出版社 2006 年版。

15. ［德］黑格尔：《哲学史讲演录》第 4 卷，贺麟、王太庆译，商务印书馆 1959 年版。

16. ［美］道格拉斯·R. 霍夫施塔特、丹尼尔·丹尼特：《心我论：对自我和灵魂的奇思冥想》，陈鲁明译，上海译文出版社 1999 年版。

17. ［美］金在权：《物理世界中的心灵：论心身问题与心理因果性》，刘明海译，商务印书馆 2015 年版。

18. ［英］弗朗西斯·克里克：《惊人的假说：灵魂的科学探索》，汪云九译，湖南科学技术出版社 2007 年版。

19. ［美］索尔·克里普克：《命名与必然性》，梅文译，上海译文出版社 2005 年版。

20. ［美］威拉德·奎因：《从逻辑的观点看》，江天骥等译，上海译文出版社 1987 年版。

21. ［英］吉尔伯特·赖尔：《心的概念》，刘建荣译，上海译文出版社 1988 年版。

22. ［英］考林·麦金：《意识问题》，吴杨义译，商务印书馆 2015 年版。

23. ［法］梅洛—庞蒂：《知觉现象学》，姜志辉译，商务印书馆 2001 年版。

24. ［美］托马斯·内格尔：《人的问题》，万以译，上海译文出版社 2000 年版。

25. ［美］托马斯·内格尔：《本然的观点》，贾可春译，中国人民大学出版社 2010 年版。

26. ［加］泽农·W. 派利夏恩：《计算与认知：认知科学的基础》，任晓明、王左立译，中国人民大学出版社 2007 年版。

27. ［英］罗杰·彭罗斯：《皇帝新脑》，许明贤、吴忠超译，湖南科学技术出版社 2007 年版。

28. ［美］P. M. 丘奇兰德：《科学实在论与心灵的可塑性》，张燕京译，中国人民大学出版社 2008 年版。

29. ［加］保罗·萨迦德：《心智：认知科学导论》，朱菁、梦雅译，上海辞书出版社 2012 年版。

30. ［加］保罗·撒加德：《爱思唯尔科学哲学手册·心理学与认知科学哲学卷》，王姝彦译，北京师范大学出版社 2015 年版。

31. ［美］约翰·R. 塞尔：《心灵的再发现》，王巍译，中国人民大学出版社 2005 年版。

32. ［美］约翰·R. 塞尔：《心、脑与科学》，杨音莱译，上海译文出版社 2006 年版。

33. ［美］约翰·R. 塞尔：《心灵导论》，徐英瑾译，上海人民出版社 2008 年版。

34. ［美］约翰·R. 塞尔：《意识的奥秘》，刘叶涛译，南京大学出版社 2009 年版。

35. ［荷］别涅狄克特·斯宾诺莎：《伦理学》，贺麟译，商务印书馆 1981 年版。

36. ［美］斯蒂芬·P. 斯蒂克、特德·A. 沃菲尔德：《心灵哲学》，高新民、刘占峰、陈丽等译，中国人民大学出版社 2014 年版。

37. ［智］瓦雷拉、［加］汤普森、［美］罗施：《具身心智：认知科学和人类经验》，李恒威等译，浙江大学出版社 2010 年版。

38. ［美］西蒙：《人类的认知：思维的信息加工理论》，荆其诚等译，科学出版社 1986 年版。

39. ［英］休谟：《人性论》上册，关文运译，商务印书馆 2009 年版。

40. ［美］弗雷德里克·亚当斯、［美］肯尼斯·埃扎瓦：《认知的边界》，黄侃译，李恒威校，浙江大学出版社 2014 年版。

41. 北京大学哲学系外国哲学史教研室：《十六—十八世纪西欧各国哲学》，商务印书馆 1975 年版。

42. 北京大学哲学系外国哲学史教研室：《西方哲学原著选读》上卷，商务印书馆 1981 年版。

43. 陈嘉明：《实在、心灵与信念》，人民出版社2005年版。

44. 程广云：《多元·2010分析哲学卷》，上海三联书店2010年版。

45. 高新民、储昭华：《心灵哲学》，商务印书馆2002年版。

46. 高新民：《人心与人生：广义心灵哲学论纲》，北京大学出版社2006年版。

47. 高新民、沈学君：《现代西方心灵哲学》，华中师范大学出版社2010年版。

48. 李建会、符征、张江：《计算主义：一种新的世界观》，中国社会科学出版社2012年版。

49. 刘晓力、孟建伟：《认知科学前沿中的哲学问题：身体、认知与世界》，金城出版社2014年版。

50. 彭梦尧：《人心难测：心与认知的哲学问题》，生活·读书·新知三联书店2006年版。

51. 田平：《自然化的心灵》，湖南教育出版社2000年版。

52. 宋荣：《思维内容的心灵哲学探究》，中国社会科学出版社2012年版。

53. 唐热风：《心身世界》，首都师范大学出版社2001年版。

54. 唐孝威：《统一框架下的心理学与认知理论》，上海人民出版社2007年版。

55. 汪云九、杨玉芳等：《意识与大脑：多学科研究及其意义》，人民出版社2003年版。

56. 魏屹东等：《认知科学哲学问题研究》，科学出版社2008年版。

57. 吴彩强：《从表征到行动：意向性地自然主义进路》，中国社会科学出版社2010年版。

58. 徐献军：《具身认知论：现象学在认知科学研究范式转型中的作用》，浙江大学出版社2009年版。

59. 曾向阳：《当代意识科学导论》，东南大学出版社2003年版。

五 中英文网络文献

1. Floridi, L. "Semantic conceptions of information". In Zalta, E. N. (ed.). *The Stanford Encyclopedia of Philosophy*, Spring 2013 Edition.

http：//plato. stanford. edu/archives/spr2013/entries/information – semantic/

2. Levine，J."Functionalism". The Stanford Encyclopedia of Philosophy.

http：//plato. stanford. edu/archives/fall2008/entries/functionalism/.

3. 陈今伟：《知识性二维语义论与描述主义》，台湾哲学学会2011年会暨学术研讨会，2011年9月，http：//tpa. hss. nthu. edu. tw/files/annual/2011/TPA%202011%20paper%20 – %2039. pdf。

4. 查尔莫斯的主页：http：// www. u. arizona. edu/ ~ chalmers/

5. 意识的表征理论：http：// plato. stanford. edu/entris/consciousness – representational/

6. 意识的科学研究协会：http：// assc. caltech. edu/

7. 亚利桑那大学意识研究中心：http：// consciousness. arizona. edu/

名词索引

（按汉语拼音顺序排序）

B

B—极大属性 B – maximal properties,

本体论解释 ontological explanation

本体论原则 ontological principle

蝙蝠论证 bat argument

表面的可想象性 prima facie conceivability

不合法则的一元论 anomalous monism

不可还原的主观性 irreducible subjectivity

不可还原性 irreducibility

C

持久性表征 enduring represebtaiton

抽象性表征 abstract representation

初级意识 primary consciousness

D

第二代认知科学 second generation cognitive science

第二可想象性 secondary conceivability

第二内涵 secondary intension

笛卡儿剧场 the cartesian theater

笛卡儿式认知科学 Cartesian cognitive science

地图 map

第一可想象性 primary conceivability

第一内涵 primary intension

第一人称 first person

读写头 head

对等关系 coordination relation

对等性原则 parity principle

对角内涵 diagonal intension

多重草稿模型 multiple drafts –

model

E

二维内涵 two-dimensionalintension

二维语义学 two-dimensional semantics

F

反表征主义 anti-representationalism

反物理主义 antiphysicalism

反无心人 anti-zombie

泛心论 panpsychism

非抽象性表征 non-abstract representation

非规则制约性表征 non rule-governedrepresentation

非还原解释 nonreductive explanation

非还原论 nonreductionism

非组合性表征 noncompositional represebtaiton

冯·诺依曼机器 Von Neumann machine

否定的可想象性 negative conceivability

覆盖律模型 deductive-nomological model

副现象论 epiphenomenalism

G

概念二元论 conceptual dualism

感官经验 sensory experiences

感觉运动知识 sensorimotor knowledge

干认知科学 dry cognitive science（DCS）

感受性 qualia

感受性倒置 inverted qualia

感受性缺失 absent qualia

高级意识 higher-order consciousness

高阶无心人 zimbo

功能性组织 functional organization

功能主义 functionalism

共生性 co-existence

观念的可想象性 idealconceivability

规则制约性表征 rule-governedrepresentation

H

亨普尔两难问题 Hempel's Dilemma

后天必然性 a posteriori necessity

互补性原则 complementarity principle

名词索引

J

激进涉身性 radical embodiment
技能性知识 know-how
计算 computation
计算功能主义 computationalism
渐退感受性 fading qualia
交互作用二元论 interactionist dualism
结构化内涵 structured intensions
结构一致性原则 structural coherence principle
解释性鸿沟 explanatory gap
局部随附性 local supervenience
觉知 awareness

K

可报告性 reportability
供给性 affordance
可想象性 conceivability
肯定的可想象性 positiveconceivability
狂吠狗原则 barking dog principle
捆绑问题 binding problem

L

老生常谈解释 platitude accout
离散性表征 discrete represebtaiton
联结主义 connectionism
连续性表征 continuous represebtaiton
两视一元论 dual aspect monism
量子力学 quantum mechanics
逻辑可能性 logical possibility
逻辑随附性 logical supervenience

M

玛丽 Mary
盲视 blindsight
觅母 meme
描述主义 descriptivism
民间心理学 folk psychology
命题表征 propositional representation
命题态度 propositional attitude
模仿游戏 imitation game
模态 model
目的论心理语义学 teleoogical mental semantics

N

内格尔还原 Nagel reduction
内省 introspection

O

007 原则 007 principle
耦合系统 coupled system

Q

嵌入认知 embedded cognition

强表征主义 strong represebtaiton

强随附性 strong supervenience

桥接原理 bridge priciple

情境认知 situated cognition

倾向主义高阶信念理论 dispositionalist higher - order thought（HOT）theory

情形 scenario

清醒的梦 lucid dream

情绪经验 emotions

取消主义 eliminativism

全局工作空间 global workspace

全局绘图 global mapping

R

人的意识 creature consciousness

人格同一性 personal identity

人工智能 artificial intelligence

人类智能 human intelligence

认知 cognition

认知动力学 cognitive dynamics

认知二维语义学 epistemictwo - dimensional semantics

认知封闭性 cognitive closure

认知可能性 cognitive possibility

认知科学 cognitive science

认知神经科学 cognitive neuroscience

弱随附性 weak supervenience

S

涉身认知 embodied cognition

神经生物学 neurobiology

身体经验 body experiences

身心关系问题 the mind - body problem

身心同一论 mind - body identity theory

生成认知 enactive cogniton

生成性 enactment

视觉经验 visual experiences

湿认知科学 wet cognitive science（WCS）

实体二元论 substance dualism

实现 implementation

实在主义高阶信念理论 actualist higher - order thought（HOT）theory

属性二元论 property dualism

双因素理论 two - factor theory

瞬时性表征 transient represebtaiton

似动现象 phi phenomenon

思想经验 the experience of thought

思想语言假说 the language of thought hypothesis（LOTH）

殊念 unicept
随附性 supervenience

T
态度动词 attitude verbs
疼痛 pain
跳跃感受性 dancing qualia
听觉经验 auditary experiences
通达性 accessibility
通达意识 access consciousness
图灵测试 Turing Test
突现论 emergence theory

W
完备性 completeness
温和涉身性 simple embodiment
物理主义 physicalism
无心人 zombie
无心人论证 the Zombie Argument

X
细胞骨架 cytoskeleton
现实可能性 actual possibility
现象学 phenomenology
现象学幻象 the phenomenological illusion
现象学判断 phenomenal judgments
现象学性质 phenomenal properties
现象学状态 phenomenal states
现象意识 phenomenal consciousness
先天必然性 a priori necessity
心理物理原则 psychophysical laws
心理学属性 psychological properties
心理学状态 psychological states
心理状态 mental state
心灵 mind
心灵计算理论 computational theory of mind（CTM）
心灵阅读解释 mindreading account
心灵哲学 philosophy of mind
信息 information
信息熵 Shannon entropy
信息双面论原则 double-aspect principle
醒的状态 awakeness
形而上学可能性 metaphysical possibility
形而上随附性 metaphysical supervenience
行为的有意控制 voluntary control of behavior
行为主义 behaviorism
虚拟计算机 virtual Machine

Y

延展认知 extended cognition

延展认知论题 the thesis of extended cognition (TEC)

延展心灵 extendedmind

延展心灵论题 the thesis of extended mind (TEM)

意识的神经关联物 neural correlates of consciousness

意识经验 conscious experience

意识难问题 hard problem of consciousness

意识易问题 easy problem of consciousness

意向性 intentionality

意义 meaning

异物 nonself

异现象学 heterophenmenology

一致性 coherence

隐藏结构 hidden structure

因果封闭性 causal closure

英伽—奥托 Inga - Otto

有序对 ordered pairs

语义联系 semantic link

语义信息 semantic information

原现象学属性 protophenomenal properties

Z

再入 reentry

证实主义 verificationism

整体随附性 global supervenience

指称主义 referentialism

知道 knowledge

直接现实论者 direct realist

知觉 perception

知识论原则 epistemology principle

知识论证 knowledge argument

注意力 attention

自然随附性 nartual supervenience

自然主义 naturalism

自然主义二元论 naturalistic dualism

自我经验 the experience of self

自我意识 self - consciousness

自由意志 free will

组合性表征 compositional represebtaiton

组合状态自动机 combinatorial - state automaton (CSA)

组织恒定性原则 organizational invariance principle

人名译名对照

A

Adams, F. 亚当斯
Aizawa, K. 艾泽瓦
Anselm, St. 安瑟尔谟
Aristotle 亚里士多德
Armstrong, D. M. 阿姆斯特朗
Aydede, M. 艾迪迪

B

Baars, B. J. 巴尔斯
Bateson, G. 巴特森
Beakley, B. 布莱克利
Bill Gates 比尔·盖茨
Blackmore, S. 布莱克摩尔
Block, N. 布洛克
Boden M. A. 博登
Bratcher, D. 布拉彻
Broad, C. 布罗德
Brooks, R. 布鲁克斯

C

Carnarp, R. 卡尔纳普
Carruthers, P. 卡拉特斯
Chalmers, D. J. 查尔莫斯
Chomsky, N. 乔姆斯基
Chrisley, R. 克瑞斯勒
Churchland, P. M. 保罗·丘奇兰德
Churchland, P. S. 帕特里夏·丘奇兰德
Clark, A. 克拉克
Coghill, R. C. 科格希尔
Comman, J. 考恩曼
Craver, C. 克瑞威
Crick, F. 克里克
Cummins, R. 库闵斯

D

Damasio, A. R. 达玛西奥
Davidson, D. 戴维森
Dennett, D. 丹尼特
Descartes, R. 笛卡儿
Dietrich, E. 迪特里希
Dretske, F. 德雷斯基
Dreyfus, H. 休伯特·德雷

福斯

　　Dreyfus, S. 斯图亚特·德雷福斯

E

Edelman, G. 埃德尔曼
Eliasmith, C. 伊莱斯密斯
Evans, G. 埃文斯

F

Feigl, H. 费格尔
Field, H. 菲尔德
Fodor, J. 福多
Frankish, K. 法兰克
Frege, G. 弗雷格

G

Galileo Galilei 伽利略
Garcia - Carpiniero, M. 加西亚—卡宾特洛
Gelder, V. 盖尔德
Gendler, T. S. 钱德勒
Glennan, S. 格伦南
Gopnik, A. 戈普尼克
Greenfield, S. 格林菲尔德

H

Hankins, P. 汉金斯
Harari, Y. N. 赫拉利
Hardcastle, V. G. 哈德卡斯尔
Harman, G. 哈曼

Hauser, L. 郝泽
Hawking, S. 霍金
Hawthome, J. 霍桑
Heidegger, M. 海德格尔
Hellman, G. 赫尔曼
Husserl, E. 胡塞尔
Hutchins, E. 赫钦斯
Hutto, D. 赫托
Huxley, T. H. 赫胥黎

J

Gibson, J. 吉布森
Jackendoff, R. 杰肯道夫
Jackson, F. 杰克逊
Johnson - Laird, P. 约翰逊—莱尔德

K

Kant, I. 康德
Kaplan, D. 卡普兰
Kim, J. 金在权
Kirk, R. 科克
Koch, C. 科赫
Kovel, J. 科维尔
Kurzweil, R. 库兹韦尔

L

Lakoff, G. 拉考夫
Latham, N. 莱瑟姆
Leibniz, G. W. 莱布尼茨
Levine, J. 莱文

Lewis, D. 刘易斯
Loar, B. 劳尔
Lucas, J. R. 卢卡斯

M

Macdonald, C. & G. 麦克唐纳夫妇
Machamer, P. 马切姆
Macia, J. 马西亚
Marcel, A. J. 马塞尔
Markman, A. 马克曼
McClelland, T. 麦克莱兰
McGinn, C. 麦金
McLaughlin, B. 麦克劳克林
Meltzoff, A. 梅尔佐夫
Menary, R. 梅纳里
Merleau‑Ponty, M. 梅洛—庞蒂
Millikan, R. 密立根
Myin, E. 麦因

N

Nagel, T. 内格尔
Neurath, O. 纽拉特
Newell, A. 纽厄尔
Nöe, A. 诺伊

P

Papineau, D. 帕皮诺
Penrose, R. 彭罗斯
Perner, J. F. 佩纳

Place, U. T. 普雷斯
Poland, J. 波兰德
Prinz, J. 普林茨
Putnam, H. 普特南
Pylyshyn, Z. W. 派利夏恩

R

Ravenscroft, I. 热文斯克罗夫特
Rosenthal, D. M. 罗森塔尔
Rosch, E. 罗施
Rowlands, M. 罗兰茨
Rupert, R. 鲁伯特
Ryle, G. 赖尔
Robinson, W. S. 罗宾逊

S

Salmon, W. 萨尔曼
Schlosser, M. E. 施洛瑟
Schneider, S. 施耐德
Seager, W. 西格尔
Searle, J. R. 塞尔
Sellars, W. 塞拉斯
Shallice, T. 夏利斯
Shannon, C. E. 香农
Shapiro, L. 夏皮罗
Shear, J. 森剪
Shoemaker, S. 休梅克
Simon, H. 西蒙
Smart, J. 斯马特
Smith, L. B. 史密斯

Sober, E. 索伯
Solomon, M. 所罗门
Spinoza, B. 斯宾诺莎
Sprevak, M. 斯普里瓦
Stalnaker, R. 斯塔尔纳克
Stapleton, M. 斯泰普尔顿
Steensen, N. 斯汀森
Stich, S. P. 斯蒂克
Sutton, J. 萨顿

T

Thelen, E. 塞伦
Thompson, E. 汤普森
Turing, A. 图灵
Tye, M. 泰尔

V

Van Gekder, T. 范·戈尔德
Van Gulick, R. 范·古利克
Varela, F. 瓦雷拉
Velmans, M. 威尔曼斯
Von Neumann, J. 冯·诺依曼

W

Ward, D. 沃德
Warfield, T. A. 沃菲尔德
Willis, T. 威利斯
Woodward, J. 伍德沃德
Wright, W. 怀特

后　记

　　意识问题千头万绪，研究意识问题就是一件伤脑筋的事情。七年前，我在导师李建会教授的引领下走进了心灵哲学领域，关注伊始，我感觉自己就是一个愚笨无知的学生，面对抽象晦涩的语词我束手无策，很难融入到这一充满活力的学术团队中，曾有几何心里都有放弃的念头。

　　万事开头难，在李老师和团队成员的耐心指导和鼓励下，我只能硬着头皮参加每周的专题读书会，在经历过一次次的知识洗礼后，我似乎感觉到了从未有过的专啃"硬骨头"的兴奋与惊喜，粗略地认识到了心灵哲学内在的发展逻辑，逐渐整理出了清晰的写作思路。然而，在整本小书的写作过程中时常还会面临层层困惑，萌生一种力不从心的感觉。同时，由于查尔莫斯意识理论的资料大多为外文资料，这就在无形中加大了我的文献阅读工作，感觉著作的写作没有真正意义上的"终点"。但是时至今日，我必须鼓起勇气进行没有终点的结尾工作，为人生第一本学术著作画上句号。

　　"问题是时代的声音"，意识问题长期以来一直是国内外学界历久弥新的讨论主题。作为一部述评结合的著作，本书意在将查尔莫斯自然主义二元论思想展现给感兴趣的读者，呈现意识"难问题"的本质及其在自然界中的位置，为意识问题提供一种系统性分析与解释。

　　本书的完成需要感谢的人很多很多。首先，要深深感谢在北京师范大学求学时的研究生导师李建会教授，李老师真诚为人，经常教育我要有豁达的胸怀和谦和的态度；李老师认真做事，经常教育我做事要善始善终；李老师踏实苦干做学问，有着坚定的学术信念。衷心感谢刘孝廷老师、董春雨老师、田松老师和田平老师，我从各位老师的身上学到了许多人生道理。刘老师教会了我如何做一个谦虚上进的青年，如何树立大局意识和服务意识，如何将学习作为一种人生乐趣；董老师教会了我如何打下扎实的学术基础，如何树儒雅之风范，积学者之素养；田松老师教会了我如何树立自己独到的学术观和人生观，如何秉承淡然平凡的生活态度；田平老师教会了我如何形成缜密细致的学术思维，如何树立德才兼备的道德风范。感谢老师们对我的教诲与关爱！

  本书的出版离不开科技哲学教研室王克迪老师、赵建军老师、付立老师、李建华老师和胡明艳老师几位同事的鼓励，是大家的信任与帮助支持着我一路前行。同时还要感谢心灵哲学领域的前辈们，是你们分析问题的独特视角和解决问题的敏捷思维吸引我走进这一领域，是你们丰硕的研究成果为我的写作提供了翔实的资料，是你们坚持不懈的研究热情让我在学术的道路上充满了信心。

  本书的写作和付梓出版承蒙中央党校创新工程项目和赴德留学基金项目的资助，在德访学期间，我有幸拜访了海德堡大学的 Peter McLaughlin 教授，聆听了教授关于意识问题的认知解释，为了鼓励我在学术旅程中不断进步，教授还将他主编的《认知科学中的理论与方法》（Theory and Method in the Neuro-sciences, 2001）一书热情相赠。

  最后我要深深地感谢家人对我的支持与理解。"父恩比山高，母恩比海深"，感谢父母这么多年的关爱与呵护；感谢丈夫姜春雷和女儿姜茁的情感支持，你们就是我人生中永远的精神支柱。

  再次感谢大家！

刘晓青
2017 年 5 月